우리 역사의 수수께끼

2

KB191636

우리 역사의 수수께끼 2

저자_ 이덕일·이희근

1판 1쇄 발행_ 1999. 9. 1
1판 22쇄 발행_ 2016. 2. 27

발행처_ 김영사
발행인_ 김강유

등록번호_ 제406-2003-036호
등록일자_ 1979. 5. 17

경기도 파주시 문발로 197(문발동) 우편번호 413-120
마케팅부 031)955-3100, 편집부 031)955-3250, 팩시밀리 031)955-3111

값은 뒤표지에 있습니다.
ISBN 978-89-349-0433-5 03900

독자의견 전화_ 031)955-3200
홈페이지_ www.gimmyoung.com
이메일_ bestbook@gimmyoung.com

좋은 독자가 좋은 책을 만듭니다.
김영사는 독자 여러분의 의견에 항상 귀 기울이고 있습니다.

우리 역사의 수수께끼 2

이덕일·이희근 지음

김영사

지나간 역사와 현재 사회에 대한 열린 가슴이 담긴 역사학

지난 3월 《우리 역사의 수수께끼(1권)》라는, 우리 역사의 의문을 풀어 가는 새로운 형식의 역사서를 펴냈을 때, 두 지은이의 마음은 새로움에 도전하는 많은 사람들이 그러하듯 조금은 설레고 두려운 마음이었다. 그러나 발간 즉시 지은이의 예상을 뛰어넘는 폭발적인 반응을 접하고 우리는 한국 사회가 이런 역사적 의문들에 대한 열린 대답을 얼마나 갈구하고 있었는지를 체험할 수 있었다. 이는 우리 사회가 우리 같은 역사학자에게 어떤 역할을 원하고 있는지를 알 수 있게 해 주었다. 대중들과 분리된 소수 학자들 사이의 폐쇄적인 지적 유희로서의 역사학을 우리 사회가 원하는 것은 아니었다. 또한 역사학에 대한 기본 훈련도 되어 있지 않은 일부 문필가들의 거침없는 상상의 산물로서의 역사학을 원하는 것도 아니었다. 적어도 우리 사회가 요구하는 것은 선진국이라 평가받는 다른 사회에서 보편화된 것처럼 전문적인 사료취급 능력과 합리적이고 상식적인 상황해석 능력, 그리고 과거 역사와 현재 사회에 대한 열린 가슴이 담긴 역사학을 원하는 것이었다. 이는 우리 사회의 지식 기반이 그만큼 성장했음을 의미한다. 또한 우리 사회의 성장한 지식기반이 요구하는 만큼의 역할을 전문역사학자들이 하지 못하고 있음을 뜻하기도 한다. 여기에 실린 어느 글들은 우리 지은이들만의 독창적인 해석도 있지만 상당한 부분은 선학(先學)들이 이미 밝혀놓은 연구성과를 반영해서 기술한 것들이다. 우리 사회의 대부분이 경박한 시류에 휩쓸려 우왕좌왕할 때에도 묵묵히 연구실을 지켰던 이런 선학들이 없었다면 우리는 이 정도 수준의 역사서도 접할 수 없었을 것이다. 동전을 투입하면 곧바로 나오는 자판기 커피 같은 것이 인문학이라고 생각하는 사람들이 주도하는 우리 사회에서 이 정도의 연구성과라도 갖게 된 것은, 매천 황현이 시류에 휩쓸리지 않고 묵묵히 《매천야록》과 《오하기문(梧下記聞)》을 지었듯이 이들 역사학자들이 묵묵히 연구실에서 자료들과 씨름한 덕택일 것이다.

그러나 일단 강단이라는 시간적·공간적 제약에서 벗어나 역사연구의 성과를 대중들과 함께 나누는 일을 하다 보면 강단에 있을 때는 보지 못하고 느끼지 못하던 많은 사실들을 보고 느끼게 된다. 전문적인 역사연구의 성과가 보다 다양하고 쉬운 방법으로 대중들에게 다가가야 한다는 느낌을 갖게 되는 것이다. 이는 결코 학문적 천박성이나 대중 추수주의가 아니라 인간과 사회를 다루는 인간학의 한 분야로서 역사학이 지고 있는 의무인 것이다. 이런 점에서 《우리 역사의 수수께끼》는 의미 있는 작업이었다.

당초 우리는 《우리 역사의 수수께끼》를 기획하며 1권에 실은 34개 항목의 약 세 배쯤 되는 항목을 선정해 놓고 있었다. 2권이 비교적 빠른 시간 내에 나올 수 있었던 배경에는, 1권의 반응을 보고 나서 부랴부랴 다음 항목을 선정한 것이 아니라, 당초부터 다음 내용이 기획되어 있었다는 데 있다. 물론 1권의 반응이 좋지 않았다면 2권은 햇빛을 보지

못했을지도 모른다. 우리 사회의 척박한 학문풍토상 대중들이 외면하면
아무리 좋은 글이라도 햇빛을 보기 전에 죽어버리는 것이다.

1권이 다소 무거웠다는 평가들이 있어서 2권은 1권과 비슷한 수준을
유지한다는 전제 아래 다소 가벼운 이야기들도 수록했다. 예를 들면
'선덕왕의 모란꽃은 정말 향기가 없었을까?', '고려의 왕비가 된 원나라
공주들', '무당이 왜 의사의 역할까지 했는가' 등이 이런 이야기들이다.

1권의 연장선상에 있는 항목들도 존재한다. '광개토대왕 비문의 왜군
침입 기사는 사실인가, 조작인가'가 그런 경우인데 1권의 '잃어버린
왕국, 나주 반남고분의 주인공은 누구인가'와 '광개토대왕릉비는
변조되었는가' 등을 참고해서 읽으면 보다 종합적인 역사 사실을 알 수
있을 것이다.

기존에 통설이 되다시피 한 사실에 문제를 제기한 항목들도 존재한다.
'고구려는 왜 평양으로 천도했는가'는 고구려 평양천도의 이유가
남하정책에 있었다는 기존의 통설에 의문을 제기한 것이며, '김부식은
과연 사대주의자이고 일연은 주체주의자인가'는 김부식에 대한 일방적
비난이 주류인 우리 사회의 역사인식에 대해 의문을 제기한 것이다.
또한 '조선후기 모든 부패의 근원은 향리집단인가'나 '조선후기에 과연
양반층이 급격히 증가했는가', 그리고 '대원군은 과연 민비일파의
음모에 의해 물러났는가'도 기존의 통설에 문제를 제기한 것이다.
족보 문제는 우리 사회의 지나친 혈연위주 풍토에 문제를 제기하고

싶어서 기획한 것이며, '이준 열사는 과연 할복자살했는가?' 는
수록할지 여부를 두고 망설였지만 과격한 행동만을 선명한 것이라고
취급하는 우리 사회의 지나친 명분 위주 풍토에 반성의 재료로 삼기
위해 수록하였다.
그리고 '김일성은 과연 조국광복회를 창설했는가' 는 우리 역사의
뒤안길로 사라진 오성륜이라는 한 비운의 혁명가를 복권하기 위한
의도와 남한 사회에 대해서는 지나치게 가학적이면서도 북한 사회에
대해서는 침묵으로 일관하는 우리 사회의 일부 지식적 풍토에 문제를
제기하기 위한 의도로 실은 것이다.
'열 손가락 깨물어 안 아픈 손가락 없다' 는 우리 속담이 있다. 부모의
자식 사랑을 빗댄 말인데 우리들의 지적 자식인 《우리 역사의 수수께끼》
2권이 또한 1권보다 사랑스럽지 않을 리 없다. 부디 1권처럼 넓은
세상에 나가 좋은 사람들을 많이 만나 사랑 받기를 기도한다.

1999년 8월
이덕일 · 이희근

차례

책머리에

1부 고대
비밀에 싸인 한국 고대사를 찾아서

2부 고려
잊혀진 왕국, 고려사의 현장들

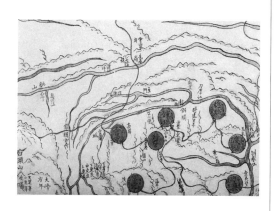

3부 조선
가깝고도 먼 나라, 조선의 진실

4부 근·현대
망국과 분단, 통일과 만주를 생각하며

고대

비밀에 싸인
한국 고대사를 찾아서

불국사에서 나온 신라시대 석제 십자가

수운 최제우가 자신이 만든 종교의 이름을 '동학(東學)' 이라고 한 이유는 조선 말기 이래 수용된 서학(西學), 즉 서양에서 전래된 천주교에 대한 대립 개념에서였다. 최제우는 뒤늦게 서양에서 전래된 천주교인 서교(西敎)가 동양의 전통 질서를 뒤흔든다는 판단에서 동학을 창건해 이에 대응한 것이었다. 일반적으로 서구 종교인 기독교는 조선 후기에 전래된 것으로 인식되고 있다. 그러나 기독교는 조선 말보다 훨씬일찍, 어쩌면 이보다 천년도 더 이른 시기에 우리나라에 전파되었는지 모른다.

1956년 신라의 고도(古都) 경주에서 신라 시대 유물들이 출토되었는데, 그중 가장 눈길을 끈 것은 석제 십자가였다. 천년 전에 운명을 다한 신라왕조의 유물 중에 기독교의 상징인 '십자가' 가 섞여 있다는 사실은 사람들의 비상한 관심을 끌기에 충분했다. 숭실대학교에 한국기독교박물관을 세운 사학자 김양선(金良善) 목사가 1971년에 《한국기독교사 연구》를 출간하면서 이를 신라시대에 기독교가 전래된 증거로 인용한 것은 어떤 의미에서는 당연한 것이었다. 과연 기독교는 신라시대 때 우리나라에 전파된 것일까?

마리아는 신모인가

김양선, 오윤태 등 기독교사 연구가들에 의해 이때 전래되었다고 주장된 기독교는 천주교가 아니라 경교(景敎)였다. 경교는 초기 기독교의 한 종파인 네스토리우스파를 말한다. 네스토리우스파는 초기 기독교 감독이었던 네스토리우스(Nestorius)의 교리를 따르는 종파를 말한다. 오늘날 기독교는 이단(異端) 시비가 꽤 잦은 편인데 어떻게 보면 이 네스토리우스파는 이단 시비의 원조격이라 할 종파이다. 오늘날 기독교의 이단 시비는 순수하게 종교적·신앙적인 차원에서만 진행되기보다, 정치적·사회적인 힘의 우열에 의해서 판정되는 경우도 적지 않은데 당시 네스토리우스파도 마찬가지였다.

당시 로마 교회는 저명한 두 기독교학파인 안디옥 학파와 알렉산드리아 학파 사이에 여러 갈등과 마찰이 일고 있었다. 그중에서도 기독론(基督論), 즉 예수론을 둘러싸고 두 학파는 치열한 교리 논쟁을 벌이면서 대립하고 있었는데 당시 벌어진 교리 갈등의 핵심은 예수의 인성(人性)과 신성(神性)에 관한 문제였다.

그런데 당시 네스토리우스는 안디옥 학파의 대표적 신학자였던 테오도르(Theodore of Mopsuestia) 밑에서 수학한 후 428년 동로마 황제 테오도시우스 2세에 의해 콘스탄티노플 감독에 임명됨으로써 기독교 지도자로서의 위치를 굳히고 있었다. 네스토리우스가 속했던 안디옥 학파는 예수의 인성과 신성을 모두 인정하는데 그중에서도 인성적인 측면을 더욱 강조해 순수한 인간으로서 예수의 인성에 더 큰 비중을 두는 교리를 갖고 있었다. 안디옥 학파는 순수한 인간인 예수에게 신이 임재함으로써 신의 아들인 그리스도가 되었다고 주장했던 것이다. 따라서 예수의 어머니인 마리아에게 테오토코스(Theotokos), 즉 '신모(神母)'란 칭호를 붙일 수 없다는 것이었다.

반면에 알렉산드리아 학파는 예수는 완전한 인간이자 완전한 신이라며 마리아에게 신의 어머니, 즉 신모라는 호칭을 붙일 수 있다고 주장했다.

예수의 인성과 신성을 둘러싼 두 학파의 대립은 네스토리우스가 데리고 온 장로 아나스타시우스의 설교 내용을 둘러싸고 중요한 교리 논쟁으로 발전하였다. 그는 설교 도중 마리아에게 신모란 칭호를 사용하지 않은 것은 물론 오히려 테오토코스란 칭호의 사용을 금지할 것을 강조했다.

이를 둘러싸고 교리 논쟁이 발생하자 알렉산드리아 학파에서는 당시 알렉산드리아의 감독이었던 키릴루스(Cyril)가 이론가로 나서서 네스토리우스 및 아나스타시우스와 맞서 마리아가 신모라는 교리를 펼쳤다.

두 교파가 치열하게 대립하고 있을 때 그 옳고 그름의 판정권을 쥐고 있던 사람은 당시 로마 교황이었던 코일레스티우스(Coelestine)였다. 코일레스티우스가 지지한 교리는 알렉산드리아 학파의 키릴루스의 이론이었고, 드디어 서기 430년 네스토리우스는 이단(異端)으로 정죄되었다. 교황의 지지로 기세가 오른 알렉산드리아 학파의 키릴루스는 여세를 몰아 같은 해 알렉산드리아 교회 회의를 소집해 네스토리우스를 이단으로 규정지었다. 그러나 이에 승복할 수 없었던 네스토리우스는 반박문을 내며 이단정죄에 맞섰다.

당시 기독교계의 대표적인 두 교파의 대립은 교리와 신앙에 관한 문제여서 간단히 합의에 도달할 상황은 아니었다. 이런 문제는 끊임없는 교리연구와 신앙실천에 의해 합의에 도달해야 할 문제였다. 그러나 당시 기독교를 국교로 삼은 로마는 이 논쟁에 대해 성급한 결론을 도출해 내려 하였다. 두 파의 논쟁이 계속되자 로마 황제 테오도시우스는 네스토리우스가 이단으로 정죄된 이듬해인 431년 성령강림주일에 에베소 공의회를 소집한다고 선포했다. 이 공의회에서는 알렉산드리아파와 안디옥파 사이의 치열한 교리 논쟁이 재연될 예정이었다.

그러나 교리 논쟁은 재연되지 않았다. 네스토리우스를 지지하는 안디옥 관구의 주교들이 공교롭게도 교통문제로 공의회에 늦게 도착했기 때문이었다. 결국 에베소 공의회는 키릴루스를 지지하는 주교들 일색의 회의가 되고 말았는데, 그 결과 당연히 네스토리우스의 교리가 공

경주 불국사에서 출토된 통일신라시대의 돌십자가. 현재 숭실대학교 기독교박물관에 소장되어 있다.

박당했고, 네스토리우스는 결국 감독직에서 파문당하고 말았다.

뒤늦게 에베소에 도착한 안디옥 관구의 주교들은 네스토리우스가 파문당했음을 알고 따로 별도의 공의회를 열어 키릴루스와 에베소 주교 멤논을 파문시키는 것으로 맞대응했다.

사태가 이처럼 악화되자 수습에 나선 황제 테오도시우스는 네스토리우스와 키릴루스, 멤논을 모두 체포하여 사태를 진정시키려 했으나 이미 감정이 상할 대로 상한 두 교파를 화해시킬 수는 없었다. 둘 중 하나를 선택해야 할 상황이 되자 테오도시우스 황제는 알렉산드리아 교파의 손을 들어 줘 키릴루스와 멤논을 석방하고 안디옥 학파의 네스토리우스를 추방하고 말았다.

잇단 패배에 상심한 네스토리우스는 안디옥 근처의 수도원에 유배되었다가 아라비아를 거쳐 이집트 프롤레마이오스로 추방되어 451년에 사망하였으나 그의 죽음으로 모든 논쟁이 끝난 것은 아니었다. 오히려 무대가 로마에서 동방으로 옮겨져 계속되었던 것이다.

동방으로 이주하는 네스토리우스파

동로마 황제가 알렉산드리아 학파의 손을 들어 줌에 따라 안디옥 학파, 즉 네스토리우스 학파는 커다란 정치적 · 종교적 패배를 당했지만 안디옥을 비롯한 여러 곳의 교회들은 에베소 공의회의 결정을 인정하지 않았다. 이제 양쪽은 서로를 증오하는 지경에 빠졌다.

수많은 박해를 당한 끝에 서기 313년에 콘스탄티누스 대제에 의해 공인되었던 기독교가 122년이 지난 435년에는 한쪽이 다른 쪽을 박해하는 지경에 빠진 것이다. 동로마 황제가 그해 네스토리우스 지지자 17명을 추방한 것을 필두로 그 신도들을 박해한 것이 이를 말해 준다.

네스토리우스파는 비록 로마에서 패배했으나 이에 굴하지 않았다.

네스토리우스파는 시야를 로마에서 동방으로 돌리기 시작했다. 로마에서 동쪽의 페르시아로 이주하여 에뎃사(Edessa)에 정착하였던 것이다.

로마에서 박해를 무릅쓰고 싸우기보다 동방으로 시야를 확대한 것이 네스토리우스파에게는 새로운 발전의 전기가 되었다. 사산 왕조의 페르시아 국왕은 네스토리우스파의 교리를 받아들여 자국의 영토 안에 신학교를 세우도록 허용했는데, 이중 네스토리우스의 친구였던 이바스(Ibas)가 세운 에뎃사 신학교는 네스토리우스파 신학의 본산이 되었다.

네스토리우스파가 이처럼 현실적인 규정력을 갖게 된 이후에도 알렉산드리아파는 통합을 강조하기보다 네스토리우스 학파를 압박하는 것으로 일관했다. 네스토리우스가 사망한 해인 451년 열린 켈케돈(Chalcedon) 공의회에서 알렉산드리아파는 네스토리우스파를 다시 이단으로 확정했던 것이다. 이로써 서방 교회와 네스토리우스파의 관계는 공식적으로 단절되었다. 이후 네스토리우스파는 자파를 '앗시리아 교회', 또는 '갈대아 교회'라 부르며 독자적인 노선을 걸었다.

당 황실의 보호를 받았던 네스토리우스파

기독교의 일파인 네스토리우스파는 기독교 국가인 로마로부터 거듭 박해를 받았으나 아랍 국가로부터는 보호를 받는 역사의 아이러니를 연출하기도 했다. 489년 동로마 황제 제노(Zeno)가 이들을 에뎃사에서 추방하자 이들은 니시비스(Nisibis)로 옮겨 신학교를 재건했는데, 674년 페르시아가 아라비아에 멸망한 후에도 칼리파(Khalifa)의 신임을 얻어 교세를 확장시켜 나갔다. 서방 교회와는 다른 전례와 신학 전통을 갖게 된 이들은 762년에는 본거지를 바그다드로 옮겨 재차 발전의 계기를 마련하기도 했다.

네스토리우스파는 7세기 초반부터 다른 문화권으로 선교사를 파송했는데, 그 대상지에는 인도와 아라비아는 물론 중앙아시아를 지나는 비단길을 통해 중국까지 포함하고 있었다. 중국인들은 이들 네스토리우스파 선교사들의 종교를 '경교'라고 불렀는데, 이는 고대 중국에 기독교의 일파가 전래된 것을 말해 준다. 또한 이는 당시 당나라와 교류가 빈번했던 삼국, 그중에서도 신라에도 경교가 전래되었을 개연성이 있음을 말해 주는 것이기도 하다.

네스토리우스파 선교단을 이끈 알로펜(Alopen, 阿羅本)이 당(唐)의 수도 장안(長安)에 도착한 것은 서기 634년으로 이때는 당 태종(太宗) 9년, 신라 선덕여왕 3년이었다. 이 사실을 전해 주는 유물이 중국 장안에 있는 '대진경교유행중국비문(大秦景教流行中國碑文)'이다. 이 비문에 따르면 이때 당 태종은 "재상 방현령(房玄齡)을 보내 이들을 환영했으며, 경전을 중국어로 번역하도록 허용"했다. 태종은 638년 경교를 정부에서 인정하는 종교의 하나로 선포하면서 장안에 교회를 신축하게 함으로써 서방에서 배척당한 네스토리우스파는 중국에서 선교의 기회를 잡았다.

네스토리우스파는 페르시아에서 왔다 하여 페르시아의 한자 음역(音譯)을 따 '파사(波斯)교'라고 부르기도 하고, 원래 로마에서 시작된 종교라 하여 로마를 뜻하는 대진(大秦)을 넣어 '대진교'라 부르기도 했는데, 앞서 태종의 호의로 건축된 교회를 대진사(大秦寺)라고 부른 이유는 이 때문이었다. 이런 이름들과 함께 사용된 경교는 '광명정대(光明正大)'한 종교란 뜻이었는데, 두 이름을 조합해 '대진경교(大秦景敎)'란 명칭이 널리 사용되었다.

태종이 이국의 종교인 경교를 적극 수용하게 된 데는 그 자신이 한족(漢族)과 호족(胡族)의 혼혈이기 때문에 배외(排外)관념이 희박했기 때문이라는 설과 서쪽으로부터 그 세력을 확산하고 있는 아라비아의 회교국을 견제하려는 정치적 의도가 있었다는 설 등이 있다. 즉 태종은 페르시아와 우호적인 관계를 맺어 중앙아시아를 완충지대로 아라비아 세력을 견제하려 했다는 것이다.

경교는 당 황실의 강력한 보호를 받기도 했는데 태종의 뒤를 이은 고종(高宗)은 경교를 '진정한 종교'라는 뜻의 진종(眞宗)이라 부르면서 전국 각지에 경사(景寺)를 설립하고, 알로펜을 진국대법주(鎭國大法主)라고 칭했다. 이후 불교를 신봉하던 측천무후(則天武后 : 재위 684~705) 재위시에는 약간 쇠퇴했으나 이후 현종(玄宗)·숙종(肅宗)·대종(代宗)·덕종(德宗)에 이르기까지 경교는 활발히 교세를 넓혀 갔다. 이 동안 경교는 회교(回敎), 요교(妖敎 : 조로아스터교)의 3대 외래 종교를 뜻하는 '삼이사(三夷寺)'의 하나로 국가의 보호를 받으며 융성하였다. 경교가 국가의 장려를 받자 당나라 고위관리 가운데 신자도 나오기 시작했는데 알로펜을 영접했던 재상 방현령을 비롯, 현종 때의 명장 고력사(高力士), 숙종·대종·덕종 3대의 명장이었던 곽자의(郭子儀)와 이사(伊斯)가 그들이었다.

동양화한 경교

당 덕종 2년이자 신라 선덕왕 2년인 781년에는 장안의 대진사 경내에 앞의 '대진경교유행중국비'가 세워졌는데, 여기에 "법도가 전국에 퍼지니 국가가 부유해졌으며, 교회(寺)가 모든 성읍에 충만하여 집집마다 복이 내린다"라고 기록된 것은 경교의 유행 상황을 보여 주는 것이다. 당시 경교의 수도사들은 머리는 깎았으나 수염은 길렀으며, 목탁을 두드리고 동방을 향해 예배했고, 노비를 금하고 재물 축적을 금했다는 흥미로운 사실을 이 비문은 보여 주고 있다.

"목탁을 두드려 세상을 깨우치고…동쪽을 향해 예배하며…수염을 기름은 바깥 행위〔外行〕를 유지함이며, 정수리를 깎음은 마음속의 욕망〔內情〕이 없음을 나타냄이며, 노비를 기르지 않음은 인간의 귀천이 동등함이며, 재화를 취하지 않으며…일곱 시간마다 예배를 드리고, 칠일마다 예배를 드리는 것은 마음을 닦아 순결케 함이로다."

중국의 경교는 이처럼 동양 전통 종교인 불교와 융합하면서 존속과 발전을 도모했음을 볼 수 있다. 타종교와 융합하려는 이런 모습들은 네스토리우스파가 로마에서 당한 박해와 관련이 있는지도 모른다.

그러나 경교는 당나라 말기인 무종(武宗)의 회창(會昌) 5년(845)에 실시된 '회창멸법(會昌滅法)' 조치에 의해 결정적인 타격을 입게 되었다. 회창멸법은 '안사(安史)의 난' 이후 궁핍해진 국가경제 속에서도 막대한 재산을 소유하고 있던 불교의 재산을 국가로 환수하기 위한 조처였으나, 그 대상이 불교에 국한되지 않고 경교까지 포함되어 막대한 피해를 입었던 것이다. 이때 대진사 소유재산도 국고로 환속되었는데, 당시 강제로 환속된 경교 수도사의 수는 3,000여 명에 달했다.

이후에도 경교의 수난은 계속되어 875년의 '황소(黃巢)의 난' 때에는 수도 장안을 점령한 반군들에 의해 경교를 비롯한 외래종교 신도들은 학살되었으며, 이후 경교 교도들은 만주나 몽고 등 변방으로 피신해 신앙을 지킨 일부 교도들을 제외하고는 중국 표면에서 사라지고 말았다.

이후 경교는 약 400여 년 동안 자취를 감추었다가 몽고족이 세운 원(元 : 1234~1367)나라 때 다시 나타나게 된다. 동으로는 한반도, 북으로는 러시아, 서로는 페르시아와 폴란드까지 지배했던 세계제국 원나라는 대제국을 효과적으로 다스리기 위해 다양한 종교를 인정해 주는 관대한 종교정책을 사용하였다. 칭기즈칸 자신이 아내로 맞이한 케라르트(Kerart)족 공주는 바로 기독교 신자였는데, 그녀는 칭기즈칸 영내에 교회를 설립하기도 했다. 원나라에서는 네스토리우스파가 경교라는 명칭 대신에 '복음을 섬기는 자'라는 뜻의 몽고어 '아르카운(Arkaun)'의 중국어 음역인 '야리가온(也里可溫)'으로 불렀는데, 케라르트족 출신의 야리가온들은 몽고의 수도 카라코룸에 진출해 기세를 올리기도 했으며, 불교 신자였던 쿠빌라이는 1289년 숭복사(崇福寺)를 설립해 야리가온에 대한 업무를 관장하게 하기도 했다.

야리가온에 대한 우호 조치로 원나라 시대의 경교는 당나라 때와 같은 융성기를 맞았는데, 중국 전역에서 발굴되는 십자(十字) 문양을 새긴 비석과 묘비 등 이 시기 기독교계 유물들이 이를 말해 준다. 이탈리아의 유명한 여행가 마르코 폴로(Marco Polo : 1254~1342)는 《동방견문록》에서 중국 강소성을 여행한 기록을 남겼는데, "서기 1278년 사르기스라고 하는 네스토리우스파 기독교가 칸의 명령을 받들어 이곳〔鎭江〕에 부임해 3년 동안 장관을 역임하면서 이곳에 십자사(十字寺) 두 곳을 건립하였다"라고 적고 있다. 그러나 원나라 때에 다시 성행했던 경교는 원나라가 명나라에 망하게 되면서 다시 자취를 찾기 어렵게 쇠퇴하고 만다.

경교는 과연 신라에 전파되었을까

그럼 경교는 과연 우리나라에 전래되었는지 알아보자. 네스토리우스파 기독교, 즉 경교가 고대 우리나라에 전래되었음을 보여 주는 문헌상의 증거는 보이지 않는다. 다만 앞의 불국사에서 발견된 석제 · 동제 십자가와 학자들의 견해가 일치하지는 않지만 마리아와 비슷하게 생긴 석굴암의 일명 마리아관음상을 가지고 추측할 수 있을 뿐이다. 중국에서 경교가 유행하던 당나라 시대(635~845)에 신라는 당나라와 밀접한 관련을 갖고 정치 · 군사적인 교류는 물론 문화적인 교류도 활발하던 때였다.

네스토리우스파 선교단을 이끈 알로펜이 당(唐)의 수도 장안(長安)에 도착한 다음해인 선덕여왕 4년(635) 당(唐)에서 사신을 보내 선덕여왕을 '주국낙랑군공신라왕(柱國樂浪郡公新羅王)'에 책봉하였으며, 장안사 경내에 '대진경교유행중국비'가 세워지는 다음해인 782년에도 선덕여왕이 당나라에 사신을 보내기도 했다. 알로펜이 장안에 도착하고, 장안에 대진사가 세워지는 그 150여 년 사이에 당과 신라 사이에 사신이 오간 기록은 수를 셀 수 없을 정도로 많으며 수많은 신라의 유학생이 당의 문물을 배우기도 했다. 수없이 많이 오간 사신들과 유학생들이 이 서방에서 온 메시아를 신봉하는 종교의 존재를 몰랐을 리는 없다.

또한 《우리역사의 수수께끼》 1권의 〈신라의 처용은 과연 아랍 사람인가 — 경주 괘릉에 서 있는 외국인 무인석의 의미〉에서 신라와 아랍인들의 활발한 교류에 대해서 설명한 데서 알 수 있듯이 통일신라는 아라비아와 페르시아 지역까지 활발한 교역활동을 벌였던 국가였다. 당시 신라인들이 당나라에서 목격한 종교가 페르시아와 아라비아에도 있음을 보고 비상한 관심을 가졌을 것은 당연하다.

일본의 고대 기록인 《속일본서기(續日本書紀)》 〈성무천황기(聖武天皇紀)〉에는 783년에 당나라 사람 황보(皇甫)가 경교 선교사 밀리스(Millis)를 동반하여 천황을 만났다는 기록이 있는데, 풍랑 심한 동지나해 때문에 당과 교류가 극도로 위축되었던 일본에도 경교에 대한 기록이 있는 것은 교류가 빈번했던 신라에 경교가 전래되었을 강한 개연성을 보여 준다.

경교가 중국에서 재차 유행하던 원나라 때도 고려와 원나라 사이에는 교류가 활발하였다. 특히 원나라 황실과 고려 왕실 사이에는 빈번한 혼인이 이루어졌다. 이 과정을 통해 원나라 지배층이 믿던 경교, 즉 야리가온이 고려에 전파되었을 가능성도 높다.

경교가 우리나라에 전래되었을 가능성에 대해 가장 먼저 언급한 학자는 영국의 여류 고고학자인 고든(E.A. Gordon)이었다. 우리나라가 일제에 강제로 점령될 무렵 약 4년간 한국에 머물렀던 고든은 기독교의 동양 전래 및 기독교와 불교의 교류에 대해 연구했는데, 이 과정에서 한국 불교와 경교의 연결 가능성에 대해 주목한 것이다. 그녀는 경주 석굴암의 신장(神將)·관음상(觀音像)·나한상(羅漢像)·제석천상(帝釋天像) 등에서 페르시아 경교의 흔적을 찾을 수 있다고 주장했으며, 통일신라시대 능묘에 나타나는 십이지상(十二支像) 부조나 괘릉 앞의 무인석(武人石)에서도 경교의 영향을 볼 수 있다고 주장했다. 그녀는 자신의 이런 주장을 뒷받침하기 위해 당나라 장안의 대진사에 건립되었던 '대진경교유행중국비' 모조비를 금강산 장안사(長安寺) 경내에 세우기도 했다.

1956년 경주 불국사 경내에서 발견된 석제 십자가에는 우리가 상상하는 것 이상의 의미가 담겨 있는지도 모른다. 예수의 신성과 인성을 둘러싼 초대 기독교의 교리 논쟁의 역사와 여

경주에서 출토된 통일신라시대의 마리아상.
안고 있는 아기가 아기 예수이다.

기에서 패배한 네스토리우스파가 회복을 꿈꾸며 동방으로 진출했던 흥미로운 역사의 산물일 개연성이 높다. 서방의 로마와 동방의 페르시아, 아라비아와 당나라, 그리고 세계제국 원나라에 이르기까지 전세계적인 의미가 담긴 유물인지도 모른다. 전남 해남 대흥사에 소장되어 있다는 동제(銅製) 십자가, 마리아상과 유사한 관음상에도 그런 의미가 담겨 있을지 모른다고 하면 지나친 추측일까?

여자 임금 선덕여왕의 콤플렉스

세 가지 일을 미리 안 선덕여왕

신라의 선덕여왕이 대단히 총명한 사람이었음을 알려 주는 근거인 〈선덕왕이 세 가지 일을 미리 알았다〉는 이야기의 출처는 일연의《삼국유사》이다. 세 가지 일이란 모란꽃에 향기가 없다는 사실을 그림만 보고 미리 알았다는 것과 여근곡(女根谷)에 적병이 숨어 있다는 사실을 미리 알았다는 것, 그리고 자신이 죽을 날을 미리 예언하면서 도리천(利天)에 장사 지내라고 했다는 내용이 그것다. 김부식의《삼국사기》에는 죽을 날을 예언했다는 이야기를 뺀 두 이야기가 실려 있다.

그중 여근곡에 적병이 숨어 있는 사실을 미리 알았다는 내용은 당시 신라 사회의 자유로운 성(性) 풍습을 암시해 주기도 한다. 이 이야기는 영묘사(靈廟寺)의 옥문(玉門)이란 못에서 한겨울에 뭇 개구리가 모여 3~4일 동안 울었다는 기이한 사건에서 시작된다. 한겨울에 개구리가 모여 울자 나라 사람들이 괴이하게 여겼을 것은 당연한 일이었다. 이상스럽게 여긴 나라 사람들이 선덕여왕에게 묻자 선덕왕은 급히 각간(角干) 알천(閼川) 등에게 정병 2,000명을 뽑아 서쪽 교외의 여근(女根)

이란 계곡을 찾아가면 반드시 적병이 있을 것이니 그들을 습격하라고 명령했다. 알천 등이 병사를 이끌고 서쪽 교외에 가서 여근곡을 찾았더니 부산(富山) 밑에 과연 여근곡이란 곳이 있었는데 백제 군사 500명이 그곳에 숨어 있으므로 한꺼번에 잡아 죽였다는 내용이다.

신하들이 어떻게 여근곡에 백제 군사가 숨어 있는 것을 알았느냐고 묻자 선덕왕은 이렇게 대답한다.

"개구리는 성난 꼴을 하고 있는데 이것은 곧 군사의 모습이며, 옥문은 여자의 생식기〔女根〕다. 여자는 음(陰)이며 그 빛은 흰색인데 흰색은 곧 서쪽 방위를 나타낸다. 그러므로 군사가 서쪽에 있다는 사실을 알았다. 남성의 생식기〔男根〕가 여성의 생식기에 들어가면 마침내 죽는 것이니 이렇기 때문에 적병을 쉽게 잡을 줄 안 것이다."

선덕왕의 말처럼 옥문과 여근은 모두 여성의 음부를 상징하며 개구리는 백제 군사와 남성을 동시에 상징하는 말이다. 남성의 생식기가 여성의 생식기에 들어가면 마침내 죽는다는 말은 성난 남성의 성기가 여성의 성기에 들어가면 마침내 풀이 죽는다는 음양의 이치를 설명한 것이다. 남녀 사이 성교의 이치를 당시 백제와 대치하던 국제 상황에 대입해 풀어 낸 지혜는 놀랍다 할 것이다. 이는 대단히 흥미로운 이야기지만 근엄함을 제일로 치는 조선 사대부가 들었으면 음란하다 하여 삭제했을 것이 분명할 정도로 성에 대한 표현은 직설적이며 최근 음란하다 하여 일각에서 위서로 주장하는《화랑세기》필사본의 진위여부에도 한 시사를 준다 할 것이다.

도리천 이야기도 신비롭다. 건강하던 선덕여왕이 어느 날, 자신이 죽을 날을 미리 예언하며 도리천에 장사 지내라고 말하자 도리천이 어디인지 알 수 없었던 신하들은 도리천이 어디인지를 물었다. 이에 선덕왕은 "낭산(狼山) 남쪽"이라고 대답했는데, 과연 예언한 그날 선덕왕이 세상을 떠났으므로 신하들은 낭산 남쪽에 장사 지냈다. 그후 10여 년

경주의 선덕여왕릉. 선덕여왕은 짝이 없다는 데 콤플렉스를 갖고 있었다.

후에 문무왕(文武王)이 선덕왕의 무덤 밑에 사천왕사(四天王寺)를 창건했는데, 바로 이 사실이 선덕왕의 예지(豫智)를 잘 말해 주는 것이다. 불경에 "도리천은 사천왕 하늘 위에 있다"고 기록되어 있기 때문이다. 즉 선덕왕은 자신이 죽은 후 자신의 무덤 밑에 사천왕사라는 절이 들어설 것을 미리 알았다는 신비한 내용이 되는 것이다.

모란꽃 그림은 짝 없는 선덕여왕을 조롱하는 것?

모란꽃 이야기는 이렇다. 당나라 태종이 붉은색, 보라색, 흰색의 모란꽃 그림과 그 꽃씨 세 되를 선덕왕에게 보냈다. 선덕왕은 당 태종이 보낸 그림을 보고 이렇게 말한다.

"이 꽃은 반드시 향기가 없을 것이다."

이렇게 말하면서 선덕왕은 꽃씨를 정원에 심으라고 명령했는데, 그 꽃이 피고 지기를 기다려 보았더니 과연 그 말대로 향기가 없었다는 것이다. 나라 사람들이 어떻게 향기가 없다는 사실을 알았느냐고 묻자 이렇게 대답한다.

"꽃을 그렸는데 나비가 없으니 향기가 없다는 것을 안 것이다. 이것은 바로 당나라 황제가 과인이 짝이 없는 것을 조롱하는 것이다."

즉 당나라 황제가 선덕여왕이 남편이 없는 것을 조롱하기 위해 나비가 없는 모란꽃을 그려 보냈다는 것이다. 그러나 일연은 이를 달리 해석하고 있는데, 곧 "세 가지 색의 꽃을 보낸 것은 혹 신라에 여왕 세 사람이 날 것을 미리 알아서 그런 것인가?"라면서 "선덕·진덕·진성 여왕이 그들이니 이것은 당나라 황제도 현안을 풀 지혜가 있었던 까닭이다"라며 오히려 당 태종의 혜안을 칭송하는 재료로 사용하는 것이다.

그러나 당태종이 모란꽃을 선덕왕에게 선물한 이유는 혼자인 선덕왕을 조롱하기 위해서가 아니었다. 또한 신라에 여왕이 세 사람 날 것을 예언하기 위한 것도 아니었다. 이는 선덕왕이나 일연이 '동양화 읽는 법'을 몰랐기 때문에 일어난 에피소드일 뿐이다. 동양화는 단순히 어떤 대상의 아름다움만을 나타내기 위해 그리는 그림이 아니다. 그 대상물에 대상물 나름의 뜻을 담고 있는 그림이다. 동양화에 그려진 대상물에는 대부분 의도적인 뜻이 있으므로 독도법(讀圖法)이 중요한 분야이다.

예를 들면 갈대로 묶은 게 그림 한 귀퉁이에 '전로(傳蘆)'라고 써놓은 동양화는 장원급제를 바라는 옛사람들의 마음이 담겨 있는 것이다. '갈대를 전하다'는 뜻의 전로는 중국어 발음으로는 '촨루'로 읽는데, 이는 전려(傳臚)라는 글자와 같은 음을 갖고 있다. 전려는 윗사람의 말을 아랫사람에게 전하는 것을 뜻하는 말인데, 중국 고대에는 임금 앞에서 보는 전시(殿試) 급제자를 호명하라고 계하(階下)의 위사(衛士)에게 전하는 것을 의미했다. 즉 '갈대를 전하다'라는 뜻의 전로는 '과거 급제자를 호명하다'는 뜻의 '전려'와 중국어로 같은 '촨루'이므로 게를 갈대로 묶은 그림이 과거급제를 바라는 그림이 되는 것이다. 이때 게딱지(甲)는 첫째를 뜻하는 것이므로, 장원급제가 되는 것을 의미한다. 장원급제를 바라는 마음이 게와 갈대를 함께 그리는 것으로 나타나는 것이다.

모란꽃에 나비를 그리지 않는 이유

모란꽃에 나비를 그리지 않은 것도 마찬가지로 이유가 있다. 모란은 꽃 중의 왕으로 일컬을 정도로 존중받는 꽃으로서 부귀화(富貴畵)라고도 일컫는다. 주무숙(周茂叔)이란 인물이 〈애련설(愛蓮說)〉에서 "모란꽃은 부귀다"라고 말했듯이 동양화에 모란꽃이 있으면 일단 '부귀'를 뜻하는 것으로 읽으면 된다. 모란꽃이 해당화(海棠花), 목련(木蓮, 玉蘭花)과 함께 있으면 모란꽃의 부귀, 목련의 옥, 해당화의 당이 함께 읽혀져 '귀댁에 부귀가 깃들이기를 바란다'는 뜻의 부귀옥당(富貴玉堂)의 그림이 된다.

그럼 부귀를 뜻하는 모란꽃과 나비는 왜 함께 그리지 않을까? 나비를 뜻하는 '접(蝶)'자와 노인을 뜻하는 '질(耋)'자는 우리말로는 발음 자체가 확연히 다르지만 중국어로는 모두 '디에(die)'로서 같은 발음이다. 동양화에서 나비가 흔히 노인의 의미로 사용되는 것은 그 때문이다. 그런데 질(耋)은 그중에서도 60세부터 많아야 80세의 노인을 가리키는 한정어이기도 하다. 따라서 모란과 나비를 함께 그리면 60~80세까지 부귀를 누리라는 뜻이다. 그런데 왜 부귀를 뜻하는 모란에

60~80세까지의 노년을 가리키는 나비를 함께 그리지 않는 것일까? 이는 60~80세 이상의 더 오랜 인생을 부귀와 장수를 누리려고 하는 옛 중국인들의 과장된 욕심이 담긴 것이다.

모란과 나비는 함께 그리지 않는 반면 고양이가 등장할 경우 모란, 나비가 함께 그려지는 경우는 흔하다. 여기에는 표의문자(表意文字) 인 한자의 미묘함이 담겨 있는데 고양이 '묘(猫)' 자와 노인 '모(耄)' 자 역시 앞의 전로와 전려처럼 중국어로는 모두 발음이 같은 '마오(mao)' 이다. 따라서 고양이는 이 경우 묘(猫)자가 아니라 장수하는 노인을 뜻하는 모(耄)를 뜻하는 이중적인 의미가 담겨 있다.

그럼 같은 노인이란 뜻인데 앞의 질(耋), 즉 나비는 왜 기피의 대상이고 고양이는 그렇지 않을까? 여기에는 같은 노인이란 뜻이지만 그 한정적 의미는 각각 다른 데서 온 현상이다. 앞의 질(耋)은 60~80세의 노인을 뜻하는 반면 모(耄)는 노인 중에서도 80~90세의 고령의 노인을 가리키는 낱말이다. 따라서 나비만 그리게 되면 이르게는 60세까지만 부귀 장수를 누리라는 뜻이 되므로 더 오래 살고 싶은 마음에 모란과 나비는 함께 그리지 않는 것이다. 반면 모란과 나비, 고양이를 함께 그리면 길게는 90세까지 부귀와 장수를 누리라는 뜻이 되므로 이 정도면 만족할 만한 인생이 된다고 믿는 것이다.

동양화에는 이외에도 음이 같은 것을 은유해 그림의 속뜻을 표현하는 경우가 많다. 모란과 병(瓶)을 함께 그리는 것도 마찬가지로서 '병(瓶)'은 중국어로는 평안하다는 뜻의 '평(平)'과 같은 핑(ping)으로 읽는다. 따라서 모란과 병을 함께 그리면 부귀하면서도 평안하게 지내라는 뜻이다.

동양화에 담긴 이런 뜻을 몰랐기 때문에 선덕왕은 모란 그림에 나비가 없는 것을 당태종이 혼자 몸인 자신을 조롱한 것으로 여겨 발끈한 것이다.

모란꽃 그림.

여자 임금 선덕여왕의 콤플렉스

선덕여왕이 모란 그림을 당 태종이 자신을 조롱하기 위해 보낸 것으로 오해한 데는 이유가 있었다. 남성 지배권이 확립된 고대사회에서 여성으로서 임금 노릇 하기 어려웠던 데 대한 콤플렉스가 그것이다. 신라 26대 진평왕의 장녀로 태어난 선덕여왕의 어릴 적 이름은 덕만(德曼)이었다. 어머니는 마야부인(摩耶夫人)이었는데 진평왕이 아들이 없이 죽자 화백회의에서 그녀를 왕으로 추대하고 성조황고(聖祖皇姑)란 호를 올렸다고 한다. 632년에 즉위해 15년간을 재위에 있은 그녀는 성골이란 특수 신분이기 때문에 임금이 될 수 있었지만 남성이 지배하던 고대사회에서 여자라는 특이성 때문에 많은 어려움을 겪었던 것이다.

즉위 다음해 정월 직접 신궁(神宮)에 제사 지내고 죄수들을 크게 방면했으며, 여러 주군(州郡)의 조세를 일년 동안 면제해 준 것도 단순히 선정을 베풀려는 의도였다기보다는 여자로서 임금이 된 데 충격받은 민심을 수습하기 위한 것이라고 볼 수도 있다. 신궁에 제사를 지냄으로써 자신이 하늘의 자손이란 점을 내외에 공표해 왕위계승에 대한 비판적 인식을 봉쇄하면서 죄수들을 방면하고 조세를 면제해 줌으로써 자신에 대한 남성들의 반감을 상쇄시키려 한 것이다.

선덕왕이 재위에 있던 632년부터 647년의 시기는 삼국 사이에 전쟁이 일상화되어 긴장이 최고조에 달해 있던 시기였다. 그녀가 재위에 있는 동안 고구려 임금의 재위기간은 영류왕 15년부터 보장왕 6년까지였으며 백제는 무왕 33년부터 의자왕 7년까지였다. 이 시기 신라는 고구려는 물론 백제와도 최악의 관계였다. 여기에는 한강 유역을 둘러싼 세 나라 사이의 각축전이 결정적 역할을 했다. 신라와 백제는 고구려에 대항하기 위해 나제동맹을 맺고 서기 551년(신라 진흥왕 12, 백제 성왕 29)에 백제의 옛 영토인 한강 하류의 6군을 고구려로부터 빼앗았다. 이 전투는 백제가 주력군이 되고 신라가 보조군이 되어 진행되어서 백제 성왕은 당연히 빼앗은 한강 유역을 자신의 몫으로 여겼으나 신라 진흥왕의 갑작스런 배신으로 신라에게 빼앗기고 말았다. 이에 분개한 성왕은 신라에 복수하러 가다가 오히려 매복에 걸려 관산성(管山城 : 지금의 충북 옥천)에서 553년에 전사하고 말았던 것이다.

이때부터 백제와 신라는 항시적인 전쟁상태에 돌입하게 되었다. 특히 선덕여왕과 같은 시기에 백제 임금이었던 무왕은 42년의 재위기간 동안 무려 13차례나 신라와 크고 작은 전투를 치를 정도로 신라에 대한 원한을 갖고 있었다. 다급해진 선덕왕은 백제를 치기 위해 김춘추(金春秋)를 고구려로 보내 구원병을 요청했으나 고구려의 보장왕(寶藏王)은 김춘추를 억류했다가 겨우 돌려줄 정도로 고구려와도 사이가 좋지 못했다.

여성의 몸으로 임금이 된 선덕여왕이 느꼈을 또 하나의 콤플렉스는 자신이 직접 전쟁에 나설 수 없다는 데도 있었을 것이다. 이 당시 삼국의 임금들은 스스로 말을 타고 전장을 누비는 장수이기도 했다. 여성이 후방에서 통치해도 괜찮을 정도로 평화적인 시기가 아니었던 것이다.

고구려의 도움을 받는 것도 무망해진 선덕왕이 눈을 멀리 당나라로 돌려 연합하려 한 것은 불가피한 선택이라 할 것이다. 선덕왕은 재위 3년째인 634년 인평(仁平)이란 연호를 사용했다. 이는 그녀가 왕실의 자주성과 독자성을 높이려는 강력한 의지를 갖고 있음을 뜻한다. 하지만 힘이 뒷받침되지 않는 상황에서 독자성을 유지하며 생존 · 발전하는 것은 쉽지 않은 일이었다. 선덕왕이 거의 매년 당나라에 사신을 보내 조공한 것을 오늘날의 시각으로 보면 민족 내부의 운명을 타민족에게 맡긴 굴욕으로 보일지 모르겠지만, 군사대국 고구려와 백제가 호시탐탐 노리고 있는 상황에서 한 나라의 임금인 그녀가 택할 수 있는 최선의 선택이었을 것이다. 특히 선덕여왕은 재위 11년째인 642년에 백제의자왕의 공격을 받아 서쪽 변경에 있는 40여 성을 탈취당하는 위기를 맞기도 했다. 신라의 한강 방면 거점인 당항성(黨項城 : 지금의 남양만)도 고구려와 백제의 침공을 자주 받는 위기 상황이었다.

선덕여왕을 축출하려 한 당 태종

스스로 갑옷을 입고 싸움터로 나갈 수 없었던 선덕여왕이 그 역할을 대신 맡긴 인물들은 김유신과 김춘추 같은 진골 출신 장수들이었다. 선덕여왕은 남성우위 사회에서 여성의 몸으로 임금이 된 자신의 콤플렉스를 능력 있는 남성들을 과감하게 등용하는 것으로 메웠던 것이다. 그리고 당나라와 연합해 고구려와 백제를 견제했던 것이다. 영양왕 23년 (612) 고구려로 쳐들어갔다가 을지문덕에게 참패하는 수모를 겪었던 당나라로서는 신라의 연합 요청이 크게 반가운 일이었다. 여차할 경우 양쪽에서 고구려를 압박할 수 있기 때문이다.

그러나 당 태종은 신라의 연합 요청을 기쁘게 받아들이면서도 한편으론 신라의 임금이 여자란 점을 마음에 꺼려했다. 신라는 화랑의 전신인 원화가 여성이었을 정도로 여성의 지위가 높은 나라였으나, 유교적 세계관을 가지고 있었던 당 태종은 여성이 임금으로 있는 것은 천하의 이치에 어긋난다는 생각을 가지고 있었던 것이다.

《삼국사기》에는 당 태종이 신라의 사신에게 노골적으로 선덕여왕을 제거하라고 사주하는 기록이 나온다.

"… 백제는 바다가 험한 것만 믿고 병기를 수선치 않으며 남녀가 뒤

당나라 수도였던 서안성. 당 태종은 신라 사신에게 선덕여왕을 축출할 것을 부추기기도 했다.

섞여 연회만 하니 내가 수십백 선에 갑졸(甲卒)을 싣고 고요히 바다에 떠서 그 땅을 곧 엄습하고 싶으나, 그대 나라는 부인(婦人)을 임금으로 삼아서 이웃 나라의 업신여김을 받으니 이는 임금을 잃고 적(敵)을 받아들이는 격이라 해마다 편안할 적이 없다. 내가 친족 한 사람을 보내 그대 나라의 임금을 삼되 혼자서 갈 수는 없으므로 마땅히 군사를 보내어 보호케 하고 그대 나라가 안정(安靖)함을 기다려 그대의 자수(自守)에 맡기려 하니 이것이 세 번째 방책이다. 그대는 잘 생각해 보라."

태종의 친족 한 사람을 보내 선덕여왕을 갈아치우고 왕으로 만든 다음 나라가 안정되면 사신을 임금으로 삼겠다는 회유였다. 물론 사신을 임금으로 삼겠다는 것은 일종의 당근에 불과한 것이고, 태종의 친족이 임금이 되면 대를 이어 임금이 될 것이었다. 선덕여왕으로서는 이리를 피하려다가 호랑이를 만난 격이었다.

당 태종이 선덕여왕의 축출을 사주한 이 사건은 신라 정계에 돌풍을 일으키게 된다. 일부 진골 귀족들이 이를 선덕여왕을 축출하려는 구실로 삼았기 때문이다. 선덕여왕이 사망하는 해인 서기 647년 정월에 상대등 비담과 염종(炎瞳) 등 진골 귀족들이 반란을 일으킨 구실은 '여왕이 정치를 잘못한다'는 것이었다. 이들은 분명 당 태종의 사주에 힘입어 반란을 일으킨 것이었다. 이 반란은 비록 김춘추와 김유신에 의해 진압되지만 그녀는 이런 내란의 소용돌이 속에 재위 16년 만에 죽고 만다. 신라의 공식 사절에게 신라 임금의 축출을 사주한 당 태종이 평소에도 선덕여왕을 우습게 보았을 것임은 쉽게 짐작할 수 있을 것이다. 신라의 여왕에 대한 당 태종의 이런 평소 언행이 선덕여왕에게 그가 보낸 모란 그림을 자신을 조롱한 것으로 해석하게 했던 것이다.

고구려는 왜 평양으로 천도했는가

평양 천도에 관한 남북한 학계의 공통된 인식, 남하정책

《삼국사기》〈고구려본기〉 장수왕조는 "(장수왕) 15년(427)에 평양으로 천도하였다"고 고구려의 평양 천도를 대단히 간략하게 서술하고 있다. 그러나 서술이 간략하다고 그 의미까지 가벼운 것은 아니다.

그간 고구려의 평양 천도에 대해서는 남북학계 모두 피상적으로 다루어 왔다. 그리고 남하정책과 관련해서는 긍정적으로 서술한 것이 대부분이다. 총 33권으로 편찬된 북한의 《조선전사》 3권의 서술도 마찬가지이다. "고구려가 수도를 평양으로 옮긴 것은 고구려의 국가 발전에서 큰 의의를 가졌다"는 것이다. 《조선전사》는 평양 천도가 고구려의 남진정책과 경제·문화 발전을 더욱 적극적으로 추진할 수 있는 유리한 조건이 되었다며 이렇게 기술했다.

"나라의 정치, 경제, 군사의 중심지인 수도가 먼 북쪽의 국내성으로부터 당시 조선 서북지방의 중심지이며 교통의 요충지인 평양에 옮겨옴으로써 고구려는 이곳을 거점으로 남쪽으로 더욱 힘있게 진출할 수 있게 되었다."

북한이 이처럼 평양 천도를 긍정적으로 서술하는 데에는 남북분단 상황에서 평양 정권의 정통성을 강조하기 위한 의도가 개재된 것인지도 모른다. 그러나 한국의 국사편찬위원회에서 총 60권으로 편찬한 《한국사》도 마찬가지로 평양 천도를 남하정책과 관련해 긍정적으로 서술했다. 《한국사》 5권이 고구려에 관한 기술이다.

"광개토왕을 이은 장수왕은 수도를 평양으로 옮기고 강력한 남진정책을 추진하였다(68쪽)."

"고구려는 평양 천도 후 남진정책을 본격화하였다. 내륙 교통의 요충지인 충주에 국원성(國原城)을 설치함으로써 신라에 대한 진출의도를 드러낸 것도 이때를 전후한 시기의 일로 보인다(70쪽)."

"중국 방면에서의 정치적 안정으로 인하여 서진(西進)에 한계를 느낀 고구려는 장수왕 15년(427) 평양 천도를 통하여 남진정책을 본격화하였다(84쪽)."

이처럼 고구려의 평양 천도는 북한 학계는 물론 한국 학계에서도 남진정책에 주목적이 있었던 것으로 의심없이 받아들여졌다.

실제로 평양 천도 후 고구려는 남진정책을 추진하였다. 남진정책의 주된 대상은 백제였다. 고구려 왕실과 백제 왕실은 같은 부여 계통이었지만 그 주도권을 둘러싸고 여러 차례 심각하게 대립했던 것이다.

평양 천도의 장본인인 장수왕의 증조부 고국원왕(故國原王 : 재위 331~371)은 바로 백제의 정복군주 근초고왕(近肖古王 : 346~375)에게 전사했던 인물이었다. 백제의 근초고왕이 서기 371년 평양성까지 북진하자 고구려의 고국원왕이 직접 방어에 나섰다가 전사한 것이다. 이런 원한을 갖고 있는 고구려 왕실에서 평양 천도 후 남하정책을 전개한 것은 당연하다 할 것이다.

또한 고구려가 남하정책을 추진할 수 있었던 데는 고구려에 유리하게 돌아간 국제 정세도 한몫을 했다. 당시 중국은 남북조(南北朝)시대라 불리는 분열시대여서 내부적 다툼에 바빴으므로 다른 지역의 정세에 개입할 여지가 적었던 것이다. 중국 화북지역을 무대로 한 북조는 여러 이민족들이 각축을 벌이다가 439년(장수왕 27) 북위(北魏)에 의해 통일되었으며, 화남지역을 무대로 하는 남조는 동진(東晉 : 317~420), 송(宋 : 420~479), 남제(南齊 : 479~502)가 차례로 흥망을 거듭하고 있었다.

장수왕은 즉위하던 해(413) 남조의 동진에 사신을 파견해 70년 만에 남중국 국가와 교섭을 재개했다. 이후 동진을 이은 송과 남제와도 계속

서울시 풍납동에 있는 백제식의 몽촌토성. 고구려 토기가 출토되어 한때 이 지역을 고구려가 점령했음을 말해 준다.

해서 국교를 수립해 중국 남조 국가들과 유대를 강화했는데, 여기에는 백제와 돈독한 관계를 맺고 있던 북위를 견제하기 위한 장수왕의 강한 의도가 담겨 있었다.

그러나 북위가 화북지역을 통일할 기미가 보이자 장수왕은 재위 23년(435)에 북위에도 사절을 파견해 외교관계를 수립하였다. 적어도 북위가 적대국화하는 것은 막으려는 의도였다. 고구려는 이처럼 중국이 남북조(南北朝)로 분열된 틈을 이용해 남북조 모두와 국교를 수립해 간섭을 배제하면서 남하정책을 강행했던 것이다.

여든두 살의 나이로 남진정책을?

그러나 문제는 장수왕이 백제에 대해 대대적인 공격을 펼친 때가 평양 천도 후 무려 48년이 지난 장수왕 63년(475)이라는 점이다. 더군다나 당시 장수왕은 나이 여든두 살의 노인이었다. 서른네 살의 한창 나이에 평양으로 천도해 좋은 시절을 다 보내고 미수(米壽)가 가까운 할아버지가 되어 본격적인 남하정책을 전개한 것이다.

《삼국사기》에는 이때 장수왕이 백제에 간첩을 보내어 내부를 분열시키는 계략을 썼다고 기록하고 있다. 장수왕이 백제에 간첩으로 갈 지원자를 구하자 승려 도림(道琳)이 자원했다. 도림은 장수왕과 짜고 거짓으로 죄를 짓고 백제로 도망가는 것처럼 꾸민 후 백제의 개로왕이 바둑을 좋아하는 점을 이용해 접근하기로 했다. 도림이 백제의 대궐 문 앞에 가서 "신(臣)이 어려서 바둑을 배워 자못 경지에 도달했는데, 왕께 알려드리기를 원합니다"라고 하자 개로왕은 그를 불러 대국한다. 두어 본 결과 국수(國手)임을 알게 된 개로왕은 그를 상객(上客)으로 대우하면서 늦게 만난 것을 한탄하였다. 연일 바둑으로 친해진 다음 도림은 개로왕에게 조용히 말한다.

"이국인인 신(臣)을 두텁게 대해 주시는데, 바둑으로만 보답할 뿐 일찍이 털끝만한 도움을 드린 일이 없는 것을 애석하게 여겨 한 말씀 드리려고 하는데 상의 뜻은 어떠신지 알지 못하겠습니다."

개로왕이 말해 보라고 답하자 도림은 자신의 계략을 말한다.

"대왕의 나라는 산악과 바다로 둘러싸인 천험의 요새요, 인위적인 형세가 아니므로 주위 나라들이 감히 엿볼 생각을 품지 못하고 받들어 섬기기를 마다하지 않았습니다. 그런즉 대왕께서는 숭고한 위세와 부유한 실적(實績)으로써 남의 이목을 놀라게 해야 할 것인데, 성곽과 궁실은 수리되지 않은 채 방치되어 있고, 선왕(비유왕)의 해골은 빈 들판에 가매장되어 있으며, 백성의 가옥은 자주 범람하는 강물에 무너지니,

이는 대왕께 좋지 않다고 여깁니다."

　도림의 건의는 대대적인 역사(役事)를 벌이라는 것이었다. 이 말을 들은 개로왕은 "좋다, 내가 그리 하리라"라고 대답하면서 나라 사람들을 징발해 성을 개축하고 궁실을 수리했으며, 부왕인 비유왕(毗有王 : 재위 427~455)의 시신을 이장했다. 또 한강 연변을 따라 기다란 둑을 쌓아 범람에 대비했다.《삼국사기》는 이런 역사들이 백제의 국력을 쇠진하게 했다고 말하고 있으나 궁실 수리와 부왕의 묘 이장을 빼놓고 산성 개축이나 둑을 쌓은 것 등은 방어와 백성들의 생활을 위해 필요한 것이었다. 이는 다시 말해 백제가 고구려의 남하 기미를 읽고 전력을 다해 방비했다는 사실을 증명한다.《삼국사기》는 백제의 개로왕이 장수왕의 남하가 있기 6년 전인 재위 15년(469)에 고구려 남변을 공격하는 한편, 북한산성을 비롯한 여러 성들을 수리하고 병사를 나눠 지키게 했다고 기록하고 있는데, 이는 백제가 고구려의 남하 기미를 알고 선제공격과 방비를 동시에 수행한 것을 의미한다.

　드디어 장수왕은 재위 63년 9월에 군사 3만을 이끌고 백제에 침입해 백제의 수도인 한성(漢城)을 함락시켰으며 백제의 개로왕을 사로잡아 죽였다. 이로써 고구려는 약 100여 년 만에 고국원왕이 전사한 원수를 갚은 것이다. 이로써 백제는 개국 이래 수도로 사용하던 한성과 한강 유역을 빼앗기고 지금의 충청도 공주인 웅진(熊津)으로 도망갈 수밖에 없었다. 그런데《삼국사기》는 이때 장수왕이 "남녀 8,000명을 사로잡아 돌아왔다"고 기록하고 있다. 백제의 서울을 함락시키고 국왕까지 살해했으면서도 남하를 계속해 백제를 멸망시키지 않고 '돌아온' 것이었다. 이는 장수왕이 백제를 공격한 목적이 북위의 헌문제가 백제에 보낸 국서에서 "(장수왕의 백제공격은) 선군(先君 : 고국원왕)의 옛 원수를 갚으려는 것"이라고 지적하고 있듯이, 선조의 원수를 갚기 위한 조치였던 것이다.

평양성 칠성문.

　　물론 이 전투는 한반도에서 고구려의 우위를 결정지은 큰 사건이었
다. 신라는 처음부터 고구려의 상대가 되지 않았다. 재위 15년 만인
416년에 사망한 신라 실성왕의 뒤를 이어 왕위계승 분쟁이 일어나자
장수왕은 이에 개입해 눌지왕을 밀어 왕으로 만들었던 것이다. 다만 장
수왕은 신라의 북방 진출에 대비하기 위하여 내륙 교통의 요충지인 국
원성(國原城)을 설치하였다.

이런 상황들은 왜 고구려가 두 나라를 멸망시키지 않았는지에 대한 의문을 불러 일으키기에 충분하다. 백제의 수도까지 점령하고 나서, 왜 끝까지 백제군을 추격해 멸망시키지 않았는가에 대한 의문이다.

당시 백제 개로왕은 죽음에 임박해 아들 문주(文周)에게 "나는 마땅히 사직을 위하여 죽겠지만 너도 여기서 함께 죽는 것은 무익한 일이다"며 도망갈 것을 명할 정도로 위기 상황이었다. 이에 문주는 목협만치(木劦滿致), 조미걸취(祖彌桀取)와 함께 남으로 도망가는데, 수도가 함락된 상황에서 도망가는 문주가 고구려 대군의 공세를 이겨 내며 존속하기는 어려운 상황이었다. 그럼에도 불구하고 장수왕은 끝까지 백제의 잔존 군사를 추격하지 않고 백제의 수도 한성을 점령한 후 다시 평양성으로 돌아간 것이었다.

장수왕이 본격적인 남하정책을 펼친 때가 평양 천도 48년 만이라는 점과 한성을 빼앗기고 도망가는 백제군을 끝까지 추격하지 않은 사실은 고구려가 평양으로 천도한 목적이 남하정책이라는 기존의 통설에 의문을 가지게 한다. 따라서 한국의 서영대(徐永大)나 임기환(林起煥) 같은 학자들처럼 고구려의 평양 천도가 '전제적 왕권의 초부족적 성장과 정치세력 재편성'을 목적으로 단행된 것으로 보는 것이 보다 합리적이다.

왕권이 약한 우리나라 고대국가들

우리나라 고대국가는 고구려 · 백제 · 신라를 막론하고 전통적으로 왕권이 취약하다는 특징을 가지고 있다. 여기에는 부족연합국가라는 점이 배경으로 작용한다. 고구려 역시 5부족이 연합해 수립한 국가였다. 고구려를 건국한 주몽(朱蒙)은 당초 5부족 중의 하나인 계루부(桂婁部)의 수장에 불과했다. 부여에서 만주의 비류수〔渾江 : 혼강〕 졸본

(卒本) 지역으로 이주한 주몽이 또다른 부족인 소노부(消奴部)와 맹주 자리를 놓고 다툼을 벌인 결과 승리함으로써 연맹체의 맹주로 등장하게 된다.《후한서》〈동이열전〉고구려조에 "본래는 소노부에서 왕이 나왔으나, 점점 미약해져서 뒤에는 계루부에서 왕위를 차지하고 있다"는 기사는 연합체의 주도권을 둘러싼 이런 사정을 말해 주는 것이다.

주몽의 계루부가 연맹체의 맹주가 되었다고 해서 그 지배권이 실질적으로 다른 부족에게까지 미치는 것은 결코 아니었다.《삼국지》〈위서 동이전〉은 "연노부(涓奴部)는 본래 국주(國主)였으므로 지금은 비록 왕이 되지 못하지만, 그 적통(嫡統)을 이은 대인(大人)은 고추가(古雛加)의 칭호를 얻었으며, 자체의 종묘를 세우고 영성(靈星)과 사직에게 따로 제사 지낸다"고 기록하고 있다. 그런데 다른 부족이 자체의 종묘를 세우고 영성과 사직에 따로 제사 지낸다는 사실은 주몽의 계루부가 여전히 다른 부족들을 장악하고 있지 못함을 말해 주는 것이다.

고구려는 장수왕의 평양 천도 이전에도 몇 차례 천도한 적이 있었다. 산상왕 13년(209)에는 환도성으로 천도했다가, 동천왕 21년(247)에는 평양성으로 천도했다가, 고국원왕 12년(342)에 환도성으로 환도했다가 이듬해 다시 평양성으로 환도하는 것이다. 이처럼 잦은 천도는 동천왕 21년의 경우처럼 위나라의 공격을 받은 경우도 있지만, 내부의 권력다툼 때문일 가능성도 배제할 수 없는 것이다.

장수왕이 왕의 권위를 신성시하여 전제왕권을 수립하려는 것은 그가 동왕 2년(414)에 세운 광개토대왕비문에 보인다. 그 비문의 첫머리는 "옛날 시조 추모왕이 나라를 세웠다. 시조는 북부여에서 나셨는데 천제(天帝)의 아들이요, 어머니는 하백(河伯)의 딸이다"라고 선포하고 있다. 천제란 천하의 만물을 주재하는 절대적인 존재인 천신(天神)

을 뜻하는 것인데, 추모왕이 천제의 아들이니 곧 천자(天子)인 것이다. 추모왕의 어머니인 하백은 물의 신을 뜻한다. 즉 추모왕의 아버지는 하늘의 신, 어머니는 물의 신이니 그 아들인 추모왕이 천하의 주인임은 당연한 것이고 그 성스런 왕통을 이은 장수왕을 포함한 고구려왕이 천자인 것 또한 당연한 것이다.

자연히 장수왕이 왕권의 전제화를 추구함에 따라 귀족세력의 반발이 뒤따르는 것은 필연적이었다. 그 결과 장수왕은 자신의 권위에 도전하는 세력을 숙청하였을 것이다. 하지만 이런 조치로는 한계에 부딪쳤던 것 같다. 그리고 그 결정적인 해결 수단은 바로 천도였다. 문헌 기록에 강족(强族 : 강력한 부족)으로 표현되는 귀족세력이 강력한 토착기반을 지니고 있던 국내성에서 평양으로 천도함으로써 이들 세력의 견제를 벗어나 강력한 전제왕권을 구축할 수 있었던 것이다. 이런 예로는 백제 무왕이 자신의 선왕인 법왕과 혜왕이 부여의 귀족세력에 의해 살해당하자, 이들 세력을 견제하기 위하여 익산으로의 천도를 도모했던 경우가 있다.

장수왕은 평양에 수도로서 기능할 수 있는 각종 시설물, 가령 궁궐, 종묘사직, 도성 등을 마련한 후 마침내 동왕 15년(427)에 평양으로 천도하였던 것이다. 하지만 평양 천도로 왕의 목적이 완결된 것은 아니었다.《위서(魏書)》〈동이전〉'백제조'에 실려 있는 개로왕이 북위에 보낸 국서 가운데 "지금 연(璉 : 장수왕)의 죄로 나라는 어육(魚肉)이 되었고, 대신(大臣), 강족(强族)들을 끝없이 살육하여 죄악이 천지에 가득히 쌓였으며, 백성들은 이리저리 흩어지고 있다"는 기록은 이런 사정을 말해 주고 있다. 또한 그의 왕권강화에 반발하는 세력은 대신과 강족으로 표현되는 귀족뿐만 아니라, 위 인용문에 이어지는 "풍씨 일족(馮氏―族 : 북연유민)의 사람과 말에게는 조축지연(鳥畜之戀)이 있고, 낙랑 등 여러 군(郡)은 수구지심(首丘之心)을 품고 있습니다"는 구절에서 보듯이 중국 망명세력도 있었다.

위 국서는 장수왕이 본격적으로 백제를 공격하기 3년 전인 개로왕 18년(472)에 보낸 것이므로, 천도 후 무려 45년 만에 장수왕은 왕권강화에 반대하는 귀족세력 등을 제거할 수 있었다. 그리하여 그는 백제를 공격하여 개로왕을 죽임으로써 선조의 원수를 갚을 수 있었는데, 그것은 천도 후 48년(475)의 일이다.

위나라의 원조를 요청하는 백제 개로왕

장수왕의 평양 천도가 고구려 내부의 권력투쟁임을 보여 주는 것은 고구려의 남하로 위기에 처한 백제의 개로왕이 북위(北魏)의 효문제(孝文帝)에게 보낸 국서에서도 나타난다.

"…만일 황제의 인자와 간절한 긍휼이 멀리 미치지 않는 곳이 없다면 속히 장수를 보내 우리나라를 구해 주소서. 그러면 마땅히 저의 딸을 보내 후궁에서 청소하게 하겠으며, 아울러 자제들을 보내어 마굿간에서 말을 먹이게 하겠으며, 한 치의 땅이나 한 사람의 필부(匹夫)도 감히 저의 것이라 생각하지 않겠습니다."

다급한 상황을 싣고 있는 이 국서는 장수왕이 본격적으로 백제를 공격하기 3년 전인 개로왕 18년(472)에 보내졌다는 점에서 신빙성을 더해 주고 있다. 이 국서는《삼국사기》〈백제본기〉개로왕조와 중국의《위서(魏書)》〈열전 동이전〉에 모두 실려 있는데 바로 다음 구절을 주목할 필요가 있다.

"지금 연(璉 : 장수왕)의 죄로 나라는 어육(魚肉)이 되었고, 대신(大臣), 호족(豪族)들을 끝없이 살육하여 죄악이 천지에 가득히 쌓였으며, 백성들은 이리저리 흩어지고 있으니 이는 멸망의 때입니다."

고구려의 침입 위협에 다급해진 백제의 개로왕이 딸과 자제들을 인

평양성 을밀대의 웅장한 모습.

질로 보낼 테니 군사를 보내 달라고 요청한 것이다. 이런 다급한 요청에 대해 당시 북위에서 섭정하고 있던 태상황(太上皇) 헌문제(獻文帝)는 냉담했다. "고구려는 선대의 조정에서 번신(藩臣)이라 칭하며 봉공함이 오래인지라, 그대들과는 오래 전부터 틈이 있었다 하더라도 우리에겐 아직 영을 어긴 허물이 없다"라며 파병 요청을 거부한 것이다. 그리고 개로왕은 고구려군의 공격을 받아 살해되고 만다.

그러나 중요한 것은 장수왕이 백제 수도 한성을 함락시키고 개로왕까지 죽였지만 끝내 백제를 멸망시키지 않았다는 사실이다. 수도를 빼앗기고 웅진으로 도망간 문주왕은 고구려군이 끝까지 추적했으면 더이상 버틸 수 없는 상황이었다. 그러나 고구려군은 한강을 빼앗은 데만족하고 더 이상 남하하지 않았다. 이는 장수왕의 남진 목적이 한반도통일이 아니었음을 뜻한다. 장수왕은 한강 유역을 탈취함으로써 한강유역의 풍부한 물산을 확보하고 백제 세력을 약화시키고자 하는 제한된 목적을 갖고 남하한 것이지 백제를 멸망시키기 위한 통일전쟁을 전개한 것은 아니었던 것이다.

장수왕의 남진 목적을 전하는 인물은 북위의 헌문제이다. 그는 백제에 보낸 국서에서 "(장수왕의 남진 목적이) 선군(先君)의 옛 원수를 갚으려는" 것이라고 말했다. 여기에서 선군이란 두말할 것도 없이 백제의 근초고왕에게 죽임을 당한 고국원왕을 뜻한다. 이는 장수왕의 남진목적이 백제를 멸망시키기 위한 통일전쟁이 아니라 구원(舊怨)을 풀기위한 제한전임을 말해 주는 것이다.

이는 다시 말해 장수왕이 평양으로 천도한 주목적이 남하정책에 있었다기보다는 백제의 개로왕이 북위에 보내는 국서에서 주장한 대로왕권에 도전하는 "대신(大臣), 강족(强族)들"의 세력을 약화시키는 데있었다. 그는 평양으로 천도하여 왕권에 도전하는 대신, 호족들에게 피의 숙청을 가한 후 선군의 옛 원수를 갚기 위해 백제로 쳐들어가는 제한

전을 전개했던 것이다. 82세의 나이에야 비로소 본격적인 남하정책을 전개한 사실이나, 백제를 멸망시키지 않은 사실들은 장수왕이 평양천도를 단행한 진정한 목적이 남하정책이 아니라 왕권강화에 있음을 말해 주는 것이다.

이긴 자가 기록하는 역사 왜곡의 진실

임 주신 비단치마 가슴에 안고서

나라가 일제에 망한 후 어느 시인은 이런 구슬픈 절창을 남겼다.

"어떤 밤 불길 속에 곡소리 나더니/꽃 같은 궁녀들이 어디로 갔느냐/임 주신 비단치마 가슴에 안고서/사비수 깊은 물에 던진단 말이냐/낙화암, 낙화암 왜 말이 없느냐."

이 노래는 망국의 한을 상징 하는 것이 되어 일제시대에는 민족의식이 있는 젊은 교사들이 수업시간에 몰래 학생들에게 가르쳐 주기도 하던 시였다. 이 노래는 그나마 백제의 멸망과 대한제국의 멸망을 동일한 감정으로 노래했기에 '임 주신 비단치마 가슴에 안고서' 라는 서사적 비극으로 표현하는 정도에 그쳤다. 그러나 지금껏 백제의 삼천궁녀로 상징되는 의자왕의 사치는 백제 멸망의 결정적 계기가 된 것으로 알려져 왔다.

이런 사정을 연상하게 하는 기록은 《삼국사기》〈백제본기〉의자왕 16년조의 "봄 3월에 왕이 궁녀들을 데리고 음란과 향락에 빠져서 술 마시기를 그치지 않으므로 좌평(佐平) 성충(成忠)이 극력 말렸더니 왕이

성을 내며 그를 옥에 가두어 버렸다. 이로 말미암아 감히 말하는 자가 없었다"는 기사이다. 이 기록에서 의자왕은 충신의 충언(忠言)조차도 듣지 않는 등 국정을 도외시한 채 음란과 향락에 빠져 지내는 인물로 묘사되고 있는데, 거기에는 그의 이런 실정으로 백제가 멸망하였다는 의미가 담겨 있다.

하지만 같은 책인《삼국사기》〈백제본기〉의자왕조의 다른 기록에는 전혀 다르게 묘사되어 있는데, 그 내용은 이렇다.

"의자왕은 무왕의 맏아들이다. 그는 용감하고 대담하여 결단성이 있었다. 무왕이 왕위에 있은 지 33년에 태자가 되었다. (그는) 부모를 효성으로 섬기고 형제간에 우애가 있어서 당시 해동증자(海東曾子)라고 불렸다." 이 기록에 따르면 당시 백제인들은 의자왕을 중국의 증자와 같은 동방의 성인이라 하여 '해동성자'로 추앙하였다는 것이다.

이렇듯《삼국사기》에서는 의자왕의 인상을 극히 상반되게 묘사하고 있다. 그럼 어떤 인물이 의자왕의 진실인가.

백제는 고구려 장수왕 63년(475)의 공격으로 한성(漢城)을 빼앗기고 개로왕이 전사하자 문주왕이 즉위하며 서울을 지금의 공주인 웅진으로 천도하였다. 이후 백제는 여러 차례의 위기를 극복하고 신라와 동맹관계를 맺어 고구려에 맞서다가 성왕 때에는 수도를 지금의 부여인 사비로 옮겨 중흥의 기틀을 마련하였다.

마침내 성왕은 신라와 연합하여 고구려에게 빼앗겼던 한강 유역의 6군(郡)을 회복하였으나 신라 진흥왕의 배신으로 신라에 빼앗기고 말았다. 이에 분노한 성왕은 554년에 친히 군사를 이끌고 신라를 공격하다가 그만 지금의 옥천인 관산성(管山城)에서 전사하고 말았다. 이때부터 백제와 신라는 동맹국에서 적대적으로 변하였다.

이후 백제는 대내적으로 심각한 위기에 빠지는데, 법왕과 혜왕이 즉위한 지 2년도 안 되어 귀족들에 의해 살해당할 정도였다. 이 위기를 극복한 임금이 바로 서동설화의 주인공 무왕이었다. 무왕 역시 태어나자 마자 귀족들의 권력 투쟁 와중에서 왕궁에서 쫓겨나지만 부여 인근 지역인 익산 세력의 도움으로 가까스로 왕위에 오른다. 그는 자기 선조의 원수를 갚기 위하여 체제를 정비하고 신라에 대한 대대적인 공격을 감행하였다. 《삼국사기》〈백제본기〉무왕조에 기록된 것만도 그의 재위 42년 동안 무려 12차례나 되었다.

의자왕에게 두려움을 가진 신라

의자왕은 그 아버지의 뒤를 이어 641년에 왕위에 오르자마자 신라에 대한 공격을 한층 강화하였다. 그는 즉위한 이듬해 내신좌평 기미 (岐味) 등 유력한 귀족 40여 명을 숙청하여 왕권을 강화하는 동시에 각

지역을 순행하면서 백성들을 위무하고 죄수들을 다시 심사하여 사형수를 제외하고는 다 풀어 주는 민심수습책을 펼치는 등 국내 정치의 기반을 확고히 하였다.

의자왕은 2년(642) 7월에 이런 조치를 토대로 친히 군대를 거느리고 신라를 공격하여 40여 성을 함락하였다. 이어 다음 달에 윤충(允忠)을 보내어 신라 공격의 전략적 요충지인 대야성(大耶城 : 경남 합천)을 확보하였다. 이에 신라는 김춘추를 고구려에 보내 청병을 요청하였지만 거부당하였다. 오히려 그 다음해 백제가 고구려와 화친관계를 맺고 신라에 대한 공격을 본격화하였다.

신라의 김춘추가 제안한 동맹관계가 고구려에 의해 거부된 이유는 백제 성왕을 죽음에 이르게 했던 한강 유역의 반환문제 때문이었다. 고구려가 신라에 빼앗긴 한강 유역의 반환을 요구하고 나서는 바람에 김

삼천궁녀가 뛰어내렸다는 전설이 있는 낙화암. 그러나 강물로 직접 뛰어내리기에는 경사가 완만한다.

낙화암 위의 백화정.

춘추는 아무런 성과도 거두지 못했던 것이다.

상황이 이렇게 되자 신라는 당나라에 중개를 요청할 정도로 심각한 위기에 빠지게 되었다. 신라는 진덕여왕 5년(651)에 김법민(金法敏)을 당나라에 보내 당시 상황을 알리고 중재를 요청하였는데, 그들이 느낀 위기의식은《삼국사기》〈백제본기〉의자왕 11년조의 다음 내용에서 확인할 수 있다.

"신라 사신 김법민이 나(당 태종)에게 말하기를, '고구려와 백제는 입술과 이 모양으로 서로 결탁하고 있으면서 마침내 군사를 일으켜 번갈아 침략을 하매 우리의 큰 성(城)과 중요한 진(鎭)들을 모두 백제에게 빼앗겨 강토는 날로 줄어들고 위신조차 없어져 갑니다. 원컨대 백제에 명령하여 빼앗아 간 성들을 돌려주게 하십시오'라고 하였다."

이렇듯 백제의 마지막 왕인 의자왕은 성왕 이래 적대국이었던 신라에 대한 대대적인 공세를 펼쳐 당시 신라인들이 자신의 나라가 장차 멸망할 것이라는 위기의식에 빠지게 할 정도로 위협적인 인물이었다.

하지만 의자왕은 신라와의 화해를 촉구한 당나라의 지시를 거부하고 동왕 15년(655)에는 고구려, 말갈과 함께 신라의 30여 성을 점령하였다. 신라는 이 사실을 즉각 당나라에 보고하면서 군사를 보내 줄 것을 요구한다. 이런 사정은 《삼국사기》 〈신라본기〉 무열왕조 6년의 "여름 4월에 백제가 자주 국경을 침범하므로 왕이 장차 이를 치려고 사신을 당나라에 보내어 군사를 청하였다"는 기사에서 확인할 수 있다.

당나라와 신라의 백제침공 계획

그런데 이보다 앞서 신라의 무열왕, 즉 김춘추와 당나라 태종은 백제 정벌계획을 꾸며 놓고 있었는데, 이 점은 당시 정세를 이해하는 데 중요하다. 김춘추는 진덕왕 2년(648)에 그의 아들 문왕(文王)과 함께 당나라에 들어가 나·당간에 백제 정복계획을 수립했는데, 그 내용은 《삼국사기》 〈신라본기〉 진덕왕 2년조에 실려 있다.

"(당 태종이) 조용히 불러 황금과 비단을 더욱 후하게 주면서 묻기를, '그대는 무슨 소원이 있는가' 하였다. (김)춘추는 무릎을 꿇고 아뢰기를, '저의 나라가 멀리 바다 한구석에 있으면서 대국을 섬긴 지가 여러 해가 되었는데 백제는 포악하고도 교활하여 함부로 자주 침범을 하였으며 더구나 지난해에는 대부대의 군사로 깊이 침입하여 수십 성을 함락시킴으로써 입조(入朝)할 길조차 막았습니다. 만약 폐하께서 천병(天兵)으로써 흉악한 무리들을 잘라 없애지 아니한다면 저의 지방 백성들은 남김없이 사로잡히게 될 것이오니 험한 육로와 수로를 거쳐 조공할 일도 다시 바랄 수 없습니다' 라고 하였다. 태종이 깊이 동감하고 출사(出師)를 허락하였다."

이때 김춘추와 당 태종은 백제뿐만 아니라 《삼국사기》 〈신라본기〉 문무왕 11년조에 따르면 고구려까지 정벌하기로 하는 동시에 전후(戰

後) 평양 이남과 백제 지역을 신라가 차지한다는 영토분할 약정까지도 합의하였다. 또한 김춘추는 대당 외교를 강화하기 위해 그의 아들 문왕으로 하여금 당에 숙위(宿衛)하도록 하는 이른바 숙위외교를 추진하였다.

하지만 이 합의는 곧바로 시행되지 않았다. 그것은 주로 당나라의 사정 때문이었는데, 당의 대고구려 전쟁에서의 계속된 패배와 이에 따른 반전론(反戰論) 등이 주된 요인이었다.

마침내 당나라는 660년 3월에 출병(出兵)을 신라에 통보하고 소정방(蘇定方)이 이끄는 수군과 육군 13만 명이 6월 18일 산둥반도의 래주(萊州)를 출발하여 덕적도(德積島)에서 신라군과 만나 나당연합군을 형성하였다. 백제군은 나당연합군에 맞서 결사적으로 항쟁하였으나 중과부적으로 백제는 멸망에 이르게 되었던 것이다.

요컨대 백제의 공격으로 인해 위기에 처한 신라는 이를 타개하기 위해 고구려에 김춘추를 보내 군사원조를 청하였지만 성과가 없었다. 한반도 내에서 원조세력을 얻지 못한 신라는 중국대륙으로 방향을 돌려 당이라는 새로운 파트너를 찾게 된다. 당나라는 고구려를 정복하기 위해 당 태종이 직접 군사를 이끌고 고구려를 공격했다가 실패하여 자존심에 심대한 타격을 입은 터였다. 이런 상황에서 신라가 군사동맹을 맺기를 요청했으니 거부할 이유가 없었다.

김춘추와 당 태종은 백제와 고구려를 멸망시킨 후 대동강 이남과 백제 영토는 신라가 갖고 나머지 지역은 당이 차지한다는 밀약을 맺었다. 즉 신라는 백제의 압력에서 벗어나기 위해서, 당은 고구려를 정복하여 당 중심의 국제질서를 세우기 위해 동맹을 맺었던 것이다. 그 결과 나당연합군의 공격으로 백제는 멸망하게 된 것이다.

《삼국사기》의 편찬자 김부식도 백제 멸망의 결정적인 원인이 당나라의 공격에 있음을 시사하고 있다.

우리 역사의 수수께끼 2

"백제가 말기에 와서 행동이 도리에 어긋나는 것이 많았으며 또한 대대로 신라와 원수를 맺어 고구려와 함께 화친을 계속함으로써 신라를 침공하고 유리한 조건과 적당한 기회만 있으면 신라의 중요한 성과 큰 진들을 떼어 가고 빼앗아 가기를 그치지 않았으니 소위 인자(仁者)와 친하고 이웃을 잘 사귀는 것이 나라의 보배라는 것과 다르다. 이에 대하여 당나라 천자가 두번 조서를 내려 백제와 신라 사이의 원한을 풀라고 하였으나 겉으로는 순종하는 체하면서 안으로는 위반함으로써 대국에 죄를 졌으니 그가 패망한 것은 당연한 일이었다."

이처럼 백제의 멸망은 당나라와 신라가 손을 잡고 침공해 왔기 때문이다. 물론 이외에도 재위 16년(656) 간쟁하던 좌평 성충(成忠)을 옥에 가둔 것이나, 나당연합군 침공 당시 좌평 흥수(興首)가 유배되어 있

일몰 직전 해를 등진 백화정. 패배한 역사는 이처럼 또 다른 그늘을 제 안에 거느리게 마련인가.

던 데서 알 수 있듯이 왕권을 강화하는 과정에서 지배층 내부가 분열되어 있었던 것은 사실이다. 그러나 분명한 사실은 이런 내부 사정 때문에 백제가 망한 것이 아니라 나당연합군의 공격 때문에 망했다는 사실이다.

그러나 사실이 이러한데도 당시 역사가들은 물론 오늘날까지도 백제의 멸망을 사치와 향락에 빠진 의자왕의 폭정에서 찾고 있는 실정이다. 물론 그의 시대에 나라가 망했으니 입이 열 개라도 할말없을 것이다. 그러나 그의 폭정 때문에 나라가 망했다고 하는 것은 객관적이지도 않고 공정한 평가도 아니다. 의자왕의 아버지 무왕은 성왕 이후 나라가 극도의 위기에 처한 상황에도 불구하고 동양 최대의 사찰인 미륵사를 창건하고, 익산으로 수도를 옮기기 위하여 대대적인 토목공사를 벌였으나, 이를 두고 무왕이 폭정했다고 말하는 역사가는 없는 것과는 대조적이다.

전통시대의 역사가들은 백제의 멸망 원인을 여러 가지로 분석했는데, 그 결과 의자왕의 실정을 극대화하여 멸망의 주요인으로 삼은 것이다. 잘 알려진 대로 전통시대 역사가들은 어떤 왕조이든 간에 그 왕조의 멸망 원인을 항상 그 마지막 왕의 폭정에서 찾고 있다. 이런 현상은 전 왕조에 대한 역사를 기록하는 사람들이 다음 왕조의 역사가들이기 때문에 나타나는 현상으로 지극히 자연스러운 것이다. 그러나 후대 역사가들은 그 비판의 이면에 숨어 있는 의미를 찾아내어 온전한 과거사를 복원해 내야 하는 것이다.

백제 · 왜 연합군과
나 · 당 연합군이 싸운 이유

하늘과 바닷물을 붉게 물들인 백강해전

우리나라에는 잘 알려져 있지 않은 사실이지만 지금으로부터 1300 여 년 전인 서기 663년 8월, 충남 장항과 전북 군산을 가르는 금강 하류 와 서해가 만나는 지점에서는 백제 · 왜(倭) 연합군과 나당연합군이 뒤 엉킨 국제대전이 벌어졌다. 백제와 왜가 한편이었고 신라와 당이 다른 편이었던 국제 해전이었다.

《삼국사기》〈백제본기〉 의자왕조에 이 사실이 간략히 나오는데 그 내용은 중국의 《구당서(舊唐書)》와 흡사해 이를 인용해 썼음을 보여 준다.

"(당나라 장수) 유인궤(劉仁軌)와 별장(別將) 두상(杜爽), 부여융 (扶餘隆)은 수군과 군량선을 이끌고 웅진강(금강)에서 백강(白江 : 금 강 입구)으로 가서 육군과 만나 함께 주류성으로 갔다. 백강 입구에서 왜인(倭人)을 만나 네 번 싸워 모두 이기고 배 400척을 불태우니 연기 와 불꽃이 하늘을 붉게 물들이고 바닷물도 (피 때문에) 빨개졌다. (백 제 부흥군의) 왕 부여풍(扶餘豊)이 몸을 빼쳐 달아나니 간 곳을 알지 못하는데, 혹은 고구려로 갔다고도 한다. 그의 보검을 얻었다."

《구당서(舊唐書)》〈열전〉 유인궤조에는 위의 기사 중 '왜인'이 '왜병(倭兵)'으로 나오고, 부여풍이 '고구려로 갔다고도 한다'는 말만 빠져 있을 뿐 같은 내용이다.

일본의 제44대 천황인 원정(元正, 겐쇼오) 6년(720)에 편찬된《일본서기》에도 이 해전 기사가 상세히 실려 있다.

"백제왕(부여풍)은 적의 계략을 알아채고 장군들에게 '대일본국의 구원군 장군 려원군신(廬原君臣, 이오하라노기미오미)이 1만여 명의 용사를 이끌고 지금이라도 바다를 건너온다는 것이다. 원컨대 장군들은 미리 계략을 세워 두는 것이 좋을 것이다. 나는 스스로 백촌(白村:

금강 하구)까지 가서 그곳에서 구원군을 영접할 것이다' 라고 말했다. 무술(戊戌 : 17일)에 적(賊)의 장군은 주유(州柔 : 백제 부흥군의 주류성)에 이르러 왕성을 포위하였다. 일방 대당의 군선(유인궤의 당군)은 군선 170척을 이끌고 백촌강에 전열을 구축하였다. 무신(戊申 : 27일)에 일본 군선 중 먼저 도착한 것이 대당(大唐)의 군선과 맞붙어 싸웠다. 일본은 패퇴하고 대당은 전열을 고수하였다. 기유(己酉 : 28일)에 일본의 장군들과 백제 왕은 기상을 잘 관측하지 않고, '우리 편이 앞다투며 공격해 가면 상대는 스스로 퇴각할 것이다' 라고 협의하고 일본 중군의 병졸을 이끌고 선대(船隊)를 잘 정비하지도 않은 채 진격하여, 이미 진을 굳게 한 대당의 군에 공세를 가하였다. 그랬더니 대당은 좌우에서

서기 663년에 한·중·일 세 나라가 맞부딪친 대해전이 벌어졌던 금강 하구. 백제를 구하려던 일본구원군이 나당연합군에게 참패했다.

배를 내어 이를 사격하고 포위 공격하였다. 잠시 사이에 일본군은 패하고 많은 자가 물에 빠져 익사하고 뱃머리를 돌릴 수도 없었다. 박시전래진(朴市田來津, 에지노다구쓰)은 하늘을 우러러보며 맹서하고, 이를 갈며 성을 내어 부르짖고 수십 인을 죽였으나 끝내 전사하고 말았다. 이때 백제의 왕 풍장(豊璋)은 몇 명과 함께 배에 올라 고려로 도주하고 말았다."

《일본서기》는 자신들의 행적을 과장되게 서술한 책으로 유명한데 이례적으로 패전 사실을 상세히 싣고 있는 것으로 보아 이 기사는 사실로 믿어도 좋을 것이다. 이렇듯 한·중·일 세 나라의 역사서가 전하는 바는 오늘날 말썽 많은 새만금 간척지 부근에서 1300여 년 전에 전선(戰船) 400척의 불타는 화염이 하늘을 붉게 물들이고, 전사(戰士)들이 흘린 피가 바다를 붉게 물들이는 장엄한 대서사시가 연출되었다는 사실이다. 그리고 그 결과는 나당연합군의 승리로 귀결되었다는 것이다.

이 백강해전은 우리측의 《삼국사기》는 물론 중국의 《구당서》, 《당서》 그리고 일본의 《일본서기》에도 모두 실려 있으므로 역사적 사실임에 틀림없다. 그러나 그간 우리나라에서는 일본이 백제구원군을 보냈다는 사실 자체가 식민지 지배를 합리화하는 도구로 이용될 것을 우려해 의식적으로 이에 대한 언급을 회피해 왔다. 그런데 일본은 왜 백제구원군을 파견했던 것일까?

대화개신의 숨겨진 의미

《일본서기》는 백강해전 다음에 백제부흥군의 주류성이 당군에 항복했다는 소식을 들은 일본 사람들의 탄식을 적고 있는데, 그 탄식은 일본이 왜 백제구원군을 보냈는지를 짐작하게 해 준다.

"그러자 나라(일본) 사람들은 다음과 같은 말을 서로 주고받았다.

'주류(州柔)가 함락되었으니 이젠 어쩔 도리가 없구나. 오늘로서 백제라는 이름은 사라지고 말았구나. 이제 우리 조상들의 무덤이 있는 그곳을 어찌 다시 찾아 볼 수 있을 것인가.'"

"이제 우리 조상들의 무덤이 있는 그곳을 어찌 다시 찾아 볼 수 있을 것인가"란 일본인들의 탄식은 고대 일본이 왜 백제구원군을 보내야 했는지를 함축적으로 말해 주는 것이다. 백제는 고대 일본 지배층들의 '조상들의 무덤이 있는 곳'이었던 것이다. 이 기록은 일본 천황가의 기원을 백제에서 찾는 중요한 근거의 하나로 사용되어 왔다. 그러나 일본 지배층의 기원은 몰라도 천황가의 기원을 백제에서 찾으려면 일본 고대사의 중요한 사건 하나를 깊이 생각해 봐야 한다. 바로 여성 천황인 황극(皇極, 고오교쿠) 여제(女帝) 3년(645)에 발생한 대화개신(大和改新)이다.

대화개신은 간단히 말해 천황가가 백제계 호족으로서 천황 이상의 세력을 누리던 소아(蘇我)가를 공격해 멸망시킨 사건을 뜻한다. 의문은 바로 여기에서 발생한다. 천황가가 백제계라면 왜 백제계 호족을 공격해 절멸시켰을까 하는 의문이 자연스레 생기기 때문이다.

6세기 말부터 7세기 중엽까지 소아 가문은 천황가를 좌지우지하던 최고의 호족이었다. 소아가의 수장인 소아도목(蘇我稻目)은 자신의 두 딸인 견염원(堅鹽媛)과 소매원(小妹媛)을 29대 흠명(欽明)천황에게 출가시켰는데, 견염원은 31대 용명(用命)천황과 33대 추고(推古)여제를 낳았고, 소매원은 32대 숭준(崇峻)천황을 낳았다. 이 당시 천황직의 승계는 천황가 자체의 논리에 의해 이루어지는 것이 아니라 소아가의 이해관계에 따라 이루어질 정도로 소아가의 영향력은 막강했다.

소아도목의 뒤를 이어 소아마자(蘇我馬子)가 대신이 되었고, 다시 소아하이(蘇我蝦夷)가 뒤를 이어 정권을 장악했다. 소아하이는 자신의 매형인 서명(舒明, 조메이)천황을 즉위시켰다가 그가 사망하자 황태자인 중대형(中大兄, 나카노오에)황자 대신에 중대형의 어머니인 황극(皇極)을 천황으로 옹립한다. 중대형이 자신을 즉위시키지 않은 소아가의 전횡에 불만을 가지면서 천황가와 소아가 사이에 갈등이 싹 트는데, 때마침 병에 걸려 은퇴한 소아하이를 대신해 대신이 된 그의 아들 소아입록(蘇我入鹿)이 어리고 정사에 서투르자 소아가의 권력에 틈이 생긴다.

드디어 천황가의 대표인 중대형 황자는 소아가의 반대 호족인 중신겸족(中臣鎌足, 나카도미노)과 손을 잡고 소아가를 공격하기로 결정한다. 두 연합 세력은 소아입록이 대극전(大極殿)에서 삼한(三韓)의 사신을 영접하고 있을 때, 그 자리를 기습, 소아입록을 참살함으로써 천황가보다 더 높은 지위를 누리던 소아가를 무너뜨렸다. 반소아(反蘇我)씨 세력이 연합해 단행한 이 기습 공격이 바로 일본 고대사 최대의 사건 중의 하나인 대화개신인 것이다.

천황가와 소아가라는 집안

앞서 말했듯이 문제는 소아씨가 백제계라는 사실이다. 일본은 서기 815년에 지배가문의 집대성인 《신찬성씨록(新撰姓氏錄)》을 펴내는데 이를 연구한 윌리엄 카터에 따르면 소아가의 기원은 장수왕의 남진에 쫓겨 문주와 함께 서기 475년에 남으로 도주했던 목협만치(木劦滿致)라는 것인데, 이 견해는 일본 학계는 물론 재일사학자 이진희(李進熙) 교수에 의해서도 받아들여지고 있다. 일본 열도 내 소아가문의 시조인 소아만지(蘇我滿智)를 《삼국사기》의 개로왕조에 나오는 목협만치와 동일 인물로 파악하고 있는 것이다.

소아가의 기원을 문주와 함께 남으로 도망했던 목협만치로 볼 때 소아 가문과 천황가의 갈등은 쉽사리 해석되지 않는다. 천황가가 백제계 왕족일 경우 백제계의 일개 호족 가문이 천황 승계를 좌지우지하는 것을 백제 왕실에서 허용하지 않을 것이기 때문이다. 백제계 왕족이 세운 일본 천황가를 일개 백제계 호족이 좌우한다면 본국 백제에서 그런 사태를 방관하고 있을 리 만무한 것이다. 연구가 더 진행되어야 말할 수 있는 것이겠지만 천황가와 소아가의 갈등은 두 집단의 뿌리가 같지 않음을 시사하는 중요한 자료가 될 것이다.

백제와 왜 사이가 시종 우호적이었던 것은 일본 천황가의 뿌리를 백제로 잡는 중요한 근거의 하나가 되었다. 사실《삼국사기》의 왜 관련 기사를 살펴보면 54차례가 나오는 신라 관련 기사는 대부분 적대적인 공격행위에 관한 기록인 데 비해 10차례가 나오는 백제 관련 기사는 대부분 우호적이다.

백제의 전지왕(腆支王) 즉위년(405) 관련 기사는 백제 왕실과 왜 왕실 사이의 관계를 잘 보여 준다. 전지왕은 아신왕 3년(394)에 태자로 책립되었으나 3년 후 왜국에 볼모로 가게 되었다. 그는 아신왕의 뒤를 이어 즉위할 예정이었으나 아신왕이 죽자 왕의 둘째 동생 설례(碟禮)가 내란을 일으켜 왕의 첫째 동생인 훈해(訓解)를 죽이고 스스로 왕이 되었다. 이 소식을 들은 전지가 왜(倭)에 귀국하겠다고 청하자 왜 왕실은 귀국요청을 받아들인 것은 물론 군사 100명을 함께 보내 그를 보호하게 하였고, 그는 왜인들의 경호를 받으며 기다리다가 나라 사람들이 설례를 죽인 후 즉위한 것이다.

백제 전지왕 5년 왜국이 사신에게 야광주(夜光珠)를 주어 보내자 융숭하게 대접한 것이나, 동왕 14년 왜국에 사신을 보내 백면(白綿)을 준 것 등도 두 나라 왕실의 우호관계를 잘 보여 준다. 비유왕(毗有王) 2년 (428) 왜국에서 사신이 왔는데 종자(從者)가 50여 인이었다는 기사도 마찬가지이다. 이처럼 백제와 왜는 시종 우호적인 관계였다. 한참 뒤의 백제 무왕 9년(608)에 수(隋)나라 사신이 왜국에 갈 때 백제의 남로(南

路)를 거치는 기사도 두 나라의 전통적인 우호관계를 보여 주는 것이다.

그러나 두 나라 사이의 우호관계는 백제가 왕자를 인질로 왜에 보내는 것을 전제로 유지되어 왔다는 점에 주목해야 한다. 일본 천황가와 백제 왕실이 같은 세력이라면 서로 인질을 주고받을 필요는 없는 것이다(《우리 역사의 수수께끼》 1권의 〈잃어버린 왕국, 나주 반남 고분의 주인공은 누구인가〉 참조).

서기 815년에 편찬된 《신찬성씨록》은 3부로 나누어지는데 제1부는 천황 · 황자(天皇皇子)의 후손인 황족들에 관한 기록이고, 제2부는 천신 · 지신(天神地神)의 후예라는 신족(神族), 그리고 제3부에는 중국과 한국인(大漢三韓之族)의 후예들이 실려 있다. 이 책의 서문은 "사람들이 말하기를, 천손(天孫)이 소(襲) 땅에 내려와 서쪽으로 그 세력을 뻗치기 시작하면서 신세(神世)가 시작되었다고 하나 이것에 대한 문서상의 기록은 남아 있지 않다. 신무(神武 : 일본의 전설상의 초대 천황)께서 나라의 통치권을 장악하시고 동정(東征)을 하자…"라고 시작하고 있다. 그리고 뒤이어 이 책을 편찬하는 목적을 밝히고 있다.

"천평승보(天平勝寶 : 749~757) 시대에 조정의 특별한 배려로 모든 외국인(諸藩)에게 원하는 성씨가 주어졌다. 먼저 주어진 성(姓)과 후에 주어진 성이 모두 같은 문자이기 때문에 어느 가문이 외국인(蕃俗)이고 어느 가문이 일본 토박이(和俗)인지 확실치 않게 되었다. 도처에서 서민들이 고귀한 가문의 자손인 양 행세했으며…삼한(三韓)에서 온 공경할 빈객들은 일본신들의 후예(日本之神胤)라고 주장했다."

결국 《신찬성씨록》은 그 조상들의 뿌리를 구분함으로써 계급을 확실히 하려는 목적에서 편찬된 책이다. 외국에서 건너온 중요한 씨족으로 분류된 328개 가문 가운데 백제계는 158개인 반면 고구려는 42개, 신라는 9개에 지나지 않는다. 10개는 임나(任那)이고, 나머지 109개는 중국계이다.

이는 한반도로부터 지속적으로 이주해 온 백제계가 고대 일본 지배층의 상당수를 이루고 있었음을 의미한다. 앞의 목협만치의 예에서 보듯 백제계의 이주는 때로 집단적으로 이루어졌고, 무장력을 지닌 채 이주하기도 했는데, 이는 이들이 일본 열도 내에서 강력한 세력을 구축하는 기반이 되었을 것이다. 이들 중 소아가는 급기야 천황가를 좌지우지할 정도로 강력한 세력을 구축했고, 이에 불만을 품은 중대형(中大兄) 황자가 또 다른 호족 중신겸족(中臣鎌足)과 손잡고 백제계 호족 소아가를 타도한 것이다.

중대형 황자라는 인물

그런데 흥미있는 사실은 서기 663년 백제구원군 파견을 주도한 인물이 바로 중대형(中大兄) 황자 자신이란 사실이다. 대화개신으로 중대형의 어머니 황극(皇極)여제는 강제 퇴위되었는데, 그 뒤를 이어 천황이 된 인물은 중대형의 외삼촌인 효덕(孝德)천황이었다. 이들은 이해를 대화원년(大和元年)으로 삼고 도읍을 백제계 세력이 강한 비조(飛鳥, 아스카)에서 난파(難波, 나니와 : 지금의 오사카)로 옮겼다. 대화개신으로 정권을 잡은 이들은 천황의 절대권 확립을 위해 많은 조치를 취하는데 구체적으로는 종래 황족이나 호족이 소유했던 토지나 부민(部民)들을 없애고 일률적으로 국가의 공지(公地)와 공민(公民)으로 한 것 등이 그것이었다.

그러나 중대형 황자는 난파궁(難波宮)이 완성된 653년에 돌연 다시 비조(飛鳥)로 돌아가자고 주장한다. 중신겸족이 이를 거부하자 중대형은 자신이 퇴위시킨 어머니 황극여제와 추종세력을 데리고 끝내 비조로 돌아가고 만다. 이는 대화개신을 성공시킨 두 세력의 분열을 의미하는데 이 와중에 효덕천황이 사망하고 의외의 인물이 뒤를 잇는다. 대

충남 예산의 임존성. 백제부흥군이 기세를 올렸던 곳이다.

화개신으로 강제 퇴위당한 황극여제가 다시 즉위하는 것이다. 연호는 제명(齊明, 사이메이)으로 달라지지만 일본의 35대 황극천황과 37대 제명천황은 같은 인물인 것이다. 645년의 대화개신으로 강제 퇴위당한 황극여제는 꼭 10년 후인 655년 비조의 판개궁(板蓋宮, 이타부키궁)에서 다시 즉위한 것이다. 그리고 백제는 150명이란 대규모의 사절단을 보내 이를 축하했다. 반면 신라와는 655년과 656년을 끝으로 사절단의 왕래가 중지되었다.

이는 백제계가 다시 정권을 장악했음을 뜻한다. 중대형 황자는 왜 이런 갈지자(之) 행보를 하는 것일까? 이는 천황가의 중요한 세력 기반이 결국 백제계임을 인정한 결과일 것이다. 일본으로 건너온 천황가는 뒤이어 대량 이주해 온 백제계와 손잡고 일본 지배층을 형성한 것이다. 한때 백제계 호족 소아씨가 전횡을 하자 그를 타도했으나 결국은 다시 백제계와 손잡게 되는 것이다.

백제 구원군을 보낸 까닭

그 직후인 서기 660년 7월 13일 사비도성(부여)은 나당연합군에게 함락되었고, 웅진으로 도망갔던 의자왕은 일주일 후 항복하고 말았다. 그러나 신라의 무열왕과 소정방이 의자왕에게 술잔을 치게 하는 등 모욕을 가하자 흑치상지 등은 사비도성을 탈출해 백제부흥군을 조직한다. 이들은 지금의 충남 예산에 있는 임존성에 둥지를 틀고 일본에 가 있던 의자왕의 아들 풍(豊)의 환국을 요청하는 한편 일본구원군의 파견을 요청했다. 《일본서기》는 백제풍이 662년 5월 170척의 구원군을 거느리고 환국했음을 말해 주고 있다. 일본은 나당연합군이 백제를 멸망시킨 후 바다를 건너 일본까지 공격할 것이라고 예상하고 있었다. 일본은 나당연합군이 자신들을 멸망시킨 후에야 전쟁을 끝마칠 것이라고 예견했던 것이다. 이런 예상도 일본으로 하여금 백제구원군을 보내게 하는 중요한 요인의 하나가 되었다.

하지만 일본이 백제구원군을 파병한 주요 목적은 나당연합군이 백제 영토 내에 자기 조상들의 옛 영토를 점령한 것을 막기 위한 것이었다. 앞에서 인용한 《일본서기》의 "이제 백제가 망했으니 조상들의 무덤들을 언제 찾아 볼 수 있을까"라는 일본인의 탄식은 이런 사정을 뒷받침해 주고 있다.

원래 왜의 중심지는 나주 일대에 있었지만, 고구려 광개토대왕의 남하정책으로 결정적인 타격을 입은 왜의 중심세력은 그 중심지를 5세기 어느 시점에 일본 열도로 옮겨 왔다. 자연히 왜의 중심세력은 과거 한반도 내 자신들의 지배권을 어느 세력인가에게 위임해야 했을 것이다. 그 세력은 항상 우호적인 관계를 유지해 왔던 백제였을 것이다. 이런 사정은 《일본서기》 신공기(神功紀) 49년조에 나오는 '왜가 가야 7국과 침미다례(忱彌多禮)를 점령하고 이 지역을 백제에 할애해 준 기사'를 통해 짐작할 수 있다. 역시 왜는 그 다음해에도 다사성(多沙城)을 백제에 할애해 주었다. 물론 이런 관계는 백제가 왜에 왕자를 인질로 보낸다는 전제하에서 이루어진 것이다. 그 구체적인 사례로는 태자 시절 전지왕과 왕자 부여풍을 들 수 있겠다. 일본은 이런 인질관계를 신라에도 적용한 적이 있는데, 즉 김춘추를 인질로 보내면 임나에 대한 신라의 지배권을 인정하겠다는 것이다.

요컨대 일본은 한반도 내 자기 조상들의 옛 영토를 위임받아 관리하고 있던 백제가 멸망할 경우 그 지역에 대한 연고권을 영원히 상실할 것이라는 우려 때문에 백제구원군을 보냈던 것으로 이해할 수 있다.

당초 제명여제는 직접 구원군을 인솔하고 구주(九州, 큐슈)까지 갈 정도로 백제구원군에게 지대한 관심을 표명했으나 본격 파병은 보지 못하고 661년 조창궁(朝倉宮, 아사쿠라궁)에서 병사하고 만다. 아마 그녀가 살아 있었다면 백제구원군은 중대형 황자가 직접 인솔해 바다를 건넜을 가능성이 있다. 그러나 제명여제가 급서했으므로 중대형 황자는 백제지원군을 지휘해 바다를 건너려는 계획을 포기하고 천황 자리에 오를 수밖에 없었다. 그가 바로 천지(天智, 텐지)천황이다. 천지천황은 사망한 제명여제를 대신해 구원군을 백제로 보냈으나 2만 7,000명으로 이루어진 백제구원군은 앞서 말한 대로 금강 하구에서 당군에게 전선 400척을 잃는 대참패를 당한다. 서기 663년의 일이다.

663년은 백제가 완전한 종말을 당한 해였다. 믿었던 일본 구원군이 대패했을 뿐만 아니라 임존성마저 함락됨으로써 백제부흥운동은 종말을 고하고 말았다. 한편 나당연합군이 침입할 것을 두려워한 일본은 산성을 쌓기 시작하는데 장문성(長門城, 나가토지) · 대야성(大野城, 오오노) · 고안성(高安城, 타가야스) 등 이때 쌓은 산성들을 일본 학계에서는 조선식 산성이라고 부른다.

한 한학자의 한국 고대사
사랑에 대한 일방적 매도

10년 넘게 계속되는 진위 논쟁

현재 한국 고대사학계에서는 1989년 2월 부산에서 발견된 필사본 《화랑세기(花郎世記)》의 진위(眞僞)여부를 둘러싸고 10년 넘게 논쟁을 계속하고 있다. 비단 사학계뿐만 아니라 논쟁 자체를 꺼려 하는 것이 체질화되어 있는 우리 학계의 풍토를 고려할 때 이런 논쟁은 그 자체만으로도 의미 있는 일로 평가받아야 할 것이다. 이보다 조금 이른 1980년대에 고조선의 강역 문제를 둘러싼 논쟁이 있긴 했지만, 이는 엄밀히 말해 강단사학자와 재야사학자 사이의 논쟁으로서 엄밀한 과학적 근거를 갖춘 논쟁이라기보다는 감정 대립 양상이 강했다. 이에 비하여 《화랑세기》를 둘러싼 논쟁은 강단 사학계 내의 논쟁이라는 점에서 더욱 주목된다. 《화랑세기》는 그 진위여부에 따라서 극심한 자료부족에 시달리는 한국고대사에 획기적 전기를 가져올 수 있기 때문에 그간 각 언론매체에서도 이 문제에 대해 지대한 관심을 표명해 왔다.

《화랑세기》는 신라의 김대문(金大問)에 의해 신문왕(神文王) 1년 (681)에서 7년(687) 사이에 저술된 책으로 만약 이 책의 내용이 사실이

울산시 울주군 두동면 천전리
암각화에 신라 화랑 등이
새긴 글귀들.

라면 우리는 현전하는 가장 오래 된 사서인 김부식의《삼국사기》보다
무려 460여 년이나 이른 시기에 그것도 당대인에 의해서 쓰여진 역사
책을 갖게 되는 셈이니 각계의 흥분은 당연한 것이다. 이 책의 저자인
김대문에 대해서는《삼국사기》열전에 보인다.

  "김대문은 본래 신라의 귀족 자제로서 성덕왕 3년에 한산주도독(漢
山州都督)이 되었으며, 그가 전기(傳記) 몇 권을 지었는데 그중에서
《고승전(高僧傳)》,《화랑세기》,《악본(樂本)》,《한산기(漢山記)》등은
지금까지도 보존되어 있다."

이 기록은 《화랑세기》가 적어도 김부식이 《삼국사기》를 편찬한 고려 인종 23년(1145) 당시까지 현존하고 있었음을 말해 준다. 그런데 최근까지 그 책 이름만 전할 뿐 책 자체는 전해 오지 않아 아쉬움이 적지 않았는데 1989년 2월 부산에서 《화랑세기》 발췌본이 공개되었으니 한국 고대사학계를 충격으로 몰아넣은 것은 당연했다. 그후 1995년 4월 역사학회 월례발표회에서 위작설을 주장한 서울대학교의 노태돈(盧泰敦) 교수가 발췌본의 모본이 되는 필사본 《화랑세기》가 존재한다는 사실을 발표하면서 논쟁은 새로운 전기에 접어들었다.

일본 궁내성 도서과 촉탁이었던 박창화라는 인물

《화랑세기》를 필사한 박창화(朴昌和)가 일본 궁내성(宮內省) 도서과에서 근무한 적이 있다는 사실은 이 책의 진위여부를 가리는 데 대단히 중요하다. 주지하다시피 일본 황실 소속의 궁내성 도서관에는 일제시대 때 조직적으로 유출해 간 우리나라 고대사에 관한 자료가 다수 소장되어 있을 것으로 추측된다. 박창화는 1934년 12월부터 1945년 10월까지 궁내성 서릉부(書陵部)에서 조선관계 고문서 정리업무를 담당하는 촉탁으로 근무했는데, 그가 《화랑세기》를 필사했다면 바로 이 시기일 것이다. 그런데 1989년에 부산의 《국제신문》에 공개된 발췌본 《화랑세기》는 이 책을 필사한 박창화가 사통(私通)·통정(通情) 등 유교 윤리 관점에서 문제가 있는 부분을 스스로 생략하고 발췌해서 다시 쓴 것이다.

그러면 1989년의 발췌본 《화랑세기》와 그 모본인 필사본 《화랑세기》는 과연 박창화의 위작인가.

위작설의 근거는 타당성이 있는가

필사본《화랑세기》가 위작이라고 주장하는 학자들은 자신들의 신라사 인식과《화랑세기》에 나타난 신라상과는 너무나 다르다는 점과《삼국사기》와《삼국유사》에 나오지 않는 용어들이《화랑세기》에는 있다는 점 등을 들어 위작의 근거로 삼고 있다. 또한 이들은 이 책에 나오는 미실(美室)이란 여인이 화랑 사다함(斯多含)이 가야로 출정할 때 지어 부른 향가가 박창화의 창작품이라고 주장하고 있다. 이들의 주장은 한 마디로 필사본《화랑세기》는 박창화의 창작품이라는 것이다.

필사본《화랑세기》가 진품인지 위작인지를 판단하기 위해서는 그간 우리 학계의 신라사 연구방법에 대해 검토해 보아야 한다. 그간 역사학계의 신라사 연구는 주로《삼국사기》를 토대로 진행되어 왔다. 따라서 고려시대 김부식이 편집해서 제공한 신라 사회상은 이들 연구자들에게 의식적이든 아니든 커다란 영향을 미쳐 왔다. 주지하다시피 유학자인 김부식은 유교 사관(史觀)에 입각해서 삼국시대 역사를 정리했기 때문에, 유교 이념에 벗어난 현상이나 사실은 가능한 한 배제하거나 자신의 사관에 따라 합리적(?)으로 재정리하였다. 당연히 김부식이《삼국사기》에서 보여 주는 신라 사회상은 당대 신라 사회상 본연의 모습이 아니라 김부식에 의해 재구성된 사회상이다. 따라서 고려의 김부식을 통해 본 신라상과 신라의 김대문이 전하는《화랑세기》의 신라상이 다르기 때문에 위작이라는 주장은 선후가 바뀐 것이다. 어찌 후대의 기록이 앞선 기록을 규정지을 수 있겠는가?

이와 관련해서 위작을 주장하는 학자들은 구체적으로 화랑도상(像)과 신라 귀족사회의 성풍속 문제를 들고 있다.《삼국사기》의 화랑도상은 용맹한 무사상인데《화랑세기》의 그것은 그렇지 않다는 것이다. 하지만《화랑세기》는 그 발문(跋文:서문)에서 밝힌 대로 화랑의 세보(世譜), 낭정(郎政:화랑의 행정)의 대자(大者:큰 줄기), 파맥(派脈)의 정

신라 토우들. 강조된 성기와 유방 등이 자유로웠던 신라사회의 성풍속을 말해 준다.

사(正邪)에 대한 기록에 그 목적을 두었다. 이 때문에《화랑세기》에서는 화랑도의 영웅적인 활동이나 그들의 구체적인 전투 장면이 적은 것이다. 물론《화랑세기》에도 사다함(斯多含)의 가야 공격에 대한 기록, 호국선(護國仙) 기록, 통일대업이 화랑의 우두머리인 풍월주(風月主)들로부터 비롯되었다는 기록이 나온다.

　이 문제와 관련해《삼국유사》의 화랑도상에 주목할 필요가 있다. 《삼국유사》는 화랑도의 무사상보다도, 산천을 순행 유람하면서 가무(歌舞)와 놀이를 즐기고 제사와 수도(修道)로써 심신(心身)을 닦는 이른바 선도(仙徒)의 모습이 두드러지게 부각되어 있는 것이다.《삼국사기》와《삼국유사》의 이런 차이점은 각 책의 편찬자의 관점에 따라 화랑도의 특정한 역할을 강조한 결과에서 비롯된 것이다. 결국《화랑세기》의 화랑도상이 《삼국사기》의 그것과 다른 점은 편찬자 각자의 입장 차이에서 비롯된 것이지, 《화랑세기》가 위작이라는 근거가 될 수는 없다.

또한 위작을 주장하는 학자들은 《화랑세기》에 나오는 자유분방한 성 관계와 귀족사회의 심한 근친혼을 들어 이 책이 김대문이 아닌 후대인, 구체적으로 박창화의 위작으로 보고 있다. 하지만 노골적인 성행위를 묘사한 신라의 토우(土偶)에서 알 수 있듯이 당시 신라인들은 자유분방한 성생활을 영위하였다. 신라인의 자유분방한 성풍속의 단적인 사례로는 안길(安吉)이 그의 세 명의 처첩(妻妾) 가운데 한 명을 문무왕의 배다른 동생인 차득공(車得公)과 동침하게 한 것을 들 수 있다. 《삼국사기》 선덕여왕(善德女王)조에 선덕왕이 직접 여성의 음부를 가리키는 '옥문(玉門)' 이란 말을 스스럼없이 하는 것 또한 당시의 자유로운 성풍습을 말해 주는 것이다.

유교가 지배적인 사회질서로 자리잡기 전까지 우리 조상들은 상당히 자유로운 성문화를 누리고 있었다. 현재까지 전해져 오는 고려가요의 자유분방한 성묘사는 이런 사정을 단적으로 확인해 주는 것이다.

그리고 신라 지배층에서 근친혼이 성행했음은 《삼국사기》나 《삼국유사》에서도 쉽게 찾아볼 수 있다. 그 몇 가지 사례를 들어 보자. 입종갈문왕(立宗葛文王)과 동륜(銅輪)은 각각 그의 조카인 지소(只召)와 그의 고모인 만호(萬呼)를 부인으로 삼았으며, 진성여왕은 그의 숙부인 위홍(魏弘)과 통정(通情)하였다. 김춘추는 김유신의 누이인 문희(文熙)와 혼인했는데, 김유신은 김춘추와 문희 사이에서 태어난 문명(文明)과 혼인관계를 맺었다. 그밖에 효성왕(孝成王)도 그의 이모와 혼인한 사례가 보인다.

이렇듯 신라 귀족사회에서 근친간의 혼인이나 사통 · 통정은 보편적인 현상이라고 보아도 무리가 없을 정도였다. 만약 박창화가 《화랑세

남녀가 강렬하게 껴안고 있는 모습을 표현한 신라 토우.

기》의 창작자라면 유교적 관점에서 볼 때 문란한 성풍습을 뺀 발췌본을 작성했을 리가 없다. 그가 발췌본을 따로 작성했다는 사실은 그가 이 책의 창작자가 아니라는 사실과, 그 자신이 이런 자유로운 성문화에 당혹감을 느낀 유학자임을 말해 주는 것이다.

또한 위작임을 주장하는 학자들은 《화랑세기》에 나오는 전주(殿主)·전군(殿君)·부계(父係)·모계(母係) 등과 같은 용어들이 《삼국사기》와 《삼국유사》에는 없다는 이유로 그런 용어들은 신라시대에 사용되지 않았다고 하면서 위작의 근거로 삼았다. 이런 주장이야말로 이들이 사료의 선후 구별이란 기본적 사료비판 능력을 결여했다고 할 수밖에 없다. 후대인 고려시대에 저술된 《삼국사기》나 《삼국유사》에 나오지 않는다고 해서 전대인 신라시대에 그런 용어를 사용하지 않았다고 할 수 있겠는가.

용어 문제와 관련하여 위작을 주장하는 학자들은 신라의 금석문과 비교하여 《화랑세기》에 나오는 '낭주(娘主)'라는 칭호가 문헌자료에는 보이지 않고, 891년에 세워진 개선사석등기(開仙寺石燈記)에서 '대낭주(大娘主)'라는 표현이 보인다는 점을 위작의 증거로 삼았다.

그러나 이는 위작의 근거가 아니라 위작이 아니라는 증거로 사용되어야 한다. 즉 개천사석등기에 나오듯이 신라시대에는 낭주라는 용어를 사용하였기 때문에 《화랑세기》에는 나오는 것이다.

향가 문제도 마찬가지이다. 위작이라 주장하는 학자들은 다른 문헌에서 보이지 않는 향가 한 수가 《화랑세기》에 실려 있는 것을 위작의 결정적인 증거라고 주장한다. 이 향가는 신라시대가 아닌 일제 때에 박창화가 창작하였다는 것이다. 그러나 향가 연구의 초보단계에 불과했던 일제시대에는 전문학자라도 향가의 창작은커녕 해독도 겨우 하는 정도였다. 하물며 일개 한학자에 불과한 박창화가 향찰로 향가를 창작한다는 것은 당시의 학문수준상 상상할 수도 없다. 따라서 향가의 존재는 위작이 아니라는 좋은 증거가 된다.

《화랑세기》는 후대의 위작인가

필사본 《화랑세기》는 과연 위작할 수 있는 작품일까? 일부 학자들이 위작의 시기로 규정짓는 조선 후기 또는 일제시대에 신라시대의 화랑세계(世系), 왕족·귀족과 그 계보, 왕위계승, 골품제도, 향가 등의 복잡하고 전문적인 내용을 이해할 수 있는 사람은 역사학자 중에서도 없었다. 일부에서는 도교 관계 인물의 위작이라고 주장하는데 《화랑세기》의 내용과 비교할 경우 오히려 다른 결론이 나온다. 《화랑세기》에는 도교와 관련된 내용은 찾기 어렵고, 오히려 불교와 화랑도의 관계에 대한 기록이 많은 것이다.

또한 일본인이 신라 사회를 헐뜯기 위하여 위작하였다는 것은 더욱 근거가 없다. 일본은 우리나라를 침략한 후 우리나라의 역사를 사대의 역사, 정체성의 역사로 규정지어 왔다. 신라가 당나라에 사대한 것은 일본 학자들에게는 좋은 공격거리의 하나였다. 그러나 《화랑세기》는

신라 토기에 장식용으로 부착한 토우들. 적나라한 성행위를 묘사하고 있다.
유교가 지배하기 전까지 우리 사회에서 성이 금기가 아니었음을 보여 준다.

놀랍게도 진평왕 등에 대해 제칭(帝稱)을 하고 있는 것이다. 진평왕·
법흥왕·진흥왕·선덕여왕·진덕여왕에 대해서도 '대제(大帝)'나
'제(帝)'라고 칭하고 있다. 이는《화랑세기》가 신라 사회를 헐뜯는 것
이 아니라 신라 사회가 우리 학계가 알고 있는 것 이상으로 자주적인 사
회였음을 말해 주는 것이다.

　이상에서 살펴본 대로《화랑세기》필사본을 위작이라고 주장하는 거
의 모든 근거들은 객관적 타당성이 없다. 이들은《삼국사기》와《삼국유
사》의 영향을 받아 형성된 한정된 지식이 모든 사실 체계를 포함하고
있다고 주장하면서 그밖의 사실들에 대해 '위작'이란 비합리적인 메
스를 가하고 있는 것이다.

이들은 더 이상 궁내성 도서과에 근무하던 한 한국인 유학자가 민족사의 원형을 발견하고 떨리는 가슴으로 베껴 쓴 그 마음을 모독하지 말아야 한다. 《화랑세기》가 설사 부분적인 문제점이 있다고 해도 한국 고대사에 관한 문헌이 극히 적은 우리 현실을 감안할 때 어느 부분이 진짜인가를 진지하게 검토해야지 연구자의 지식 외의 것이 담겨 있다고 해서 위작이라고 단정 짓는 것은 사료에 대한 폭력에 다름 아니다. 더구나 그것이 연구자가 속한 조직이나 학계가 현실에서 지니는 실제적 힘을 바탕으로 진행된다면 그것은 이미 학문이 아니라 정치이며 세력 싸움이다.

기자동래설이란 무엇인가

조선 후기 실학자 한치윤(韓致奫)이 편찬한《해동역사(海東繹史)》
는 단군조선 다음에 기자조선(箕子朝鮮)이 있었다고 싣고 있다. 은
(殷)나라 주(紂)의 친척인 기자는 주가 무도하자 이를 극력 간하였으
나 듣지 않자 조선으로 갔는데, 주나라 무왕(武王)이 기자를 조선에 봉
했다는 내용이다. 그러나 이런 내용은 한치윤이 처음 기술한 것은 아니
고, 비교적 조선 초기의 저술인 서거정(徐居正)이 편찬한《동국통감
(東國通鑑)》도 비슷한 내용을 싣고 있다.

이처럼 조선시대는 물론이고 고려의 유학자들도 기자조선을 우리나
라에 실재했던 나라로 믿었는데, 그 근거는 이른바 기자가 동쪽에 왔다
는 '기자동래설(箕子東來說)' 이었다. 실제로 고려와 조선시대에는 국
가 차원에서도 평양에 기자의 사당을 세워 그를 추모하기도 했다.

'기자동래설' 이란 기자가 동쪽으로 망명하니, 주나라 무왕이 그를
조선의 왕으로 봉하였다는 전설이다. 더욱이 조선 후기에는 주자를 정
통으로 보는 주자정통론이 유학자들에게 큰 영향을 떨침에 따라 기자

조선을 우리 역사의 시발로 설정하는 새로운 국사체계가 수립되기까지 하였다. 그 결과 평양에는 기자묘(墓)라고 전해지는 무덤과 그가 실시하였다고 하는 정전제(井田制) 터가 남아 있다.

이렇듯 과거 유학자들이 '기자동래설'을 그대로 믿었던 것은 기자가 조선에 와서 백성을 교화해 문화국가로 만들었다는 전설의 내용을 자랑스럽게 받아들였기 때문이다. 즉 유학자들은 중국과 우리나라는 기자 이래 문화적으로 한 집안을 이루었으므로 서로 다른 나라가 아니고, 우리의 문화 수준도 결코 중국에 뒤지지 않는다는 생각에서 이를 자랑스럽게 받아들이게 되었다. 조선 후기에 와서는 '기자동래설'이 더욱 맹위를 떨치는데 여기에는 만주족이 세운 청나라가 중원을 지배함에 따라 중국에서는 중화국가가 사라진 반면, 주자정통론에 근거하여 조선이 문명국을 대표하는 소중화(小中華)국가가 되었다는 자부심이 가장 큰 역할을 했다.

한치윤의《해동역사》. 기자를 주왕의 친척으로 적고 있다.

四二
四○

따라서 '기자조선＝소중화'라는 등식은 조선 후기의 유학자들에게
는 자신의 존재를 확인할 수 있는 소중한 인식이었던 것이다. 조선의
유학자들은 기자조선이 실재했음을 믿어 의심치 않았다. 그러면 기자
는 실제로 고조선에 왔던 것일까?

기자동래설에 대한 서로 다른 기록들

기자에 관한 기록이나 유적들은 모두 전설에 토대를 둔 것이고 실제
문헌이나 유적들을 고찰해 보면 사실과 차이가 있음이 확인되기 때문
에 그 내용을 모두 사실로 받아들일 수는 없다. '기자동래설'이 실려 있
는 최초의 책은 전한(前漢 : 기원전 108～서기 8) 때에 편찬된 《상서대
전(尙書大全)》인데, 그 내용은 대략은 이렇다.

상(은)나라를 멸망시킨 주나라 무왕(武王)이 옥에 갇혀 있던 기자를
석방하였는데, 기자가 비록 상나라 주왕의 비행을 간하다 갇히기는 했
으나, 그 자신은 상나라의 신하를 자처했기 때문에 상나라를 멸망시킨
무왕에 의해 석방된 것을 차마 감수할 수가 없어서 조선으로 망명하였
다. 무왕은 그 소식을 듣고 기자를 조선의 제후로 봉하였다. 기자는 주
왕실로부터 봉함을 받았으므로 신하의 예를 행하지 않을 수 없어서 무
왕 13년에 주 왕실에 조근(朝覲)을 왔는데, 이때 무왕이 기자에게 홍범
(洪範)을 물었다.

《상서대전》 이후에 편찬된 사마천의 《사기(史記)》나 반고의 《한서
(漢書)》도 '기자동래설'을 전하고 있다. 특히 《한서》는 기자가 동쪽으
로 온 이후 조선에서의 행적에 대해 보다 자세하게 전하고 있는데, 그
내용은 대략 이렇다.

상나라의 도(道)가 쇠퇴하자 기자는 조선으로 갔는데, 그 지역의 백
성을 예의로써 교화하고 농사, 양잠, 길쌈 등을 가르쳤다. 그리하여 낙

랑군의 조선 백성은 원래 범금(犯禁) 8조만으로도 순후한 생활을 하였다. 하지만 한나라가 낙랑군을 설치한 후 중국 관리와 상인들의 영향으로 풍속이 점차 각박해져서 지금은 범금이 60여 조항으로 증가하였다. 요컨대 조선 백성은 기자의 교화를 받아 범금 8조만으로 다스려질 정도로 순후한 풍속을 지니고 있었다.

하지만 이런 사실, 이른바 '기자동래설'은 위의 책들보다 더 이른 시대인 선진(先秦)시대의 기록에는 보이지 않는다. 《죽서기년(竹書紀年)》에는 기자가 상나라 마지막 왕인 주(紂)에 의해 감옥에 갇혔고, 상나라가 멸망하고 주나라가 건립된 후 주 무왕 16년에 기자가 주 왕실에 조근한 것으로 기록되어 있다. 《상서(尙書)》에도 기자가 주나라 무왕 때 감옥에서 풀려났는데, 무왕은 상나라를 멸망시키고 주를 세운 후 13년에 기자를 찾아가서 천하를 다스리는 대법(大法)인 홍범을 그로부터 배운 것으로 되어 있다.

또한 《논어》에서도 기자의 인물과 행적을 전하고 있다. 즉 기자를 상나라 말기에 있었던 세 사람의 어진 인물 가운데 한 명으로 적고 있는데, 세 사람은 바로 미자(微子)와 비간(比干), 그리고 이 글의 주인공 기자이다. 상나라의 마지막 왕인 주가 무도한 정치를 하자 비간은 이를 극력 간하다가 처형당했고, 미자는 일찍 주의 곁을 떠났으며, 기자는 거짓으로 미친 척하고 종이 되었다는 것이다. 중요한 것은 이들 기록에는 기자가 동쪽으로 갔다는 '기자동래설'이 보이지 않는다는 점이다. 진대(秦代) 이전의 문헌들에서 기자는 단지 덕과 학문을 지닌 어진 인물로 묘사되어 있을 뿐 조선과의 관계, 즉 '기자동래설'에 대해서는 언급조차 없었다. 요컨대 선진 문헌들에는 기자와 조선과의 관계가 전혀 언급되지 않았는데, 진·한대 이후의 기록들에 이르러서야 비로소 나타나기 시작하는 것이다.

'기자동래설'의 실체를 그대로 인정할 수 없는 이유가 여기에 있다.

선진시대의 기록에는 나타나지 않던 내용이 후대의 기록에 첨가되어 나타나기 때문이다. 이는 '기자동래설'이 후세에 조작되었을 가능성이 있음을 보여 준다.

기자동래설이 나타난 이유

그러면 전한시대 이후의 문헌들은 무엇을 근거로 '기자동래설'을 사실인 양 기록하였을까. 이에 대한 해답은 고고학 자료에서 찾을 수 있다. 1973년에 중국의 동쪽이자 만주의 서쪽지역인 요녕성(遼寧省) 객좌현(喀左縣)에서 기후(箕侯)의 명문이 있는 방정(方鼎) 등 청동예기(靑銅禮器) 6점이 출토되었다. 갑골문과 금문(金文)에서 '其' 자는 '箕' 자와 동일하게 쓴다. 이곳과 함께 이 일대 3개소에서도 많은 청동예기가 출토되었는데, 서로 10킬로미터 내외의 거리 안에 있다. 이들 유물의 제작 시기는 상나라 말기이므로 기자의 생존 시대와 일치한다. 그러면 이들 청동예기는 어떻게 동북지방에서 출토될 수 있었을까.

상나라 신하였던 '기자동래설'의 주인공 기자는 주나라에 의해 상나라가 멸망하자 그 족속들을 데리고 어디론가 피신했을 것이란 추정이 가능한데, 위의 유물은 그곳이 바로 대릉하(大凌河) 연안지역이었다는 해석을 가능하게 한다. 기후의 명문이 새겨진 청동기가 그 지역에서 발견된 것이 이런 추론을 뒷받침해 주고 있다. 그런데 문제는 이 청동기가 무덤이 아니라 교장갱(窖藏坑)에서 발견되었다는 것이다. 교장갱은 지하에 구덩이를 파서 임시로 청동예기를 파묻는 임시 저장소를 말한다. 이는 기자와 그 집단이 이곳에 왔어도 무덤을 사용하지 않을 정도로 잠시 동안만 거주했다가 곧바로 다른 지역으로 이동하였음을 말해 주는 것이다. 또한 이 지역, 즉 대릉하 연안에서 발견된 기자족이나 상나라 유민들의 것으로 추정되는 청동예기 모두가 교장갱에 묻혀 있다는 것도 이런 사정을 증언해 주고 있다.

기자로 상징되는 기자족이 오랫동안 정착한 곳은 산동성(山東省) 지역으로 보인다. 이는 1951년에 산동성 황현(黃縣) 남부촌(南埠村)에서 출토된 8점의 기기(箕器), 1969년에 산동성 연대시(烟臺市) 남쪽 교외에서 출토된 기후정(箕侯鼎) 등이 증언해 주고 있다. 이들 청동예기는 모두 교장갱이 아니라 무덤에서 출토되었는데, 이는 기자족이 이곳에 영구 정착했음을 확인해 주는 증거이다. 또한 이 유물들은 서주(西周) 후기부터 춘추시대에 걸쳐 제작된 것이므로 이 기간 동안 기자족이 산동성 지역에 영주하였음을 보여 주는 것이다.

그러면 왜 기자산동설이 아니고 기자동래설이 퍼졌을까? 그것은 기자가 잠시 동북지방에 망명한 것에서 비롯된 것으로 보인다. 앞에서 언급한 대릉하 연안지역에서 발견된 기후 명문이 있는 방정의 존재는 기자와 그 집단이 동북지방에 잠시 동안 망명하여 거주했던 사실을 알려 준다.

《한서》〈지리지〉연지(燕地)조에 "연 지역에서 미(尾)와 기(箕)는 그 변두리이다"라는 기록이 있는 것도 기자 일족이 잠시 동북지방으로 망명했던 사정을 말해 주는 것이다. 주 무왕이 상나라를 멸망시킨 후 대릉하 서쪽에 위치한 연나라의 제후로 봉한 인물은 소공 석(召公奭)이었다. 그런데 《사기》〈주본기〉는 소공 석이 바로 무왕의 명에 따라 기자를 풀어 준 당사자임을 말하고 있다. 소공 석과 기자의 이런 인연은 기자가 자신의 망명지를 소공이 제후로 있는 연나라로 택했을 가능성이 있음을 보여 준다. 이후 중국 동북지방에 기자가 망명했다는 전설이 전해 내려왔을 가능성이 크다. 그 전설의 내용은 이렇게 구성할 수 있다.

"기자 집단의 주력은 산동으로 이주했어도 그 일부는 실제 만주 서부 지역에 잔류했다. 이 지역 주민들 가운데는 기자의 후손으로 간주된 집단이 있었던 것이 이를 말해 준다. 그 유명한 《삼국지》〈동이전〉의 '준

(準)이 한왕(韓王)이 되었다' 는 구절에 대해 《위략(魏略)》의 주석은 '(준의) 그 아들과 친족으로서 위만조선에 눌러 있는 사람들은 성을 한씨(韓氏)라고 하였다' 는 내용이 있는데, 이는 위만조선 시기에 중국 동북지방에는 기자의 후손으로 간주된 집단이 있었던 사정을 말하고 있다. 중국측 자료에서는 고조선의 마지막 왕인 준을 기자의 후손으로 기록하고 있다."

이런 전설을 토대로 하여 선진시대 기록들과는 달리 한대(漢代) 이후의 각종 문헌들에서는 기자를 조선과 관련하여 기록하였을 가능성이 매우 높다. 실제로 기자가 조선에 망명했다는 시기인 기원전 11세기 중국에서는 동북지방의 조선에 대한 정보가 전혀 없었다. 중국 문헌 가운데 조선에 관한 정보가 담겨 있는 최초의 책은 《관자(管子)》와 《산해경(山海經)》이다. 이 책들은 전국시대(기원전 403~221)의 저작이라고 하지만, 한대(漢代 : 기원전 206~서기 220)에 편집된 것이라는 사실을 고려해야 할 것이다. 즉 이들 책에 담긴 조선에 관한 정보는 한대의 인식이 반영된 것이다. 따라서 한대의 자료에서 비로소 기자가 조선에 망명한 사실이 등장하는 것은 한나라 사람들의 인식이 반영된 것이다. 중원의 중국인이 조선의 존재를 인식한 시기는 기껏해야 전국시대 말기이다.

요컨대 중원의 중국인들은 한대, 빨라야 전국시대 말기에 이르러서야 동북지방의 주세력으로 등장한 (고)조선에 관한 정보를 가지고 있었다. 이 무렵 중국인들은 그 지방에 전해 내려온 기자의 망명 전설에 대한 정보를 입수했을 것이다. 그들은 이를 근거로 '기자동래설' 을 기정 사실로 인식하였으며, 그 결과가 한대 이후의 각종 문헌에 나타난 것이 '기자동래설' 이다. 그럼 한나라 사람들은 왜 '기자동래설' 을 조작했을까? 이들은 당시 동북지방의 유력한 세력으로 등장한 조선을 견제할 목적으로 중국인 기자를 조선의 통치자로 둔갑시켰을 가능성이 크다. 그리고 이런 조작의 기저에는 중국인 특유의 중화의식이 자리 잡고 있었다.

우리나라 사람들이 기자동래설을 믿은 이유

이렇게 시작된 기자동래설을 고려 이후 유학자들은 사실로 받아들였으며, 특히 조선시대에 들어와서는 기자가 숭배 대상이 되었다.

고려 숙종 7년(1102)에 예부(禮部)에서는 기자의 사당을 평양에 세워 제사 지낼 것을 왕에게 건의하였는데, 그 이유는 우리나라의 교화와 예의가 기자로부터 시작되었다는 유학자들의 주장 때문이다. 유학자들의 주장이 받아들여져 기자에 대한 제사가 국가 차원에서 이루어졌다.

1145년에 편찬된 《삼국사기》는 기자가 주 왕실의 봉함을 받은 뒤부터 나라가 시작된 것으로 인식하고 있다. 기자가 예의와 농상(農桑)을 가르치고 범금 8조를 실시하여 공자가 살고 싶어할 만큼의 문명국가가 되었다는 것이다. 이와 같이 고려시대에 와서 한대 이후의 중국 자료를 토대로 기자를 국조(國祖)인 동시에 문명을 개화한 군주로 인식하는 유학자들의 기자상이 일단 성립되었다.

조선시대에 이르면 그 국명부터가 기자의 고국(故國)이라 하여 조선으로 채택되었다. 정도전(鄭道傳)의 《조선경국전(朝鮮經國典)》에 따르면 기자조선의 계승자라는 의미에서 국호를 조선으로 정하게 되었다는 것이다. 그 이유로 기자가 주 왕실에 의해 조선후(朝鮮侯)에 봉해진 것, 기자가 홍범과 범금 8조를 보급하여 그 문화적 업적이 뛰어났다는 것을 들고 있다.

16세기에 성리학를 제외한 모든 사상을 이단으로 배격하는 사림파가 대두하면서 기자숭배는 극단화되었다. 즉 기자는 이들에게는 명분

충북 괴산군 청천면 화양리에 있는 만동묘비. 명나라가 망한 이후 조선의
유학자들은 중화의 정통성이 조선으로 넘어왔다는 소중화사상을 갖게 되었다.

과 의리의 구현자, 조선 도학(道學)의 시조, 왕도정치의 실천자일 뿐만 아니라 공자·맹자·주자와 같은 성현(聖賢)으로 받아들여져 그에 대한 극단적 숭배가 행해졌다. 이제 기자동래설, 홍범의 전수자, 정전제의 실시자, 상 왕실의 왕족 등 기존의 기자와 관련된 여러 기록들은 의심할 여지 없는 진실로 받아들여졌던 것이다.

선조 때의 학자이자 정치가인 윤두수(尹斗壽)는 기자에 관계된 중국과 우리 문헌을 모아《기자지(箕子志)》를 편찬하였는데, 이이(李珥)는 이 책이 자료집 성격이 강하다는 점을 한계로 여겨 기자조선을 체계적으로 인식시키기 위하여《기자실기(箕子實紀)》를 저술하기도 했다. 여기에는 기자의 건국과 그 멸망에 이르는 과정, 기자조선의 세계(世系)와 역년(歷年)이 개괄적으로 서술되어 있다. 조선 후기에는 실학자 한백겸(韓百謙)이 기자의 토지제도를 정전제로 규정한《기전고(箕田考)》를 지었고, 서명응(徐命膺)은 기자가 동래한 이래의 사적을 적은 《기자외기(箕子外紀)》를 저술하였으며, 이가환(李家煥)과 이의준(李儀駿)은 기자의 정전제에 관한 연구들을 모아《기전고(箕田考)》를 편찬하기도 하였다.

한편 기자 숭배는 국가적인 차원에서만 이루어진 것이 아니었다. 기자가 특정 가문들의 시조로 받들어지기도 하였다. 청주 한씨(淸州韓氏), 행주 기씨(幸州奇氏), 태원 선우씨(太原鮮于氏)의 족보에 모두 기자가 시조로 되어 있는 것은 이 때문이다.

광개토대왕비문의 왜군 침입 기사는

사실인가, 조작인가

《삼국사기》를 통해 본 광개토대왕비문의 진실 추적

일본군 간첩이 발견한 광개토대왕비

청나라가 영국·프랑스 연합군에 의해 북경을 점령당해 강제로 북경조약을 체결한 지 20여 년 후인 1880년, 한의사 한 명이 만주 각 지역을 돌아다니다 거대한 비 하나를 발견했다. 그 비는 그간 한때 만주와 중국 북부를 지배했던 요(遼 : 916~1125) 황제의 능비로 알려져 있었다. 현지 중국인의 도움을 받아 가며 이 비문을 읽던 한의사는 깜짝 놀랐다. 비문의 내용은 알려진 대로 요나라 황제의 능비가 아니라 고구려 광개토대왕의 능비라는 사실을 말해 주고 있었기 때문이었다. 그런데 더욱 놀라운 사실은 이 한의사가 사실은 중국인이 아니라 일본군 참모본부 소속의 육군 중위 주구경신(酒勾景信, 사코 카게아케)이라는 데 있었다.

그는 북경에 파견되어 중국어를 배운 뒤 한의사로 변장해 중국 각지를 돌아다닌 일본군 참모본부 소속의 간첩이었던 것이다. 광개토대왕릉비를 가장 먼저 발견한 인물이 일본군 참모본부 소속의 간첩이란 사실은 훗날 이 비문을 객관적·합리적으로 해석하는 데 가장 큰 장애 요소가 되었다.

1972년 일본 동경의 길천홍문관(吉川弘文館)이란 출판사에서 출간한 재일사학자 이진희(李進熙) 교수의 《광개토대왕릉비의 연구(廣開土大王陵碑研究)》가 엄청난 폭발력을 가지고 한일 사학계는 물론 중국 사학계까지 커다란 논쟁을 불러 일으킨 이유가 이 책의 내용에 "일본군 참모본부가 비문의 내용을 조작했다"는 것이 포함되어 있기 때문이었다(《우리 역사의 수수께끼》 1권의 〈광개토대왕릉비는 변조되었는가〉 참조). 이진희 교수의 주장이 한국인들에게 커다란 설득력을 가졌던 이유 중의 하나는 고종 황제가 일제에 의해 강제로 자리에서 물러나기 두 달 전인 1907년 5월 일본 군부에서 소택덕평(小澤德平, 오자와) 대좌를 현지에 파견해 광개토대왕릉비를 일본으로 반출하려 했다는 사실에 있다. 현지 집안현(集安縣) 지사인 오광국(吳光國)이 능비의 반출을 거부함으로써 실패하고 말았지만 일본 군부가 능비를 가져가려 했다는 사실은 이후 이 비문의 내용에 대한 씻어지지 않는 원죄가 되었고 한국인들은 이 비문의 내용, 특히 왜군의 침공기사에 대해 의구심을 가져 왔다.

능비의 내용에 대해 한일 학계 내에서 찬반 양론이 들끓는 동안 중국 학자 왕건군(王健群)이 1984년 길림인민출판사(吉林人民出版社)에서 《호태왕비연구(好太王碑研究)》를 펴내면서 능비를 둘러싼 논쟁은 새로운 국면에 접어들었다. 능비가 존재하는 현지 학자라는 이점을 최대한 활용한 왕건군은 비문의 내용이 일본군 참모본부에 의해 조작된 것이 아니라, 비문 탁본을 판매해 생계를 잇던 중국인 초천부(初天富)가 비문을 좀더 선명히 탁본하기 위해 석회를 바른 것이라는 새로운 주장을 하고 나섰던 것이다.

일본에서는 무전행남(武田幸男)이 1988년 암파서점(岩波書店)에서 《고구려사와 동아시아 — '광개토왕비' 연구 서설》을 펴내어 능비의

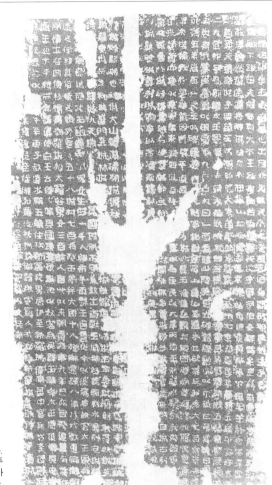

광개토대왕릉비 탁본.
광개토대왕릉비에는 왜에 관한 기사가 자주
보이는데 이는 당시 왜가 고구려의 상대가
될 만큼 강력했음을 보여 주는 것이다.

내용이 조작되지 않았다는 자신의 주장을 집대성함으로써 이 문제가
한 · 중 · 일 세 나라 학계의 현재진행형 문제임을 보여 주었다.

베일에 싸인 '왜' 라는 나라

이 능비가 한 · 중 · 일(韓中日) 세 나라를 둘러싼 논쟁의 중심이 되
었던 이유는 바로 광개토대왕비문에 나오는 '왜(倭)' 의 실체 때문이

다. 유명한 광개토대왕 재위 1년인 신묘년(辛卯年, 391)조 기사도 그 하나이다. 이 해는 신라 내물왕 36년, 백제 진사왕 7년이다.

"왜가 신묘년 이래 바다를 건너와서 백제를 파하고, □□과 신라를 신민으로 삼았다(而倭以辛卯年來 到海破百殘 □□新羅 以爲臣民)."

바로 이 구절이 국제적인 논쟁의 쟁점인데, 이 구절에 대한 논란을 처음 제기한 학자는 이진희 교수가 아니다. 위당 정인보(鄭寅普)는 1930년대 말경 위 기사의 주어를 왜가 아니라 고구려로 새롭게 해석해 "왜가 신묘년에 오니 고구려가 바다를 건너가 왜를 격파하였다. 백제가 (왜와 연결해) 신라를 침략해 그의 신민으로 삼았다"라고 해석했고, 북한의 박시형도 주어를 고구려로 해석하는 데 동의했다.

왜가 과연 서기 391년에 바다를 건너와 백제와 신라를 신민으로 삼았는지 여부는 아직도 한 · 중 · 일 학자들 사이에 합의점에 도달하지는 못하고 있다. 그런데 문제는 광개토대왕릉비에는 논란 많은 신묘년조 이외에도 여러 차례 왜에 관한 기사가 나온다는 점에 있다. 이는 능비의 조작, 비조작 여부를 떠나 이 비에 등장하는 왜의 실체에 대해서 합리적으로 해석할 필요성이 있으며, 그래야 할 시점에 와 있음을 깨닫게 해 준다.

신묘년조 이외의 왜에 관한 여러 기사들

신묘년조 이후에 왜에 관한 기사가 처음 나오는 때는 영락(永樂 : 광개토대왕의 연호) 9년(399)이다. 이 해는 신라의 내물왕 44년이며, 백제의 아신왕 9년이다(이 글에 인용하는 한자 원문은 필자와 별다른 이견이 없는 한 각종 탁본과 해석을 종합적으로 해석한 한국고대사회연구소에서 편찬한《역주 한국고대금석문(譯註 韓國古代金石文)》을 인용한다).

"영락 9년 기해(己亥)에 백잔(百殘 : 백제)이 맹서를 어기고 왜(倭)

우리 역사의 수수께끼 2

와 화통(和通)하였다. 이에 왕이 아래로 평양까지 내려가자 신라 왕이 사신을 보내어 말하길, '왜인이 그 국경에 가득차 성지(城池)를 부수고, 노객(奴客 : 내물왕)으로 하여금 왜(倭)의 백성으로 삼으려 하니 이에 왕께 귀의(歸依)하여 구원을 요청합니다'라고 하였다(九年己亥 百殘違誓與倭和通 王巡下平壤 以新羅遣使白王云 倭人滿其國境 潰破城池 以奴客爲民 歸王請命)."

서기 399년에 왜가 신라를 침입해 점령하려 하자 신라의 내물왕이 광개토대왕에게 왜인들을 물리쳐 달라고 요청하는 내용의 기사이다. 이 기사의 내용을 뒷받침할 수 있는 기사는 《삼국사기》〈백제본기〉에서 찾을 수 있다. 한 해 전인 백제 아신왕 재위 8년(398)의 기사이다.

"(재위) 8년 8월에 왕이 고구려를 치려고 크게 병마(兵馬)를 징발하였다. 백성들은 병역(兵役)에 괴로워하면서 신라(新羅)로 많이 도망하니 호구(戶口)가 쇠잔(衰殘)하여 줄어들었다."

막강한 고구려를 공격하기 위해 1년 이상의 준비 기간이 필요했을 것임은 쉽게 짐작할 수 있다. 고구려와 단독으로 싸워 승리하기 어려울 것으로 여긴 백제 아신왕이 왜와 연합했을 것이란 추측이 자연스러워지는데 광개토대왕비 영락 9년의 기사는 이를 반영하는 것으로 볼 수 있는 것이다.

《삼국사기》〈고구려본기〉는 광개토대왕 9년에 광개토대왕이 보낸 사신이 거만하다는 이유로 연왕(燕王) 모용성(慕容盛)이 3만의 군사를 이끌고 고구려를 침략한 사실을 기록하고 있으며, 〈신라본기〉는 "(내물왕 재위) 44년(399) 7월에 비황(飛蝗)이 들에 가득하였다"고 기록하고 있고, 〈백제본기〉 아신왕조는 "(재위) 9년 2월에 패성(孛星)이 규·루(奎婁)에 나타났다. 6월 초하루 경진(庚辰)에 일식(日蝕)이 있었다"고 기록하여서 직접적으로 광개토대왕릉비를 반영하지는 않지만 비황, 패성 등은 나라의 재난을 상징화한 기록일 수는 있다.

다음해인 영락 10년(400)의 능비 기사는 광개토대왕이 대규모의 군사를 보내 왜군을 물리친 기록이다.

"10년(400) 경자(庚子)에 왕이 보병과 기병 도합 5만 명을 보내어 신라를 구원하게 하였다. 고구려군이 남거성(男居城)을 거쳐 신라성에 이르니, 그곳에 왜군이 가득하였다. 관군(官軍)이 막 도착하니 왜적(倭賊)이 퇴각하였다. …그 뒤를 급히 추격하여 임나가라(任那加羅)의 종발성(從拔城)에 이르니 성이 곧 귀복하였다(十年庚子 敎遣步騎五萬 往求新羅 從男居城 至新羅城 倭滿其中 官軍方至 倭賊退 □□□□□ □□□□背急追至任那加羅從拔城 城卽歸復)."

이 기사는 내물왕의 지원 요청에 따라 광개토대왕이 5만의 군사를 보내 신라를 침입한 왜군을 공격하는 내용을 보여 주고 있다. 고구려군에 쫓긴 왜군이 도망간 지역이 임나가라인 점은 임나일본부와 관련해 흥미있는 대목이다. 이 당시 임나가라는 왜의 강력한 영향력 아래 있음을 시사해 주기 때문이다. 광개토대왕이 보낸 군사가 무려 5만에 달하는 것은 다소 과장일 수도 있으나 왜가 적어도 이 정도의 군사를 보내야 물리칠 수 있었던 강적이었음을 말해 준다. 소수의 병력으로 격퇴할 수 있는 상대를 제압하기 위해 막대한 군사비를 써 가며 일부러 대군을 보낼 이유는 없기 때문이다.

같은 해인 《삼국사기》 〈신라본기〉 내물왕 45년에는 8월에 패성(孛星)이 동방(東方)에 나타났으며, 10월에는 왕이 일찍이 사용하던 내구마(內廐馬)가 무릎을 꿇고 눈물을 흘리면서 슬피 울었다는 기사를 전하고 있다. 왕이 타던 내구마가 슬피 운 까닭은 내물왕이 약속대로 광개토대왕의 노객이 된 것을 슬퍼하는 상황을 은유적으로 표현한 것인지도 모른다.

이 사건이 있은 다음해인 401년 〈백제본기〉는 아신왕이 사신을 왜국에 보내 큰 구슬을 구했다고 기록하고 있으며, 그 다음해(402)에는 "춘

(春) 2월 왜국에서 사자(使者)가 오니 왕이 이를 맞아 노고를 위로함이 특히 후하였다〔勞之特厚〕"고 기록하고 있다. 백제 아신왕이 후하게 위로해야 했던 왜국 사신의 노고는 무엇이었을까? 고구려 대군의 남하로 입은 왜국의 군사적 피해와 재기를 위한 노력들을 위로한 것일 수도 있다는 추측이 가능하다. 바로 그해 추(秋) 7월 백제 아신왕이 신라의 변경(邊境)을 침범하는《삼국사기》의 기록은 두 해 전의 고구려 남진을 부른 신라에 대한 보복전의 성격이 강한 것으로 볼 수 있을 것이다.

〈광개토대왕릉비〉의 왜 관련 기사는 이뿐 아니다. 영락 14년(404)에는 "왜가 불궤(不軌)하게도 대방(帶方)지역에 침입하였다. …석성(石城)에 배가 연달아… 평양… 서로 맞부딪치게 되었다. 왕의 군대가 적의 길을 끊고 막아 좌우로 공격하니 왜구(倭寇)가 궤멸하였다. 왜구를 참살한 것이 무수히 많았다(十四年甲辰 而倭不軌 侵入帶方界 □□□ □□□石城□連船□□□□□□□□□平壤□□□□相遇 王幢要截刺 倭寇潰敗 斬煞無數)."

이 기사는 서기 400년에 고구려군에게 타격을 입고 쫓겨간 왜군이 4년 후에 전열을 정비해 고구려의 대방 지역을 보복공격했으나 다시 패배한 사실을 보여 주고 있다. 이는 왜에게 고구려와의 한판 승부는 한반도 정세의 주도권을 장악하기 위해 필수적인 요소였음을 말해 준다. 왜가 고구려를 보복공격 하기 2년 전, 즉 앞의 백제 아신왕이 왜국의 사자를 맞아 위로함이 특히 후했던 서기 402년에 〈신라본기〉는 신라 실성왕이 즉위 원년에 왜국과 호의(好誼)를 통해 적대관계를 일단 중지하게 된 상황을 보여 주고 있다. 그런데 신라가 왜와 호의를 맺은 것은 내물왕의 아들 미사흔(未斯欣)을 인질로 보냄으로써 가능하였다.

그러나 선왕 내물왕의 아들을 인질로 보내면서까지 신라는 왜와 우호관계를 유지하기를 바랐으나, 이런 관계는 불과 3년 만에 깨지고 만다. 왜가 재차 신라를 공격한 것이다. 〈신라본기〉 실성왕 4년에 "왜병

중국 길림성 집안현의
광개토대왕릉비.

이 와서 명활성(明活城)을 치다가 이기지 못하고 돌아가매, 왕이 기병을 이끌고 독산(獨山) 남(南)에서 이를 요격하여 두 번 싸워 파(破)하고 300여 성을 살획(殺獲)하였다"는 기사가 그것이다.

《삼국사기》의 왜 관련 기록들

〈광개토대왕릉비〉뿐만 아니라 《삼국사기》에도 왜에 관한 수많은 기록이 나오는 것, 그리고 서기 500년을 끝으로 1세기 이상 기록에서 사라진 것은 왜의 소재지가 어디인가에 대해 많은 시사를 한다.

《삼국사기》〈신라본기〉에는 기원 50년인 혁거세(赫居世) 8년에 왜가 군사를 이끌고 변방을 침범하려 하다가 시조 혁거세가 신덕(神德)이 있다는 사실을 알고 물러갔다는 기사를 필두로 무려 49차례나 보이며,《삼국사기》전체를 통틀어 110차례나 나타난다.

〈신라본기〉에는 왜에 관한 호칭이 왜인 · 왜병(倭兵) · 왜적(倭賊) · 왜왕(倭王) · 왜국왕(倭國王) · 왜여왕(倭女王) 등으로 다양하게 나온다. 그 대부분은 왜인이 신라의 수도 금성(金城)을 비롯한 여러 성이나 변경, 해변 또는 토함산 등을 공격하는 기사가 대부분인데, 그중 특이한 것은 벌휴(伐休) 이사금 때의 기사이다.

벌휴왕 재위 10년(193) 4월에 "왜인이 큰 기근으로, 와서 먹을 것을 구하는 자가 1,000여 인이었다"는 내용이다. 만약 왜가 일본 열도에 있었다면 2세기 말의 항해술로는 대한해협을 건너 신라까지 와서 식량을 구걸하지는 못했을 것이다. 즉 왜는 고픈 배를 움켜쥐고 식량을 구걸하러 올 수 있었던 거리에 있었을 것이므로 이는 한반도 내를 뜻한다고 볼 수 있다.

〈신라본기〉 내물왕 38년(393)에는 "5월에 왜인이 금성(金城)을 에워싸 5일 동안 풀지 않았다"는 기록이 나온다. 장수가 나가서 싸우기를 청하자 내물왕은 "지금 적이 배를 버리고 깊이 들어와 사지(死地)에 있으므로 그 봉(鋒)을 당하기 어렵다" 하고 이에 성문을 굳게 닫았는데, 왜군이 물러가자 왕이 기병과 보병을 보내 습격했다는 내용이다. 내물왕 38년은 "왜가 바다를 건너와 백제를 파하고, 신라를 신민으로 삼았다"는 문제의 신묘년 2년 후이다.〈광개토대왕릉비〉에서 왜가 백제와 신라를 공격했다고 기록한 이 무렵《삼국사기》에도 왜가 신라의 금성, 즉 서울을 포위하고 위협했던 상황을 보여 주는 것이다.

고구려와 맞서 한반도의 패권을 다투던 왜국은 〈광개토대왕릉비〉에 따르면 서기 400년에 남하한 고구려군에게 타격을 받은 후 전열을 재정비해 서기 404년 고구려의 대방지역을 선제공격하다가 또다시 패배했다. 두 번에 걸친 패배로 왜국의 국력은 약화되지만 여전히 신라왕이 선왕의 아들을 인질로 보내야 할 정도의 세력을 유지하고 있었다. 그러나 고구려와 객관적 전력의 열세를 느낀 왜국의 중심 세력은 5세기 무렵부터 일본 열도로 이주한 것으로 추측할 수 있다.

왜는 〈신라본기〉 소지(炤知) 마립간 22년, 서기 500년 3월 장봉진(長峯鎭)을 공격한 왜인을 끝으로 무려 100년 이상 《삼국사기》에서 사라진다. 이는 한반도 내에 있던 왜 세력이 완전히 일본 열도로 이주한 상황을 말해 주는 것으로 해석할 수 있을 것이다. 왜가 《삼국사기》에 다시 등장하는 것은 108년이 지난 백제 무왕 9년(608)이다. 그해 중국 수(隋)나라 사신이 왜국에 가는 길에 백제의 남쪽 길을 거쳤다는 내용이다.

그리고 《삼국사기》, 《구당서(舊唐書)》, 《일본서기》 등은 백제가 신라에 망한 2년 후인 서기 662년에 나당연합군과 싸우기 위해 백강구(白江口)에 나타난 대규모의 왜군을 보여 주고 있다.

〈광개토대왕릉비〉의 내용을 《삼국사기》의 기록과 대조하며 살펴본 결과 한반도 내에 존재했던 왜는 광개토대왕의 고구려군에게 두 차례에 걸쳐 결정적인 타격을 입은 후 일본 열도로 이주를 시작해 서기 500년에는 한반도에서 완전히 사라진다. 그리고 662년에 백제를 구원하기 위해 대규모의 군사를 보낸 것이다. 이는 〈광개토대왕릉비〉의 내용을 합리적으로 해석할 경우 어떤 결과에 도달할 수 있는지를 보여 주는 작은 시도에 불과하다.

2부

고려

잇혀진 왕국,
고려사의 현장들

궁예는 과연 폭군이었는가

여종의 손에서 길러진 신라 왕자

일본 속담에 "이기면 관군(官軍)이요, 지면 반군(叛軍)이다"란 말이 있는데 이 말이 비단 일본에서만 진실로 통하는 것은 아니다. 정당성에 대한 검증이 뒤따라야 하겠지만 검증은 후세의 일이고 당대에는 이긴 자가 정의인 것이 자못 많은 것이 역사이다.

고려의 태조 왕건이 궁예(弓裔)로부터 국가권력을 빼앗은 방법은 쿠데타를 통해서였다. 따라서 고려 건국을 합리화하기 위해서 고려 초기의 역사가들에게는 궁예의 인물됨을 반드시 부정적으로 기술해야 하는 임무가 주어졌다. 궁예 스스로가 어느 정도 신망을 잃기는 했겠지만 역사 기록이 항상 그러하듯 승리자들의 입장에서 서술되기 때문에 그 정도가 과장된 것이다.

본래 궁예는 출생부터 불운한 인물이었다. 그가 신라의 왕자 출신이라는 것부터 심상하지 않다.《삼국사기》는 그의 아버지를 47대 헌안왕(憲安王)으로 적으면서, 혹은 48대 경문왕(景文王)의 아들이라고도 한다고 전한다. 그의 탄생 장면은 예사롭지 않다.

"그때 지붕 위에 긴 무지개와 같은 흰 빛이 하늘에까지 닿았는데, 일관(日官)이 '이 아이가 중오일(重五日 : 5월 5일)에 났는데, 나면서부터 이가 있고, 광염(光焰)이 이상했으니 장차 나라에 이롭지 못할 듯합니다. 기르지 마옵소서'라고 하자 왕이 중사(中使)에게 명해 그 집에 가서 죽이게 하였다. 사자(使者)가 어린애를 강보에서 빼앗아 루(樓) 마룻바닥에 던졌는데, 마침 젖먹이 여종이 몰래 받다가 잘못하여 손으로 눈을 찔러 한 눈이 멀게 되었다."

왕자의 탄생이 기이하다 하여 일개 일관(日官)이 기르지 말라고 진언할 수는 없다. 이는 그의 출생 자체가 왕위계승을 둘러싼 권력투쟁의 대상이 되었음을 뜻하는 것이다. 궁예는 이후 여종이 고생하면서 숨어 기르는 신세가 되었다. 왕자의 몸으로 여종의 손에서 몰래 자라났으니 난세의 영웅이 웅비할 수 있는 극적인 요소가 갖추어졌던 것이다.

이후 궁예는 강원도 영월(寧越)에 있는 세달사(世達寺)에서 선종(善宗)이라는 법명으로 승려 생활을 했다. 세달사는 고려 중기에는 흥교사(興敎寺)로 부르기도 했는데, 궁예는 교리 연구나 수도에는 별로 관심이 없었고, 계율을 어기는 생활을 일삼았다고 하는데, 이는 그가 득도(得道)하기 위해 승려가 된 것이 아니라 때를 기다리는 시간을 벌기 위해 승려가 되었음을 말해 준다. 그는 신라의 진성여왕 5년(891)에 나라가 혼란스럽자 그는 서슴지 않고 승려의 옷을 벗어 던지고 반란세력에 가담하였다.

그는 처음 기훤(箕萱)의 수하에 있었으나 기훤이 그를 중용하지 않자, 다시 양길(梁吉)의 수하로 들어갔다. 그후 그는 진성여왕 8년(894)에 명주(溟州 : 강릉) 일대를 점령하고 장군(將軍)으로 추대됨으로써 웅비의 기회를 얻는데,《삼국사기》열전 궁예조는 그 과정을 이렇게 적고 있다.

"건녕(乾寧) 1년(894) (궁예가) 명주로 들어가서 무리 3,500명을 모

궁예가 한때 승려 생활을 했던 세달사지. 강원도 영월군 남면 흥월리 흥교마을에 그 자취만이 남아 있다. 고려시대에는 흥교사라고 불렀다.

우리 역사의 수수께끼 2

집하여 14대(隊)로 편성하였다. 김대(金大) · 검모(黔毛) · 흔장(昕長) · 귀평(貴平) · 장일(張一) 등이 부장(部長)이 되어 사졸(士卒)들과 함께 고생과 즐거움을 같이 하며 주고 빼앗는 일에 이르기까지 공평하여 사사롭게 처리하지 않았다. 이러므로 여러 사람들이 그를 마음속으로 두려워하고 사랑하여 장군으로 추대하였다."

그가 장군으로 추대되었다는 사실은 양길의 휘하에서 벗어나 독자적인 그것도 상당한 세력을 형성한 사정을 반영한 것이다. 신라 말기 호족들이 장군의 칭호를 사용한 것은 기록상 궁예가 처음이고, 20여 년 후인 경명왕(景明王) 6년(922)부터 그러한 사례가 자주 보인다. 신라에서 장군은 진골 귀족이 독점하는 직위였기 때문에 궁예가 장군으로 추대된 것은 이미 상당한 세력기반을 가졌음을 뜻한다. 이렇듯 궁예는 반란에 가담한 지 불과 3년 만에 뛰어난 정치감각과 군사능력으로 반란세력의 주요 지도자로 등장하게 된 것이다. 물론 여기에는 그가 신라의 왕자 출신이라는 점도 작용했을 것이다. 당시는 극도의 혼란기였기 때문에 왕자 출신인 그로서는 군사력만 있으면 왕도 될 수 있다고 사람들이 판단하였을 것이다.

장군으로 추대된 후 궁예는 공격 방향을 서쪽으로 돌려 인제(麟蹄), 화천(華川), 금화(金化), 철원(鐵圓) 등을 차례로 복속하여 신라의 동북지역을 장악하였다.

궁예에게 귀순한 왕건의 아버지

진성여왕 10년(896)에 왕건의 아버지 왕륭(王隆)이 귀순해 오는데 이는 궁예에게 중요한 의미를 지닌다. 왕륭의 귀부는 단순히 한 호족의 귀순에 끝나는 것이 아니었다. 왕륭이 패서(浿西 : 예성강 서쪽)지역의 핵심이었던 송악(松岳 : 개경) 출신이므로 그의 귀순은 이 지역이 궁예의 영향권 안에 들어왔음을 뜻하는 것이다. 궁예는 비로소 나라를 세울 수 있는 세력기반을 확보하게 된 것이다. 《삼국사기》에 따르면, 이때 궁예는 이미 건국할 구상을 가지고 있어 관직을 설치하기 시작했다고 하지만 이 당시까지는 단지 구상단계에 불과한 것이었다.

궁예는 늘어난 세력을 기반으로 효공왕 2년(898)에 패서도(浿西道)

와 한산주(漢山州) 관할의 30여 주를 취하고 900년에는 충주, 청주, 괴산 등지의 세력까지도 차지하였다.

그는 이런 성과들을 바탕으로 드디어 효공왕 5년(901)에 스스로 왕이라고 자칭했다. 그리고 나라 이름을 '고려'라고 불렀다. 신라 왕자인 그가 고려를 국호로 한 이유는 그의 세력기반이 옛 고구려 지역이었기 때문이다. 《삼국사기》는 궁예가 "이전에 신라가 당나라에 청병(請兵)하여 고구려를 격파하였기 때문에 평양의 옛 서울이 묵어서 풀만 성하게 되었으니 내가 반드시 그 원수를 갚겠다"라고 말했다고 적고 있는데, 이처럼 그는 고구려계 유민의 지지를 확보하기 위해 그 국명을 고려라 하였던 것이다.

그러나 그는 나라를 세운 지 3년 만에 수도를 송악에서 철원으로 옮기게 된다. 그것도 1년 전부터 수도 후보지를 물색한 결과 단행한 천도였다. 천도 문제는 궁예의 몰락은 물론, 그후 그가 폭군으로 규정되었던 원인과도 밀접한 관련이 있다.

《고려사》〈세가(世家)〉태조조는 궁예의 철원 천도 원인을 추측할 수 있는 기사를 전하고 있다.

"세조(왕륭)는 그때 송악군 사찬(沙湌)으로 있었는데, 건녕 3년(896)에 자기 고을을 궁예에게 바치니 궁예가 크게 기뻐하여 그를 금성(金城) 태수로 삼았다. 세조가 궁예를 달래어 '대왕이 만일 조선, 숙신, 변한 지역에서 왕이 되려 한다면 먼저 송악에 성을 쌓고 나의 장자를 그 성주로 삼는 것이 가장 좋다'고 말했다. 궁예가 그 말을 좇아서 태조(왕건)를 시켜 발어참성(勃禦塹城)을 쌓게 하고 이어 그를 성주로 삼았으니 그때 태조의 나이가 20세였다."

왕건의 아버지 왕륭은 아무 조건 없이 궁예에게 귀순한 것이 아니라 조건부로 귀순한 것이다. 왕륭은 자신의 연고지인 송악에 대한 기득권을 유지하게 해 주고, 더욱 강화시켜 줘야 궁예에게 협력하겠다는 것이

우리 역사의 수수께끼 2

경기도 안성시 삼죽면 기솔리 국사봉 정상 바로 밑에 있는 궁예 미륵. 아직까지 궁예 미륵이 남아 있는 것은
그가 단순한 폭군이 아니었음을 말해 주는 것이다.

었다. 이는 궁예가 아직 이 지역에 대한 독자적인 세력을 갖추고 있지
못했던 사정을 말하는 것이다.

　또한 898년에 패서지역 대호족이었던 평산 박씨(平山朴氏) 세력도
궁예에게 귀순하였다. 《조선금석총람(朝鮮金石總覽)》〈박경인묘지
(朴景仁墓誌)〉는 그들이 선조 적오(赤烏) 때에 평산에 들어와서 그 일
대, 즉 패서지역의 십곡성(十谷城) 등 13성을 장악하고 있었음을 말해
주고 있다. 그 후손인 박직윤(朴直胤)은 고구려의 장군직명인 대모달
(大模達)을 자칭하고 있었는데, 이는 그가 고구려 유민을 대변하고 있
는 세력임을 말하는 것이다. 패서지역의 대호족 그것도 고구려계를 대
변하는 평산 박씨 세력이 궁예에 귀순한 이유도 왕륭과 마찬가지였다.
즉 궁예와 직접 싸우기보다는 타협에 의해 이 지역에서 자신이 누리고

잊혀진 왕국,
고려사의
현장들

있던 기득권을 보장받으려는 것이었다. 위 묘지문은 평산 박씨가 궁예에게 귀순한 이후 자손이 크게 번창했다고 적고 있는데 이는 궁예가 그들의 세력을 인정했음을 말해 준다.

이렇듯 궁예는 독자적인 세력으로 나라를 세운 것이 아니라, 고구려계 유민을 대변하는 왕륭의 송악 호족세력과 그 일대인 패서지역의 평산 박씨 호족세력과 연합하여 건국한 것이었다. 이런 사정은《삼국사기》〈신라본기〉효공왕 2년조의 "궁예가 패서도와 한산주 관내 30여 성을 취하였다. (이로 인해 궁예는) 비로소 송악군에 도읍하였다"는 기사에서도 확인할 수 있다. 궁예의 건국 이후에도 고구려계 호족세력은 독자적인 세력을 유지하고 있었다. 궁예가 철원으로 천도한 이유는 이들의 세력기반을 떠나 독자적인 세력을 갖추기 위함이었다. 실제 궁예는 철원으로 천도한 다음해인 905년에야 비로소 패서지역의 행정구역을 정비할 수 있을 정도로 이 지역은 출신 호족들이 독자적인 세력권이었던 것이다. 이 무렵 평양의 성주 검용(黔用), 증성(甑城)의 명귀(明貴) 등이 지역 호족세력이 항복하게 된다.

궁예는 청주민들을 새 수도 철원으로 옮겼다

《삼국사기》〈열전〉 궁예조는 궁예가 904년 7월에 청주민 1,000호(戶)를 이주시키고 그 다음해에 수도를 송악에서 철원으로 옮겼다고 적고 있다. 이런 사민(徙民)조치는 천도와 관련된 궁예의 정치적 의도가 크게 반영된 것이다. 철원으로 천도하면서 그곳에서 가까운 지역의 민호(民戶)를 이주시키지 않고, 멀리 떨어진 청주민들을 이주시킨 것은 분명 그의 정치적 의도가 반영되었음을 뜻한다.

그가 청주민들을 옮긴 정치적 의도는 무엇이었을까. 여기에는 중앙집권을 향한 그의 의지가 강하게 반영되어 있다. 그는 903년 천도를 결정한 후 중앙집권체제를 수립하기 위한 일련의 조치를 취했다. 즉 904년에 신라의 제도를 모방하여 관제(官制)를 정비하고 국호를 마진(摩震)으로 고치고 무태(武泰)라는 연호를 사용했다. 여기에서 국호를 고려에서 마진으로 고친 것은 고구려계 유민의 지원을 얻기 위하여 사용한 고려라는 국호로 그들의 실제 지지를 확보하는 데 실패했음을 시사한다. 또한 중앙집권적인 신라의 관제를 따른 것이나 당시 고구려의 중심지였던 송악에서 철원으로 천도한 것 등도 고구려 옛 지역인 패서지역의 자치지향적인 호족세력과의 연합을 청산하고 독자적인 세력을 기반으로 한 중앙집권정책을 추진하기 위한 것이었다.

이는 궁예가 청주민을 새 수도 철원으로 옮긴 정치적인 목적이 철원을 자신의 독자적인 세력기반으로 만들려는 것이었음을 말해 준다. 그 목적에 적합한 세력이 신라의 5소경(小京) 중 하나였던 청주민이었다. 이에 대한 해답은 바로 청주의 인적 구성에 있었다. 통일 신라의 수도인 경주는 국토의 중심지가 아니라 동남지역에 치우친 불리한 지역이었다. 그 보완조치로 신라는 지금의 김해, 충주, 원주, 청주, 남원 등 전국의 주요 지역에 5소경을 설치하고, 경주의 진골이나 6두품 출신 귀족세력을 이주시켜서 이들을 통해 중앙집권체제를 유지해 왔다. 즉 청주는 옛 신라의 세력이 강한 지역이었다. 이 지역 주민들을 이주시킨 것을 신라의 왕자 출신이라는 궁예의 신분과 관련해 해석하면 왜 궁예가 청주민들을 이주시켰는지를 알 수 있을 것이다. 이런 경로로 청주세력은 궁예 정권 아래서 요직을 차지하였는데, 마치 궁예 세력의 온상과 같았다.

쿠데타를 일으킨 왕건이 청주인들의 반란을 두려워하여 즉각 조치를 취한 것은 당연하다 할 것이다. 《고려사》 열전 견금(堅金)조에는 이런 이야기가 나온다.

"견금은 청주 사람으로서 그 고을의 영군장군(領軍將軍)으로 있었다. 태조는 즉위한 후 '청주 사람들은 변심하는 일이 많으니 제때에 방비하지 않으면 반드시 후회가 생길 것이다'라고 생각해서 그 고을 사람 능달(能達), 문식(文植), 명길(明吉) 등을 보내어 엿보게 하였다. …… 견금 등이 대답하기를 '저희들의 충직한 마음을 피력하고자 이해관계를 말씀드린 것이 도리어 무고하고 참소한 것처럼 되었으나, 이것을 죄로 삼지 않으시니 은혜가 막대합니다. 일편단심으로 보국을 맹세합니다. 그러나 고을 사람들이 저마다 각자의 뜻을 품고 있으니 만약 난리가 난다면 제지하기 어려울 것 같습니다. 청컨대 관군을 파견하여 성원하여 주십시오'라고 하니, 태조는 이 말을 옳게 여기고 마군(馬軍)장군 홍유(洪儒), 유검필(庾黔弼) 등을 파견하여 병사 1,500명을 인솔하고 진주(鎭州)를 지킴으로써 이를 방비하였다. 얼마 되지 않아 도안군(道安郡)에서 아뢰기를 '청주가 비밀히 (후)백제와 내통하니 장차 반란을 일으킬 것이다'라고 하였다. 태조는 또 마군장군 능식(能植)을 파견하여 군대를 거느리고 가서 진무하게 하였다. 이렇게 되어 (청주세력이) 반란을 일으키지 못하였다."

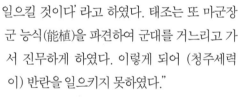

왕건은 쿠데타로 정권을 장악한 후 궁예의 세력기반인 청주에서 반란이 일어날 것을 우려해 감시하게 하고 군사를 보내 방비하게 한 것이다. 하지만 태조의 이런 조치에도 불구하고 청주세력은 모반사건을 일으키는데, 태조 1년(918) 9월 임춘길(林春吉)이 주도한 모반사건과 10월의 진선(陳宣)·선장(宣長) 형제의 모반사건 등이 그것이다.

궁예미륵.

호족세력 왕건과 진골세력 궁예

왕건의 주요 세력이 자치지향적인 호족세력이었다면 궁예의 주요 세력은 청주세력같이 중앙집권 지향적인 귀족세력이었다. 그 단적인 사례가 명주의 김순식(金順式) 세력이다. 명주는 궁예가 장군으로 추대되었던 곳이기도 한데, 그가 장군으로 추대될 수 있었던 것은 당시 명주의 세력가인 김순식의 후원이 있었기에 가능했던 것이다. 즉 명주에 들어갈 때 궁예의 군사는 600명에 불과했지만 이곳에서 1년도 안되어 그 수는 3,500명으로 늘어났고 장군으로 추대받아 자립하였는데, 그 배경에는 김순식의 지원이 있었다.

《고려사》〈열전〉 왕순식조에 따르면, 왕건이 즉위한 후 김순식에게 왕씨 성을 내렸으나 그는 11년 동안이나 왕건에게 귀순하지 않고 적대적인 태도를 취했다. 순식은 진골 귀족인 경주 김씨였다. 즉 김순식으로 대변되는 명주의 진골 귀족세력은 신라의 왕자 출신 궁예 정권의 주요 세력기반이었던 것이다.

이렇듯 궁예는 철원으로 천도를 결정한 후 그 주요 세력기반을 진골 등 경주출신 귀족으로 삼았던 것은, 그들이 고구려계 유민을 대변하는 호족세력과는 달리 중앙집권 지향적이었기 때문이었다. 그리고 이는 신라의 왕자 출신이라는 그의 출신배경과도 어울리는 것이었다.

그리하여 그는 고구려계의 아성인 송악에서 천도를 결정했고, 국호도 고구려계를 포섭하기 위해 사용했던 고려에서 '마진(摩震)'으로 고쳤던 것이다. 또한 그는 '무태(武泰)'라는 자주적인 연호를 사용하였는데, 이는 신라가 당나라에 사대하면서 독자적인 연호 사용을 포기한 후 처음으로 도입한 것이다. 주지하듯이 우리 역사에서 독자적인 연호 사용은 국가의 대외적인 자주성을 나타내는 동시에 대내적으로 전제 왕권을 지향한다는 의미도 지니고 있다.

천도, 국호 개명, 독자적인 연호 사용 등으로 상징적인 중앙집권체제를 지향하는 조치를 취한 궁예는 중앙집권화를 추구하는 여러 제도를 정비하였다. 광평성(廣評省)을 비롯한 18개의 주요 부서를 설치하는 동시에 정광(正匡) 이하 9품계의 관등(官等)을 마련하였다. 또한 905년에 패서지역에 13진(鎭)을 설치한 사례에서 알 수 있듯이 지방제도도 정비하였다.

이런 일련의 조치들은 이전의 고구려계 호족세력의 기득권을 인정하면서 그들과 연합정권을 수립하던 형식에서 벗어나 강력한 중앙집권 국가를 만들기 위한 것이었다. 이에 그치지 않고 그는 스스로를 미륵불이라 칭해 하늘로부터 천명을 받았음을 과시하며, 그에 맞게 맏아들을 청광(青光) 보살, 막내 아들을 신광(神光) 보살이라 하는 등 자신의 권위를 절대화하려 하였다.

궁예가 실패한 이유

그러나 당시 정치상황을 고려해 볼 때 궁예의 중앙집권 정책은 조급한 것이었다. 호족은 자신의 독자적인 세력을 지니고 있던 이른바 실세였다. 호족들이 연합하여 궁예 정권에 대항할 경우 궁예는 곧바로 무너질 수도 있었다. 왕건이 스스로를 사위라 낮추며 여러 지역 호족세력의 딸과 결혼한 것도 단순히 호색(好色) 때문이라기보다는 이들 호족세력을 거스르고는 국가를 유지하기 어려웠기 때문이었다. 고려가 중앙집권체제 정비를 일단락한 것은 건국 반세기가 훨씬 지난 성종(981~997) 때였다. 궁예가 중앙집권책을 강화하자 각 지방에서 자신들의 세력을 지니고 있던 호족들은 강력하게 저항했다. 그리고 그 저항의 막바지는 왕건의 추대였다. 장군 홍술(弘述), 백옥(白玉), 삼능산(三能山), 복사귀(卜沙貴) 등이 왕건에게 쿠데타를 건의한 이유는 궁예의 폭정 때문이 아니라, 자신들의 독자적인 세력을 유지하기 위한 것이었다. 그들이 왕건에게 종용한 말 중에 "(궁예가) 신료(臣僚)를 주살하여 멸하니"라는 말은 바로 궁예의 중앙집권책에 대한 반감과 두려움이 내재한 것이었다.

지금까지의 서술을 요약하면 이렇다. 신라의 왕자 출신인 궁예는 일을 처리하는 데에 공평무사하였기 때문에 사람들이 충심으로 그를 존경하고 두려워하여 장군으로 추대하였다. 곧이어 그는 고구려계 유민을 대표하는 호족 세력과 연합하여 고려를 건국하였다. 하지만 그는 각자 자기 지역에서의 기득권을 유지하려는 호족세력과 연합을 청산하고 그들의 기득권을 인정하지 않는 중앙집권책을 추진하였다. 그리하여 그는 이들의 이익을 대변하던 왕건의 쿠데타에 의해 축출당하고 만다. 그후 왕건과 그 집단은 자신들의 쿠데타를 정당화하기 위하여 궁예의 이미지를 아내와 자식을 죽이는 폭군으로 그려 냈다. 오늘날 우리에게 알려진 왜곡된 궁예상은 이렇게 만들어진 것이다.

고려 숙종은 왜 승군을 만들었을까

《고려도경》이라는 책과 재가화상

지금으로부터 약 900여 년 전인 고려 인종 1년(1123)에 송나라의 서긍(徐兢)이란 인물이 사신의 일원으로 고려의 수도 개성에 왔다. 그는 개성에 한 달 남짓 머물면서 다른 일행과는 달리 개성의 이곳 저곳을 세심히 둘러보며 무엇인가를 열심히 기록했다. 그는 송나라로 돌아가서는 그 동안의 경험과 적은 것을 바탕으로 《선화봉사고려도경(宣和奉使高麗圖經)》이란 책을 써서 송나라 휘종(徽宗)에게 바쳤다. 보통 《고려도경(高麗圖經)》이라 부르는 이 책에는 고려의 당시 상황이 글과 그림으로 설명되어 있다. 지금도 중국인들이 즐겨 보는 글과 그림이 있는 연환화(連環畵)인 셈이었다. 서긍은 이 책의 정본을 휘종에게 바치고 그 부본은 집에 두었다. 재미있는 이 책을 보고 크게 기뻐한 휘종은 서긍을 동진사출신(同進士出身)으로 임명하고 지대종정승사(知大宗正丞事)로 발탁하기도 했다.

그러나 그때 휘종은 연환화를 보면서 한가히 즐길 틈이 없었다. 북방에서 흥기한 여진족의 금(金)나라 때문에 나라가 누란의 위기에 처하게 되기 때문이다. 드디어 서긍이 《고려도경》을 바친 3년 후인 1126년 송나라는 금나라에게 수도를 빼앗기고 마는데 이때 휘종에게 바친 《고려도경》의 정본이 없어진다. 이런 이유로 현존하는 《고려도경》은 서긍이 집에 보관했던 부본을 간각(刊刻)한 것인데, 문제는 이 부본에는 그림이 없다는 점이다. 만약 그림이 있는 정본이 전해졌다면 우리는 900여 년 전 고려 사람들의 생활 모습을 생생하게 볼 수 있을 것이라는 점에서 안타깝기 그지없다. 그러나 《고려도경》의 글도 당시 고려 사람들의 모습을 상상할 수 있을 만큼 생생하기에 그나마 아쉬움을 달래 준다.

《고려도경》에는 신채호 선생도 주목했던 재미있는 대목이 있다. 재가화상(在家和尙)에 대한 묘사이다.

"재가화상은 가사를 입지 않고 계율을 지키지 않으며, 흰 모시의 좁은 옷에 검은색 끈으로 허리를 묶고 맨발로 다니는데, 간혹 신발을 신은 자도 있다. 거처할 집을 자신이 만들며 아내를 두고 자식을 기른다. 그들은 관청에서 기물을 져 나르고 도로를 쓸며 도랑을 내고 성과 집을 수축하는 일에 종사한다. 변경에 정보가 있으면 단결해서 나가는데 비

승군의 전통은 조선시대에도 남아 있었다.
전남 승주군 조계산 자락에 있는 선암사에 보관되어 있는 사명대사 가사.

잊혀진 왕국, 고려 역사의 현장들

록 달리는 데 익숙하지 않기는 하나 자못 씩씩하고 용감하다. 군대에 가게 되면 스스로 양식을 마련해 가기 때문에 나라의 경비를 소모하지 않고서 전쟁을 할 수 있다. 듣기로는 거란이 고려인에게 패한 것도 바로 이 무리들의 힘 때문이었다고 한다. 그들은 사실 형벌을 받은 복역자들인데 이족(夷族) 사람들은 그들이 수염과 머리를 깎아 버린 것을 두고 화상(和尙)이라고 이름 붙였다."

단재 선생은 무수히 많은 자료를 섭렵한 끝에 이 재가화상을 승군(僧軍)이라고 결론지었다. 실제로 고려시대에는 이들과 관련한 재가승촌(在家僧村)이란 것이 있었다. 함경북도 경흥, 경원, 회령, 부령, 은성, 종성 일대에 있었던 재가승촌은 머리는 깎았으나 육식을 하고 아내를 둔 일단의 무리가 모여 사는 마을이었다. 스스로 산문(山門)이라 하면서 마을마다 공동의 불당(佛堂)을 세우고 혼례나 장례 등 중요한 의식을 불당에서 행하는 마을이 재가승촌이었는데, 승려도 아니고 민간인도 아닌 비승비속인(非僧非俗人) 마을이었다.

이 재가승촌에 대해서는 고려의 윤관(尹瓘)이 여진족을 몰아내고 남아 있는 원주민을 이 구역에 살게 한 데서 비롯되었다는 설과, 병자호란 당시 청나라에 유방이 큰 여자 3,000명과 암말 3,000필을 조공하기로 되어 있어 인조가 여진족의 후예들을 이곳에 모여 살게 한 뒤 그들을 차출하기로 함에 따라 생겼다는 설이 있는데《고려도경》의 재가화상과 연관지어 볼 때 윤관 관련설이 더 설득력을 갖는다 할 것이다.

재가승촌의 마을 불당에는 승려는 없지만 불경을 잘 알고 불교의례에 능숙한 사람을 촌장으로 삼았으며, 주민들 모두 불교를 기반으로 생활하기 때문에 일이 끝난 밤에는 모두 불당에 모여 불경을 배우거나 법고춤을 추는 불교공동체였다.

고려에는 또 승려들로 이루어진 항마군(降魔軍)이란 군사조직이 있었다.《고려사》병제에는 이런 기록이 나온다.

우
리
역
사
의
수
수
께
끼
2

사명대사 가사의 부분.

"숙종 9년(1104) 12월에 윤관이 아뢰기를 '별무반을 두고 문무 산관 서리들로부터 상인(商人)과 노복 및 주·부·군·현민(州府郡縣民)에 이르기까지 말을 가진 자는 신기군(神騎軍)으로 삼고, 말이 없는 자는 신보(神步)·도탕(跳盪 : 돌격대)·경궁(梗弓 : 화살부대)·발화(發火 : 화공부대)…등의 군(軍)으로 삼을 것이며, 나이가 20세 이상으로서 과거에 급제하지 못한 자는 모두 신보군에 배속시키고, 양반과 모든 진·부군인(鎭府軍人)은 사철 계속 훈련시키며 또 승도(僧徒)를 뽑아서 항마군을 조직해야 할 것입니다'라고 하였다."

숙종은 윤관의 이 건의를 받아들여 즉각 별무반을 설치했는데 그 안에 승려들로 구성된 항마군이 있었던 것이다. 윤관은 왜 승려들로 군사를 만들기를 주청했으며 숙종은 왜 이를 받아들여 승군을 결성했을까?

윤관이 별무반 편성을 건의한 것은 여진족에 패전한 것이 계기가 되었다. 여진족이 침범하자 숙종은 임간(林幹)을 보내 막게 했으나 태반이 전사하는 패전을 당했고, 그 뒤를 이어 보낸 윤관도 적병 30여 명만을 죽인 채 반수 이상의 고려군이 사상당하는 패전을 겪게 된다. 그러

잊혀진 왕국,
고려사의
현장들

자 윤관이 전 백성을 동원하는 전시비상체제 구축을 제안하는데 승려들도 동원 대상에 포함되었던 것이다.

불교를 장악하려는 왕실과 인주 이씨

그러나 여기에는 여진에 맞서기 위한 전시비상체제 구축이라는 본래의 목적 이외에, 비대해진 고려 불교를 정치적으로 이용하려는 국왕의 의도가 있었다. 숙종은 별무반을 만들기 7년 전인 재위 2년(1097)에 대각국사 의천(義天 : 1055~1101)에게 천태종(天台宗)을 개창하게 하였다. 숙종과 의천은 제11대 문종(文宗)의 아들이자 인예태후(仁睿太后) 이씨 소생의 동복형제였다. 문종의 넷째 아들인 의천이 승려가 된 것은 부왕의 종용 때문이었다. 그가 11세 때 문종이 아들들을 불러 "누가 출가하여 복전(福田)이 되겠느냐?"고 묻자 자원하여 승려가 되었던 것이다. 이렇게 출가한 의천은 2년 만인 문종 21년(1067) 13세의 나이로 화엄종의 최고 법계(法階)인 승통(僧統)의 직책을 수여받게 된다.

문종이 직접 자신의 아들을 승려로 만들고 승통으로 삼은 데에는 신앙심도 있었지만 그보다는 왕권강화라는 또 다른 목적도 있었다. 문종은 그해 정월 12년 만에 왕실의 원찰(願刹)인 흥왕사(興王寺)를 준공하기도 했는데 12년에 걸친 공사 끝에 완공된 흥왕사는 무려 2,800간에 이르는 대규모 사찰이었다. 그런데 흥왕사의 준공과 의천의 승통 수여는 모두, 당시 고려 불교계의 중심적 위치에 있던 법상종(法相宗)을 장악하고 있는 인주 이씨에 대응하기 위한 것이었다.

인주 이씨는 왕실과 중첩된 혼인관계를 맺으면서 권문세가로 부상했다. 인주 이씨가 왕실과 혼인관계를 맺게 된 것은 이허겸(李許謙)부터였다. 그의 딸이 안산 김씨 은부(殷傅)의 아내가 되었는데 그녀 소산의 두 딸이 모두 현종의 왕비가 되었던 것이다. 이허겸의 손자인 이자연(李子淵)은 그의 딸 셋을 모두 문종에게 시집 보낼 정도로 막강한 위세를 부렸다. 순종·선종·숙종을 낳은 인예태후와 인경현비(仁敬賢妃)·인절현비(仁節賢妃)는 모두 이자연의 딸들이었다. 이자연은 이처럼 왕실의 외척으로서 막강한 권세를 누리는 한편, 아들들을 승려로 만들어 당시 사상계를 좌우하고 있던 불교계 장악을 시도했다.

그의 다섯째 아들 소현(韶顯)은 금산사(金山寺)의 혜덕왕사(慧德王師)가 된 데 이어 현화사(玄化寺)의 주지가 되었는데 법상종의 종주격인 현화사는 이후 손자 세량(世良), 증손자 의장(義莊)이 대를 이어 주지가 되었다.

숙종과 대각국사 의천은 인주 이씨가 법상종을 통해 불교계를 장악하는 것을 저지하기 위한 의도를 가지고 천태종을 개창한 것이었다. 숙종이 자신의 외가인 인주 이씨에 적극적으로 대응할 생각을 하게 된 데는 이자의(李資義)의 반란 사건이 배경이 되었다. 고려 13대 선종(宣宗 : 1083~1094)은 상서 이석(李碩)의 딸을 왕비로 삼아 헌종(獻宗)을 낳고, 이자의의 누이인 원신궁주(元信宮主)를 맞아들여 한산후(漢山侯) 균을 낳았는데 선종의 뒤를 이어 즉위한 헌종이 유약하여 모후가 섭정하게 되자 조카인 균을 옹립하기 위해 군사를 모집하였다. 이때 이 계획을 탐지하고 미리 막은 인물이 계림공(鷄林公)인데, 그가 바로 훗날의 숙종이었다. 계림공은 이자의의 난을 진압한 3개월 후 헌종의 양위를 받아 즉위하게 된다.

외척이 왕위출척까지 좌지우지하려는 반란을 진압하고 왕위에 오른 숙종이 외척세력의 약화를 시도한 것은 당연한 일일 것이다. 그는 재위 2년 국청사(國淸寺)가 완성되자 의천에게 주지를 겸하게 하고 천태교(天台敎)를 강의하게 하였다. 숙종은 왕명으로 여러 승려들을 불러 모으게 되는데 이런 경로로 의천 밑에 모인 승도는 무려 1,000명이나 되었다. 의천은 이처럼 국왕 숙종의 후원으로 교종의 자리에서 선종을 통합하는 천태종을 개창했던 것이다. 숙종은 이처럼 인주 이씨의 법상종에 맞서기 위해 왕실 중심의 종단인 천태종을 개창했다. 그러나 숙종 6년(1101) 의천이 사망함에 따라 천태종을 통해 불교계를 장악하려던 숙종의 계획은 상당한 차질을 빚었다.

승려와 뒤섞이는 고려 백성

의천 사망 2년 후인 숙종 9년에 조직되는 항마군 또한 불교계를 장악하려는 숙종의 의도에 따라 조직된 것이었다. 항마군 결성의 대상이 된 인물들은 수원승도(隨院僧徒)였다. 수원승도는 북한에서는 절에 소속된 중이라고 보고 있으나 한국 학계에서는 대체로 승려와는 다른 존재로 파악하고 있다. 승려보다는 사회적·신분적으로 하위에 있는 전호(佃戶)와 같은 농민, 즉 백정(白丁)과 동일한 사회적 존재로 파악하고 있는 것이다.

《고려사》병제는 수원승도에 대해 이렇게 기록하고 있다.

"또 승도(僧徒)를 뽑아서 항마군으로 삼았다. 고려 초기에는 내외 사원(寺院)에 모두 수원승도가 있어서 군현의 주민들과 함께 부역했는데, 생활이 안정된 자가 1,000여 명에 달했다. 국가에서 군대를 일으킬 때면 서울과 지방 사원의 수원승도를 징발하여 각 군대에 분속시켰다."

지금의 불교는 조선시대 때 지속적으로 탄압을 받아 산으로 들어가 산중불교가 되었지만 고려시대의 사찰들은 시내에 있는 것이 많았는데, 그 규모가 큰 것은 앞의 흥왕사처럼 2,800간이 되는 것도 있었다. 숙종은 재위 3년 흥왕사에 행차해 승려 3,000명에게 밥을 먹인 데서 알 수 있듯이 큰 절들은 1,000명 이상의 많은 승도들을 거느리고 있었다.

개성의 관음사 칠층석탑. 당시 개성에는 거대한 규모의 사찰이 많이 있었다.

숙종 때에는 개경 주변에만 40여 개의 사원이 밀집되어 있었는데, 그중에 현화사나 흥왕사, 또는 의천이 천태교를 강의한 국청사 등은 최소한 1,000명 이상의 승도가 있는 대형 사찰이었다. 그런데 이들 모두를 승려라고 보기에는 곤란하다. 이 숫자에는 앞의 수원승도가 포함되어 있었다고 보아야 한다.

현종 9년(1072) 5월에는 현종이 무려 10만 명의 승려들에게 밥을 먹였다는 기록이 나온다. 그런데 그때는 두 달 전에 개경 주변에서 굶어 죽은 사람들의 해골을 거두어 매장했다는 기록이 나올 정도로 흉년이었다. 따라서 이때 현종이 밥을 먹인 승려 10만 명은 모두 승려라기보다는 허기나 부역을 피해 사문(沙門)에 의탁한 백성들이 다수 포함되어 있었던 것으로 추측해야 할 것이다.

《고려사》 문종 9년에는 "지금 부역을 피하는 무리들이 이름을 사문(沙門)에 의탁하고 재화를 벌어 생활해 가는데 농사와 목축으로 업을 삼고, 장사하는 풍습이 있어서 밖에서는 계율의 법문을 어기고 안으로는 청정의 규약을 무시하고 있다. 어깨에 걸치는 가사는 술 항아리 덮개가 되고, 범패를 부르는 마당은 파·마늘 밭이 되었으며, 장사꾼과 통하여 사고 팔며 손님과 어울려 술 마시고 노래 불러…"라는 기록이 나오듯이 절은 부역이나 흉년을 피하기 위한 백성들이 몰려드는 장소가 되었던 것이다.

윤관은 여진에게 거듭 패하는 국가 위기 사태를 맞아 전 백성이 동원되는 전시비상체제를 구축하면서 수원승도들과 피역자들을 군대로 끌어들이기 위해 항마군 조직을 구상했던 것이다. 이들 항마군은 별무반과 함께 윤관의 9성 축조 작업에 동원되어 여진과 싸우게 된다.

항마군이 포함된 별무반은 여진 공략을 위해 구성된 군사조직으로서 9성 축조에 결정적인 공을 세웠으나, 9성을 여진에게 돌려주게 되면서 국가 정규군에 흡수된 것으로 파악된다. 더구나 9성을 돌려준 후 조정에서는 윤관이 무리하게 군사를 일으켰다는 비판이 일어, 윤관은 전지(戰地)에서 돌아오기도 전에 승선 심후(沈侯)가 파견되어 중도에서 파면되었으므로 윤관이 특정한 정치적 목적을 가지고 만든 항마군도 이때 함께 해체되었을 것이다.

그러나 윤관이 조직한 승군인 항마군과 수원승도들은 이후에도 그 형태는 존속해 숙종 다음 임금인 인종 때에도 서긍이 《고려도경》에서 설명한 대로 재가화상의 형태로 남아 있었다.

이처럼 고려에 승군이 존재했던 이유는 굶주림이나 부역을 피해 절로 모여드는 백성들을 군대로 끌어들이기 위한 것이었다. 또한 왕실이 천태종을 만든 이유는 법상종을 통해 불교계를 장악하려는 외척 인주 이씨에 맞서기 위한 것이었다.

잃어버린 국토, 잊을 수 없는 기억

공험진과 선춘령은 어디인가

세종은 우대언이었던 김종서(金宗瑞)를 파견하여 두만강 유역을 개척하도록 명하는데 6진(鎭) 설치와 함께 그때로부터 약 320여 년 전에 윤관(尹瓘)이 쌓은 9성(城)의 유적지(遺蹟地)를 조사하도록 명령한다. 이런 사정은 고려 예종(睿宗) 때에 윤관이 설치한 9성의 위치가 조선시대에 들어서도 국토 개척의 지표가 되었다는 사실을 의미한다. 이렇듯 윤관의 9성은 전통시대 영토개척사에 있어서 가장 중요한 잣대의 의미를 지니고 있었다고 하겠다.

그런데 조선 후기 학자들과 일제시대 일본인 연구자들은 윤관 9성의 위치를 길주(吉州) 이남에서 함흥(咸興) 평야까지로 국한하여 보았다. 이들은 고려의 국력이 천리장성을 넘지 못하였으리라는 선입관을 가지고 있었기 때문에 이런 결론을 낸 것이다. 이에 앞서 한 가지 지적해야 할 점은 윤관은 9성을 한꺼번에 설치한 것이 아니라, 먼저 6성을 설치하고 난 후 다시 3성을 설치했다는 사실이다. 북방개척사를 전하는 각종 문헌기록에서 9성, 또는 6성이 뒤섞여 나오는 것은 이런 사정을 반영한 것이다.

과연 윤관의 9성은 어디에 위치했는가.《고려사》예종 3년 2월조에, "무신일에 윤관이 여진을 평정하고 여섯 성을 새로 쌓은 것과 관련하여 글을 올려 축하하고 공험진(公嶮鎭)에 비(碑)를 세워 경계로 삼았다" 고 기록하고 있다. 이렇듯 윤관은 예종 3년에 여진 지역을 정복하고 고려와 여진의 경계를 표시하기 위하여 공험진에 비를 세웠던 것이다. 윤관이 고려와 여진의 경계로 삼은 공험진 비의 위치를 확인할 수 있다면 9성의 범위는 자연스럽게 드러날 것이다.

다행스럽게도《고려사》지리지에는 공험진 비의 구체적인 위치가 나타나 있는데 그 내용은 이렇다.

"예종 2년에 평장사(平章事) 윤관을 원수로, 추밀원사(樞密院事) 오연총(吳延寵)을 부원수로 임명하였다. 그들은 군대를 거느리고 가서 여진족을 쫓아냈다. 그후 이 지역에 9개의 성을 설치하고 공험진에 있는 선춘령(先春嶺)에 비를 세워 이곳을 경계로 삼았다."

조선 문종 때 만들어진《고려사》지리지보다 앞서 작성된《세종실록》지리지에도 윤관이 비를 세운 곳에 대한 기록이 나온다.

"그 성〔거양성(巨陽城)〕은 본래 고려 대장(大將) 윤관이 쌓은 것이다. 거양에서 서쪽으로 60리를 가면 선춘현(先春峴)이니, 곧 윤관이 비(碑)를 세운 곳이다. 그 비의 4면에 글이 새겨져 있었으나, 호인(胡人 : 여진족)이 그 글자를 깎아 버렸는데, 뒤에 사람들이 그 밑을 팠더니, '고려지경(高麗之境)' 이라는 4자가 있었다."

이 기록들은 윤관이 공험진의 선춘령에 국경비를 세운 사실을 전해 주고 있다. 결국 공험진과 선춘령의 위치만 확인한다면 윤관이 정복한 9성 지역이 어디인가는 자연스럽게 밝혀지는 것이다.

우리 역사의 수수께끼 2

〈동국지도〉의 윤관 9성. 윤관이 비를 세운 공험진과 선춘령이 두만강 북쪽에 있음을 분명히 보여 주고 있다.

두만강 북쪽에 있었던 공험진과 선춘령

일본에서 발견된 조선 초기의 〈동국지도(東國地圖)〉에는 공험진과 선춘령이 자세히 표기되어 있는데, 이 지도의 모사본(模寫本)은 현재 세종대왕기념관에 전시되어 있다. 〈동국지도〉는 세종 때에 실측한 자료를 토대로 정척(鄭陟), 양성지(梁誠之) 등이 고정(考定)하여 세조 9년(1463) 11월에 만든 지도이다. 세종은 동북면(東北面)에 대한 관심이 매우 커서, 동왕 18년(1436)에 정척 등을 보내어 두만강 일대를 실측하여 지도를 제작하게 했다. 그러나 세종이 세상을 떠 이 지도의 완성을 보지 못하고, 마침내 문종 1년(1451) 6월에 양계(兩界)지도가 완성된다.

한편 세종은 평소 두만강 이북의 고려 유적(遺蹟)에 깊은 관심을 가지고 있었는데, 21년(1439) 8월에 함길도 도절제사(咸吉道都節制使) 김종서에게 이 유적에 대한 조사를 지시한 것도 이런 관심의 표현이었다. 《세종실록》 21년 8월 임오조는 세종이 김종서에게 내린 지시를 적고 있는데 그 요지는 첫째 공험진의 위치를 확인할 것, 둘째 선춘령 위치와 그 비문(碑文)을 확인할 것, 셋째 두만강 밖의 옛성과 9성의 관련 여부를 조사할 것 등이다.

하지만 아쉽게도 《세종실록》에는 이 지시에 대한 김종서의 보고서가 실려 있지 않다. 그렇다고 하여 김종서가 세종의 명령을 그냥 지나쳤을 리는 만무하다. 김종서가 올린 보고서의 내용이 정척의 양계지도에 반영되었을 것인데, 이 지도는 현재 전하지 않기 때문에 그 내용을 확인할 수는 없다. 하지만 이 지도가 〈동국지도〉의 저본(底本)이 되었을 것은 분명하다. 주지하고 있듯이 〈동국지도〉는 조선시대 실측를 토대로 완성된 최초의 지도인데 북방지역의 지도를 작성하는 데 토대가 된 것은 앞의 양계지도와 김종서의 보고서일 것이다. 즉 함길도 부분은 정척이 실측하여 작성한 양계지도를 전재(轉載)하였을 것이고 두만강 바깥 공험진과 선춘령의 위치는 김종서의 보고서를 근거로 그렸을 것이란 추측이다.

이 〈동국지도〉에 따르면 공험진과 선춘령은 두만강 북쪽에 있는 속평강〔速平江 : 모사본에는 정평강(定平江)으로 되어 있으나, 이는 速平江의 오기(誤記)이다〕 유역에 있다. 이 속평강은 오늘날의 수분하(綏芬下) 및 목단강(牧丹江) 상류와 거의 일치하는데, 당시 이 방면에 대한 지리적 조사를 제대로 실시하지 못하여 수분하와 목단강 상류를 구분하지 못하고 목단강 상류가 그대로 수분하로 연결되어 동해로 흐르는 것으로 그렸던 것이다.

이처럼 〈동국지도〉는 공험진과 선춘령은 두만강 북쪽, 즉 오늘날의 만주에 위치하고 있었다는 사실을 말해 준다. 따라서 윤관이 고려와 여진의 경계로 삼기 위하여 세운 선춘령비는 두만강 이남이 아니라 두만강 북쪽에 존재하였던 것이다. 이는 윤관 9성이 두만강 이북까지도 포함하고 있다는 사실을 보여 주는 것이라 하겠다.

이런 사정은 조선 초기의 각종 문헌기록을 통해서도 확인된다. 《세종실록》지리지 함길도 길주목 경원도호부조를 보자.

"〔경원도호부(慶源都護府)의〕 사방 경계(四境)는 동쪽으로 바다에 이르기까지 20리, 서쪽으로 경성(鏡城) 두롱이현(豆籠耳峴)에 이르기까지 40리, 남쪽으로 연해 굴포(連海堀浦)에 이르기까지 12리, 북쪽으로 공험진에 이르기까지 700리, 동북쪽으로 선춘현(령)(先春峴)에 이르기까지 700여 리, 서북쪽으로 오음회(吾音會)의 석성기(石城基)에 이르기까지 150리이다."

이 기록은 공험진과 선춘령이 두만강 유역의 경원에서 북쪽 혹은 동북쪽으로 700리 떨어진 곳에 위치하고 있다는 사실을 보여 준다.

《세종실록》지리지 같은 조에는 공험진과 선춘령의 위치를 확인할 수 있는 보다 자세한 내용이 기록되어 있다.

"동림성(東林城)에서 북쪽으로 5리쯤 가면 소다로(所多老)의 영기(營基)가 있고, 그 북쪽으로 30리에 회질가탄(會叱家灘)이 있으니, 바로 두만강의 하류이다. 강을 건너 10리 되는 넓은 들 가운데에 큰 성이 있으니, 곧 현성(縣城)이다. 안에 6개의 우물이 있다. 그 북쪽으로 90리 되는 곳의 산상(山上)에 옛 석성(石城)이 있으니, 이름이 어라손참(於羅孫站)이다. 그 북쪽으로 30리에 허을손참(虛乙孫站)이 있고, 그 북쪽으로 60리에 유선참(留善站)이 있으며, 그 동북쪽으로 70리에 토성기(土城基)가 있으니, 곧 거양성(巨陽城)이다. …그 성은 본래 고려 대장(大將) 윤관(尹瓘)이 쌓은 것이다. 거양에서 서쪽으로 60리를 가면 선춘현(령)(先春峴)이니, 곧 윤관이 비(碑)를 세운 곳이다. …선춘현(先春峴)에서 수빈강(愁濱江)을 건너면 옛 성터(城基)가 있고, 소다로(所多老)에서 북쪽으로 30리를 가면 어두하현(於豆下峴)이 있으며, 그 북쪽으로 60리에 동건리(童巾里)가 있고, 그 북쪽으로 3리쯤의 두만강탄(豆滿江灘)을 건너서 북쪽으로 90리를 가면 오동사오리참

경기도 파주시 광탄면 분수리에 있는 윤관의 묘.

(吾童沙吾里站)이 있으며, 그 북쪽으로 60리에 하이두은(河伊豆隱)이 있고, 그 북쪽으로 100리에 영가사오리참(英哥沙吾里站)이 있으며, 그 북쪽으로 소하강(蘇下江) 가에 공험진(公險鎭)이 있으니, 곧 윤관(尹瓘)이 설치한 진(鎭)이다."

위 기록은 당시 두만강에서 선춘령과 공험진에 이르는 교통로를 말해 준다. 이 기록을 따라 선춘령까지 가는 길을 화살표로 그려 보자. 두만강 건너→10리 현성→북으로 90리 어라손참→북으로 30리 허을손참→북으로 60리 유선참→동북으로 70리 거양성→서로 60리가 선춘령인 것이다. 즉 이 교통로에 따르면 선춘령은 두만강 북쪽 320리 지점이다.

같은 방법으로 공험진에 이르는 교통로를 그려 보자. 두만강 건너→북으로 90리 오동사오리참→북으로 60리 하이두은→북으로 100리 영가사오리참→북쪽이 공험진인 것이다. 즉 공험진은 두만강 북쪽 대략 250리 지점에 위치해 있었다.

이 기록의 거리는 700리 떨어진 곳에 있다는 앞의 기록과 상당한 차이를 보이고 있는데, 이것은 당시 여진족이 살던 만주지역을 실제 측량할 수 없었던 데에서 빚어진 결과이다. 분명한 것은 《세종실록》지리지에 따르면 공험진과 선춘령은 두만강 북쪽에 있었다는 사실이다.

이러한 점은 조선 초기의 대표 지리지인 《동국여지승람(東國輿地勝覽)》에서도 확인된다. 또한 이 책을 전거(典據)로 삼고 있는 책들인 《북로기략(北路紀略)》, 《북여요선(北輿要選)》, 《북새기략(北塞記略)》, 《기년아람(紀年兒覽)》, 《북관기사(北關記事)》, 《관북읍지(關北邑誌)》 등의 기록도 마찬가지로 윤관 9성을 만주지역으로 비정하고 있다.

진흥왕순수비를 윤관의 선춘령비로 오해한 한백겸

그러면 어떤 경로를 거쳐 윤관 9성의 범위가 두만강 이남 지역으로 한정된 것일까? 그리고 누가 이런 주장을 펼쳤을까? 윤관 9성에 관한 이런 축소된 견해는 조선 후기 학자들로부터 비롯되었는데, 이 설을 최초로 주장한 학자는 한백겸(韓百謙)이다. 그는 자신의 저서《동국지리지(東國地理志)》동계(東界)조에서 공험진 '두만강 북7백리설(豆滿江北七百里說)'을 부정하고 '길주이남설(吉州以南說)'을 주장한 것이다.

한백겸이 이런 주장을 펼친 근거는 임언(林彦)의 〈영주벽상기(英州壁上記)〉였다. 이 기록은 윤관이 여진족을 몰아내고 6성을 새로 설치한 후 임언으로 하여금 그 전공(戰功)을 기록하여 영주청(英州廳) 벽에 걸어 놓은 것이다. 그 기문(記文)은《고려사》〈열전〉윤관전에 실려 있는데, 문제 되는 부분은 "그 지방이 300리인데 동으로는 대해(大海)에 이르고 서북에는 개마산(蓋馬山)이 놓여 있고 남으로 장·정 2주(長定二州)에 접해 있으니 산천의 수려함과 토지의 비옥함은 우리 백성이 가히 살 만하다. 본래 고구려의 소유지였기에 그 고비(古碑)의 유적이 아직 남아 있다"는 것이다.

그는 "그 지방이 삼백리[其地方三百里]"라는 기록을 고려할 때 윤관 9성의 범위는 두만강 북쪽 700리까지 미칠 수 없기 때문에 홍원·이성지간(洪原利城之間)이라고 결론지었다. 또한 그는 "고비가 아직 남아 있다"라는 구절을 가지고 마운령상에 남아 있는 석추구기(石樞舊基), 즉 돌비석이 윤관의 사적(史蹟)을 기록한 비라고 주장했다. 한백겸은 이런 근거로 윤관 9성의 위치를 길주 이남으로 규정하였던 것이다. 이후 이 설은 유형원(柳馨遠), 신경준(申景濬), 한진서(韓鎭書), 정약용(丁若鏞), 김정호(金正浩) 등 실학자들에 의해 그대로 받아들여졌고, 이들에 의해 보완되었다.

하지만 영주청기의 기록은 6성의 전체 넓이를 나타내는 것이 아니다. 5개 주(州)와 1개 진(鎭) 각각의 영역이 사방 300리인 것을 나타내는 것이다. 즉 6성 전체의 넓이가 300리가 아니라 한 개 주와 진의 영역이 300리임을 나타내는 것이다. 이렇게 따지면 남쪽 장주·정주와 접한 함흥에서 최북단 공험진까지의 거리는 1,800리가 되는 것이다.

이런 사실은 《북로기략》에 의해 뒷받침된다. 그 기록에 따르면 함흥에서 두만강 유역 경원·경흥까지의 거리가 대략 1,200리라고 하였으므로, 공험진은 두만강 북쪽 6, 7백 리에 이르는 것으로 비정할 수 있는 것이다. 더구나 영주청기의 기록은 동서의 경계는 명시하였으나 남쪽 장주·정주에서 북쪽의 경계가 어디까지인지는 언급하지 않았음을 고려해야 한다. 즉 명시하지 않은 북쪽 경계는 지금까지 우리가 살펴본 대로 다른 자료들에 의해 추정해야 한다. 결국 "그 지방이 삼백 리"라는 구절은 6개 주·진 전체의 영역이 아니라 주·진 하나하나의 영역으로 해석하는 것이 합리적인 것이다.

그리고 윤관 9성을 두만강 이남의 한반도라고 주장한 한백겸이 자신의 설을 뒷받침하는 가장 중요한 근거로 사용한 마운령상의 석추구기는 그의 주장처럼 윤관의 선춘령비가 아니었다. 이 비는 1929년 전적(典籍) 조사차 현지에 출장 나가 있던 최남선(崔南善)이 현지 유지들의 협력을 얻어 고증한 결과 윤관의 선춘령비가 아니라 신라 진흥왕순수비임이 밝혀진 것이다. 따라서 이 비를 근거로 윤관 9성을 두만강 이남이라고 비정한 한백겸의 견해는 허구임이 밝혀진 것이다. 따라서 윤관 9성은 두만강 이북 만주땅에 있었음이 분명하다.

공험진과 선춘령의 비석은 지금 어디에 있는 것일까? 이 두 비는 지금도 후손들의 무심함을 원망하면서 만주의 비바람을 견디며 외롭게 서 있는지도 모른다. 아니면 《세종실록》 지리지에 "호인(胡人)이 글자를 깎아 버렸다"고 기록된 대로 여진족이나 일제에 의해 이미 훼손되었는지도 모른다. 하지만 어디에 있든 이 비들은 9성을 개척한 윤관의 기상을 기억하고 있는 살아 있는 역사인 것이다.

귀족 출신 경대승에 맞섰던
천민 출신 이의민의 입지전

술 취해 노는 문신, 배고픈 무신

1170년, 재위 24년째를 맞은 의종은 늘상 그랬던 것처럼 좋아하는 문신들을 데리고 화평재(和平齋)로 놀러 갔다. 의종은 문신들과 술 마시며 시를 주고받느라 돌아갈 생각을 잊고 있었다. 그러나 의종과 문신들이 술과 시로 잊은 세월의 뒤안에는 이들을 호위하는 무신들의 주린 배와 원한에 찬 눈이 있었다. 의종과 문신들의 흥이 올라갈수록 이들 무신들의 인내는 한계에 달해 갔다. 무관의 최고위직이었던 정3품 상장군 정중부(鄭仲夫)가 소변을 보기 위해 일어서자 정8품 하위직인 산원(散員) 이의방(李義方)과 이고(李高)가 따라나와 귓속말로 속삭였다.

"문관들은 취하도록 마시고 배 부르도록 먹는데 무관들은 피곤한 데다 굶주리고 있으니 이래서야 어찌 참을 수 있겠습니까?"

정중부는 이들의 불평에는 동의했으나 당장 거사하자는 데는 뜻을 같이 하지 않았다. 의종은 화평재에서 돌아가지 않고 연복정(延福亭)으로 갔다가, 다시 흥왕사(興王寺)로 연락장소를 옮겼다. 정중부는 이의방과 이고에게 이렇게 말한다.

"지금이 거사할 때이기는 하지만 궁으로 돌아가거든 그만 참기로 하자. 하지만 또 보현원(普賢院)으로 가거든 이 기회를 잃지 말자."

다음날 의종은 궁으로 돌아가지 않고 보현원으로 행차해 연일 시위에 지친 무신들의 분노를 샀다. 게다가 의종은 시신(侍臣)들과 함께 술을 마시다가 좌우를 돌아보며 "여기가 바로 군사를 훈련시킬 만한 곳이구나"라고 말하며 무신들에게 일종의 격투기인 '오병수박희(五兵手搏戱)'를 시켰다. 수박희를 벌인 인물 중의 한 명인 종3품 대장군 이소응(李紹膺)은 연일 계속된 경호에 지쳐 있었다. 지치지 않았더라도 연로한 그가 젊은 군사와 격투를 해서 이기기는 어려웠다. 이소응이 이기지 못해 달아나자 갑자기 종5품 문신 한뢰(韓賴)가 뛰어나오더니 이소응의 뺨을 후려갈겨 섬돌 아래 떨어지게 했다. 이 모습을 보고 의종과 모든 문신들은 손뼉을 치면서 웃었다.

그러나 이 웃음이 비명으로 변하는 데는 그날 하루가 채 필요하지 않았다. 이의방과 이고는 당장 칼을 뽑아 문신들을 도륙내려 했으나 정중부의 만류로 일단 참았다. 그러나 이들은 참은 것이 아니라 잠시 거사할 때를 기다린 것이었다. 황혼이 깃들여 의종 일행이 보현원에 접근했을 때 이고와 이의방은 먼저 가서 국왕의 명령이라 속이고 순검 군사들을 불러 모았다. 그리고 의종이 문에 들어가고 모든 신하들이 물러나올 때를 기다려 이고 등은 칼을 뽑았다.

임종식 · 이복기 같은 문신들이 칼에 찔려 죽자 놀란 한뢰는 임금의 어상(御床) 아래로 숨어 들어갔다. 그러나 무신들이 난을 일으킨 판국에 대장군의 뺨을 때린 한뢰가 무사할 수는 없어서 결국 이고의 칼에 목이 떨어지고 말았다. 울분 속에서 칼을 뽑은 무신들은 의종을 호종한 문관과 대소신료 · 환관들을 대거 살해한 후 개경으로 돌아와서도 닥치는 대로 문신들을 살상했다. 이때의 정경은 "문관의 관을 쓴 놈은 비록 서리(胥吏)라도 모조리 죽이고 씨도 남기지 말자"는 이들의 구호에서 짐작할 수 있다.

귀족 출신 경대승과 천민 출신 이의민의 대립

정권을 장악한 정중부는 의종을 폐위하여 거제도로 유배하고, 태자는 진도로 내쫓는 대신 왕의 동생 익양공(翼陽公) 호(晧)를 맞아 국왕으로 삼았으니 그가 제19대 임금인 명종(明宗)이다. 그러나 명종은 허수아비였고 모든 권력은 중방(重房)을 장악한 정중부, 이고, 이의방 같은 무신들에게 돌아갔다. 이중 고위 무신 출신인 정중부는 온건세력을 대표하고 있었고, 하위 무신 출신인 이고와 이의방은 강경세력을 대표하고 있었는데 무신정권 초기 실제적인 권력을 장악한 세력은 후자였다. 그러나 이고와 이의방 사이에 권력다툼이 벌어져 이고가 먼저 이의방에게 제거되었다.

이후 이의방은 정중부와 타협하면서 중방을 이끌어 나갔으나 그 역시 자신의 딸을 태자비로 삼는 등 국정을 전횡하다가 정중부의 아들 정균(鄭筠)에게 살해되고 말았다. 이는 무신정권이 정중부 독주체제로 전환된 것을 의미하는 것이었다. 정중부는 수상인 문하시중으로 올랐으며, 아들 균(筠)과 사위 송유인(宋有仁)은 물론 이광정(李光挺) 같은 자파 인사들을 요직에 앉혀 정권을 오로지하였다. 이제 고려는 왕씨의 나라가 아니라 정씨의 나라라 할 만했으므로 정씨의 독주에 불만을 품은 세력들이 늘어 갔다.

이런 정중부를 제거한 인물은 뜻밖에도 당시 26세의 청년 장군 경대승(慶大升)이었다. 경대승은 견룡군(牽龍軍) 장교 수명과 그들이 거느린 견룡군, 그리고 사사(死士 : 결사대) 30여 인을 이끌고 한밤중에 기습전을 전개해 정중부와 그 아들 정균 등을 죽이고 정중부 정권을 무

경주시와 경주 시내의 고분들.

너뜨렸다. 이로써 중방은 청년 장군 경대승이 주도하게 되었다.

경대승이 정중부를 제거함으로써 권력을 잡았다면 이의민은 바로 이 경대승을 제거하고 최고 권력자의 자리에 올랐다는 공통점을 갖고 있었다. 이처럼 앞선 사람을 제거하고 정권을 잡았다는 점은 같지만 경대승과 이의민은 완전히 상반된 환경과 성격의 인물이었다.

청주 사람인 경대승은 그의 부친 경진(慶珍)이 정2품 중서시랑 평장사를 지낸 명문가 출신이었다. 그가 15세의 어린 나이에 문음(門蔭)으로 교위(校尉)가 되고 여러 번 승직되어 장군이 된 데는 물론 힘이 장사인 탓도 있었지만 그보다는 집안의 배경이 중요하게 작용했다.

반면 경주 사람인 이의민의 아버지 이선(李善)은 소금과 채를 파는 것이 직업이었고, 어머니는 연일현(延日縣) 옥령사(玉靈寺)의 여종이었던 천인이었다. 그런데 이의민이 어렸을 때 그의 아버지는 이의민이 푸른 옷을 입고 황룡사 9층탑에 올라가는 꿈을 꾸었다. 그는 이 아이가 반드시 큰 귀인이 될 것이라고 생각했다 하는데, 당시 계급사회에서 여종의 자식으로 큰 귀인을 꿈꿀 수는 없다는 점에서 이의민이 최고권력자가 된 후 만든 꿈일 가능성이 크다.

이의민은 성인이 되면서 8척의 장대한 체구에 남다른 힘을 갖게 되면서 두 형과 함께 경주 구석 구석을 횡행하며 횡포를 부렸다. 천민들이 힘을 믿고 횡포 부리는 것이 계급사회에서 통할 리가 없어서 세 형제는 안찰사 김자양(金子陽)에게 체포되어 심한 고문을 당했다. 그의 형 둘은 고문을 견디지 못하고 옥사했으나 이의민은 죽지 않았다. 안찰사 김자양은 이의민의 이런 용력을 아깝게 여기고 그를 경군(京軍)으로 추천했는데, 이것이 이의민의 인생을 180도 다른 길로 가게 할 줄은 이의민은 물론 추천한 김자양도 몰랐을 것이다.

의종의 등뼈를 꺾어 죽인 이의민

이의민은 부인과 함께 경주에서 개경까지 머나먼 길을 등에 짐을 지고 걸어 도착했다. 그가 도성에 도착했을 때는 이미 해가 저물어 성문이 닫혀 있자 그는 성 남쪽에 있는 연수사(延壽寺)에서 개경에서의 첫날밤을 보내게 되었다. 그날 밤에 긴 사닥다리가 성문에서부터 대궐까지 뻗쳐 있는데 그것을 타고 올라가는 꿈을 꾸다가 깨었으므로 이상하게 여겼다.

서울로 진출한 이의민을 출세시킨 힘은 공교롭게도 대장군 이소응이 망신을 당한 수박희(手搏戱)였다. 의종은 행차 때에 수박희를 시켜 뛰어난 솜씨를 보이는 자를 승진시켰는데 유난히 싸움을 잘하는 이의민이 눈에 띄었던 것이다. 이의민은 종9품 대정(隊正)으로 무관직에 첫발을 내디뎠다가 차차 정7품 별장(別將)까지 승진하였다.

그러나 천민 출신에 두 형이 옥사하는 것을 눈앞에서 지켜본 그가 무관 하위직에 진출했다고 해서 세상에 대한 원한이 씻길 리는 없었다. 무신란이 일어나자 이의민이 살해한 사람이 제일 많을 정도로 그가 가장 적극적으로 참가했던 것은 세상에 대한 깊은 원한의 소산일 것이다. 아무튼 이 덕에 그는 정5품 중랑장으로 승진했다가 드디어 정4품 장군에 오른다. 경주의 천민 출신이 서울인 개경으로 올라와 장군이 된 입지전적인 출세였다. 고려에서 무관의 최고위직이 정3품 상장군이었으므로 그의 출세는 비약적인 것이었다.

이처럼 무신란에 적극 가담해 장군이 된 이의민이 무신정권 내에서 실세로 발돋움하는 계기가 된 것은 무신란 발생 3년 만인 명종 3년 (1173)에 동북면병마사 김보당(金甫當)이 일으킨, 이른바 '김보당의 난'이었다. 김보당은 의종의 복위와 정중부, 이의방 타도를 기치로 군사를 일으켰으므로 무신정권으로서는 무슨 수를 써서라도 진압해야 했다. 김보당은 남로병마사 장순석(張純錫)에게 군사 수백 명을 주어 거제도에 유배되어 있는 의종을 받들어 경주로 모셔 왔다.

의종이 경주에 도착한 사실을 알게 된 정중부와 이의방은 경주 출신 이의민을 보내 진압하게 했다. 이의민이 경주에 당도하자 경주 사람들은 자신들이 김보당과 관련이 없다며 전왕 의종을 내 주었다. 이의민은 의종을 곤원사(坤元寺) 북녘 연못으로 끌고 가 등뼈를 꺾어 죽여 강물에 던져 버렸다. 전왕을 잔혹하게 죽여 버린 사실을 알게 된 사람들은 분개하기도 했으나, 어쨌든 이의민은 이 공으로 종3품 대장군으로 한 계급 더 올라갔다.

문신들이 환영한 경대승의 집권

이처럼 무신란 후 승승장구하던 이의민의 기세가 꺾인 것은 경대승의 집권이었다. 명종 9년 장군 경대승이 전격적으로 무사들을 이끌고 정중부를 제거하자 환영하고 나선 것은 문신들이었다. 경대승도 무신인데 문신들은 왜 경대승의 집권을 환영했을까? 거사를 결심한 경대승이 견룡 허승에게 했다는 말에서 그 단서를 추측할 수 있다.

"내가 흉적들을 처치하려는데 네가 내 말을 들으면 성사가 되겠다."

경대승이 '흉적'이라고 표현한 인물들은 다름 아닌 무신정권의 수뇌부인 정중부 등이었다. 문신들에게 눌려 살았던 무신들 중에 무신정권 수뇌부를 흉적이라고 표현할 수 있는 인물은 그밖에 없었다. 경대승이 전격적으로 군사를 일으켰을 때 명종에게 했다는 말도 그의 거사가 다른 무신들과는 다른 것임을 짐작하게 해 준다. 경대승이 밤 4경에 일으킨 군사로 궁중이 소란해지자 명종은 몹시 놀랐다. 그러자 경대승은 국왕의 침전 밖에서 큰 소리로 외쳤다.

"저희들은 국가를 보위하려는 것이니 놀라지 말기를 바랍니다."

이 말을 들은 명종은 경대승 등을 불러서 직접 술을 주고 위로하였

경주시 곤원사 터. 이 절 북쪽에 있던 연못에서 이의민은 의종의 등뼈를 꺾어 죽였다.

다. 무신정권의 수뇌부를 흉적이라 표현하고 그들을 제거하는 거사를 '국가 보위' 운운한 것은 경대승이 무신정권이 아니라 고려 왕실과 문신들의 자리에 서 있었음을 보여 준다.

경대승이 정중부 일당을 제거하자 조사(朝士)들이 하례했는데, 이 자리에서 그는 "임금을 시해한 자가 아직 살아 있는데 어찌 하례하는 가?"라고 꾸짖었다.

'임금을 시해한 자'란 물론 좁게는 의종을 살해한 이의민을 뜻하지만 무신정권 아래에서 이는 단지 이의민 개인을 뜻하는 것이 아니었다. 의종을 폐위시키고 명종을 옹립한 것은 무신란을 일으킨 전체 무신들의 뜻이었다. 폐위되어 거제도에 유배된 의종을 이의민이 살해한 것은 사실이지만 그 계기는 동북면병마사 김보당의 거병이었다. 김보당이 의종의 복위를 명분삼아 거병하고 의종을 경주로 모셔 왔기 때문에 무신정권은 경주 출신 이의민에게 진압을 지시했던 것이다. 이때 의종을 살해한 것은 이의민의 독자적인 판단이라기보다는 무신정권 전체의 의사였을 것이다. 따라서 정중부를 제거하고 정권을 잡은 경대승이

우리 역사의 수수께끼 2

'임금을 시해한 자'란 표현을 써 가며 하례를 거부한 것은 무신정권을 타도하겠다는 선언이나 다름없었다.

무신들이 난을 일으켜 의종을 폐위시켰을 때 이들은 이미 돌아올 수 없는 다리를 건넌 것이었다. 왕조국가에서 신하들이 국왕을 폐위시켰다는 것은 왕조국가의 기본질서를 무력화시켰음을 뜻한다. 그 위에 수립된 새로운 체제가 중방을 중심으로 한 무신정권 체제였다. 폐위된 전왕의 복위를 명분삼아 거병하는 세력이 있을 경우, 또한 의종처럼 그 거사에 동조해 거제에서 경주로 주거지를 옮긴 경우, 기본체제를 무력화시킨 이들이 전왕의 살해 이외에 달리 선택할 길은 없었다. 이는 좋고 나쁨을 떠나 새로운 체제를 유지하기 위한 불가피한 선택이었던 것이다. 정중부를 제거한 경대승이 '선왕을 시해한 자'운운한 것은 따라서 새로 설립된 무신체제를 인정하지 않겠다는 공언이나 다름없었다.

명종이 경대승에게 왕명의 출납을 관장하는 정3품 승선(承宣)을 제수하자 그는 "저는 글을 몰라서 감히 바라지 않는 바입니다"라고 사양할 정도로 문신 우위의 고려 전통을 존중하는 태도를 보였다. 《고려사》의 명종 13년 기사에 "경대승은 항상 무인들의 불법적인 행동에 분개하여 복고(復古)의 뜻이 있었으므로 문관들이 기대어 중하게 여겼다"는 기록이 있는데, 여기에서 말하는 복고란, 무신란 이전 구체제로의 복귀를 뜻하는 것이었다. 더구나 무신란 당시 그는 17세의 어린 나이였으며 난에 참여하지도 않은 인물이었다.

경대승의 이런 성향과 더불어 흥미있는 대목은 그가 무신정권기 집권자 중에는 유일하게 《고려사》〈열전〉 반역조가 아닌 일반 열전에 실려 있다는 사실이다. 무신정권의 집권자인 정중부 · 이의방 · 이의민은 물론 최충헌과 최이(崔怡) · 최항(崔沆) · 최의(崔竩)까지도 모두 반역조에 실려 있는데 경대승만이 유일하게 일반 열전에 실려 있는 것이다. 이는 경대승 정권의 성격이 무신정권의 일반 집권자와는 달랐음을 뜻하는 것이다.

경대승의 정적으로 떠오른 이의민

이런 성향의 경대승에게 무신들의 불만이 없을 리가 없었다. 무신 중에는 공개적으로 이렇게 말하는 자가 있었다고 《고려사》는 적고 있다.

"정시중(鄭侍中 : 정중부)이 먼저 대의의 깃발을 들고 문관을 억압하여 우리들의 여러 해 쌓였던 분을 풀어 주어 무관의 위력을 과시한 공이 막대하거늘 이제 경대승이 하루아침에 대신 4명을 죽였으니 누가 그를 처단하겠는가?"

이는 당시 무신들이 경대승을 무신정권의 반대자로 인정하고 있었음을 보여 준다. 이의민은 경대승이 '임금을 시해한 자' 운운했다는 말을 듣고 자신의 집에 용사(勇士)를 모아 두고 경비를 엄히 했다. 그러나 새로 집권한 경대승이 이의민을 '임금을 시해한 자' 운운하며 제거를 공언한 사실은 이의민을 경대승의 맞수로 떠오르게 했다. 경대승의 '임금을 시해한 자'란 말은 정중부가 제거된 무신계에서 이의민을 대표로 떠오르게 했던 것이다.

'임금을 시해한 자'란 공언에 맞서 무신들이 경대승 처단을 공언하는 판국에 경대승인들 마음이 편할 리는 없었다. 이의민이 자신의 집에 용사를 모아 두고 경비한 것과 마찬가지로 경대승도 무신들이 자신을 제거할지 모른다고 우려해 도방(都房)을 조직했다. 도방은 경대승의 사병인 결사대 1백 수십 명으로 이루어진 조직이었다. 경대승은 이들 도방에게 주야 교대로 숙직을 시키면서 때로는 그들과 한 이불 속에서 자면서 이들에게 성의를 보이기도 하였다.

최고 실력자 경대승이 의지하는 사병들이 많은 횡포를 부리고 다닐 것은 쉽게 예상할 수 있는 일이었다. 당시 개경에는 도적이 횡행했는데 공공연히 경대승의 도방이라고 자칭하고 다녔다. 관리들이 이런 도적을 잡아 가두면 경대승이 즉시 석방시켰으므로 이들은 아무 거리낌 없이 약탈을 감행하고 다녔다. 경대승은 도방이 무력화되면 곧바로 자신에게 불만을 품은 무신들이 자신을 제거할 것이므로 많은 비난을 감수하면서까지 도방을 보호했던 것이다.

이의민이 병마사로 북방 국경지방에 나가 있을 때 경대승은 허승과 다툼이 생겨 그를 불러다 죽이고는 '반역을 꾸미고 있어 죽였다'며 명종에게 사후보고를 했다. 어떤 사람이 북방에 있던 이의민에게 죽은 인물이 경대승이라고 잘못 전달했는데, 이 소식을 들은 이의민은 기뻐하면서도 "내가 경대승을 죽이려다가 아직 죽이지 못했는데 이 일은 누가 꾸몄을까? 나보다 손이 빠르구나!"라고 아쉬워했다.

이 말을 들은 경대승이 이의민에게 앙심을 품은 것은 당연했다. 그러나 이의민도 경대승 못지않은 방비를 하고 있었으므로 섣불리 공격하지는 못했다. 이의민 또한 경대승의 공격을 두려워해 병을 칭탁하고는 보다 안전한 고향 경주로 떠나갔다.

경대승도 심각한 심리적 위축 상태에 있었다. 《고려사》에는 "경대승이 정중부 등을 처치한 후 항상 마음이 불안하여 언제나 몇 명의 문객을 거리로 보내어 잠복시켰다가 유언비어를 들으면 즉시 잡아 국문하였다. 자주 옥사를 일으켰고 형벌을 사용함이 매우 가혹하였다"고 기록되어 있을 정도로 경대승도 다른 무신들처럼 철권통치하기는 마찬가지인 상황을 말해 주는 것이다.

결국 경대승은 30세의 짧은 나이인 명종 13년(1183) 7월 일생을 마쳤다. 그런데 여기에는 정중부가 칼을 잡고 큰 소리로 꾸짖는 꿈을 꾼 다음에 병을 얻어 사망했다는 뒷이야기가 전한다. 결국 그는 '복고' 운운했지만 현실적으로 무신정권을 타도하지도 못했을 뿐만 아니라, 그 역시 무신정권의 집권자와 같은 행태만을 반복하다가 죽고 말았던 것이다.

천민 출신 이의민의 집권과 잇따르는 반란

무신정권에 반감을 가졌던 경대승이 사망한 후 무신정권의 유지에 가장 적극적이었던 이의민이 집권한 것은 어떻게 보면 당연한 일이었다. 경대승에게 반감을 가졌던 무신들이 경대승이 죽이겠다고 공언한 이의민을 새로운 지도자로 추대한 것은 당연한 일이었다. 경대승이 죽은 후 명종이 고향에 있던 이의민에게 병부상서 벼슬을 주고 중사(中使)를 보내 거듭 부른 것은 그가 아니고서는 경대승 없는 무신들을 통제할 수 없었던 당시의 사정을 보여 주는 것이다. 무신란에서 보여 준 극명한 하극상은 이미 여종 소생인 이의민의 출신을 거론할 분위기가 아니었던 것이다. 그리고 그 하극상은 비단 조정에만 국한되는 것도 아니었다.

의종 때 탐라(耽羅 : 제주)에서 백성들이 봉기해 수령을 내쫓더니 무신정권이 들어선 후에는 전국적인 현상으로 발전했다. 무신 정권 초기인 명종 2년(1172) 서북면의 창주(昌州 : 창성) · 철주(鐵州 : 철산)에서 지방관의 횡포에 분개한 농민들이 난을 일으키더니 명종 5년에는 석령사(石令史)가 개경 이남에서 봉기했으며, 이듬해에는 망이(亡伊) · 망소이(亡所伊)가 난을 일으켜 산행병마사(山行兵馬使)라 일컫고 공주를 함락시키기도 했다. 무신란에 자극받은 농민들이 더 이상 기존의 지배질서를 인정하지 않고 직접 나선 것이었다. 이제 힘이 곧 정의인 시대가 도래한 것이라고 백성들은 믿었다.

이의민은 옛부터 내려오던 "용손은 12대에서 끝나고 다시 십팔자가 나온다〔龍孫十二盡更有十八字〕"는 도참(圖讖)을 믿고 십팔자(十八

字)는 곧 이(李)자의 파자(破字)이므로, 용손 즉 왕씨를 대신해 임금이 될 것을 꿈꾸기도 했다. 또한 그는 신라를 다시 일으킬 뜻을 가지고 경주 일대에서 난을 일으킨 효심(孝心)·사미(沙彌) 등과 내통하기도 했다. 이는 그가 귀족세력의 본거지인 개경을 떠나 자신의 고향인 경주를 기반으로 새로운 정권을 창출하려 했음을 말해 준다. 그러나 천민 출신으로 왕이 될 꿈을 꾸었던 그는 아들 이지영(李至榮)이 최충헌의 동생 최충수(崔忠粹)의 비둘기를 빼앗은 하찮은 사건이 계기가 되어 최충헌의 습격을 받아 죽임을 당함으로써 무산되고 말았다.

정사 《삼국사기》와 야사 《삼국유사》에 대한
후대의 오해들

사대주의자 김부식과 주체주의자 일연?

우리나라 역사인물 중에 김부식(金富軾)만큼 비판적인 평가를 받고 있는 인물도 드물 것이다. 그가 받고 있는 비판은 대개 두 방향에서 이루어진다. 하나는 묘청의 서경 천도 운동을 진압한 보수주의자라는 것이고, 다른 하나는 사대적인 역사서 《삼국사기(三國史記)》를 편찬한 사대주의자라는 것이다. 즉 김부식은 보수적 사대주의자라는 것이 그에 대한 비판의 대강이다.

반면 일연은 자주적이고 주체적인 인물이라는 호평을 받는다. 그가 쓴 《삼국유사(三國遺事)》 역시 민족주체적인 역사서라는 평가를 받는다. 한마디로 김부식이 받고 있는 비판의 극단에서 일연이 칭송받고 있는 형국이다. 과연 두 사람이 받고 있는 극단적인 비판과 호평은 그들의 실제 사상과 행적에 합당한 것일까?

김부식이 극단적인 보수적 사대주의자로 평가받게 된 데는 단재 신채호가 일제시대 쓴 〈조선역사상 일천년래 제일대사건〉이란 글이 중요한 계기가 되었다. 신채호는 김부식과 묘청을 서로 비교하여 두 세력의 대결을 외래의 한학파(漢學派 : 김부식)와 전통적인 낭불양가(郎佛兩家 : 묘청)의 싸움이며 사대당 대 독립당의 싸움이자, 보수사상 대 진취사상의 싸움으로 규정했다. 신채호는 묘청의 난이 평서원수(平西元帥) 김부식이 이끄는 관군에게 진압됨으로써 유가의 사대주의가 득세하여 고구려적인 진취적 기상을 잃어버리게 되었다고 한탄했던 것이다. 묘청의 난을 이렇게 평가한 신채호의 글이 한때 고등학교《국사》교과서에 실린 것이 김부식에 대한 부정적 평가를 확산하는 데 크게 기여했다.

또한 신채호는 김부식의《삼국사기》를 직접 격렬하게 비판하기도 했다. 그의 〈실패자의 신성(神聖)〉이란 글을 보자.

"김부식의《삼국사기》는 일부 노예성의 산출물이라. 그 인물관이 더욱 창피하여… 연개소문이 비록 야심가이나 정치사상의 가치로는 또한 드문 기물(奇物)이어늘… 오직 (중국의)《신·구당서(新舊唐書)》를 초록하여 개소문전(蓋蘇文傳)이라 칭할 뿐이요, 본국의 전설과 기록으로 쓴 것은 한자도 볼 수 없을 뿐더러… 궁예와 진훤(甄萱)이 비록 중도에 패망하였으나 또한 신라의 혼군(昏君 : 어리석은 임금)을 항(抗)하고, 의기(義旗)를 거(擧)하여 수십 년을 일방(一方)에 패(覇)하였거늘, 이제 초망(草莽 : 민간)의 소추(小醜)라 매욕(罵辱 : 욕하고 꾸짖음)하였으며, 정치계의 인물뿐 아니라 학술에나 문예에도 곧 이러한 논법으로 인물을 취사(取捨)하여 독립적이고 창조적인 설원(薛原), 영랑(永郎), 원효 등은 일필(一筆)로 도말(塗抹)하고, 오직 지나(支那)사상의 노예인 최치원은 코가 깨어지도록, 이마가 터지도록 손이 발이 되도록 절하며, 뛰며, 노래하면서 기리었다. 그리하여 김부식은 자기의 옹유(擁有)한 정치상 세력으로 자기의 의견과 다른 사람은 죽이며, 자기의 지은《삼국사기》와 다른 의논을 쓴 서적은 불에 넣었도다."

고려 왕국, 잊혀진 역사의 현장들

신채호가〈조선역사상 일천년래 제일대사건〉에서 김부식을 묘청의 난을 진압한 보수주의자로 비판하고,《삼국사기》를 '노예성의 산출물'로 거듭 비판함으로써 김부식은 우리나라 사람들의 뇌리에 보수적 사대주의자로 각인된 것이다.

이런 비판적 시각은 현재 중학교《국사》교과서에도 부분적으로 반영되고 있다.

"삼국사기는 사대적 성격을 드러내고 있다는 비판도 있으나, 김부식은 이 책의 서문에서 당시 고려의 귀족관리들이 중국 역사에는 정통하면서도 우리나라 역사에 대해서는 모르고 있는 것을 일깨워 주기 위해서 쓴 것이라고 밝히고 있다."

이 글에서 볼 수 있는 것처럼 김부식의《삼국사기》는《국사》교과서까지 '사대적 성격'이 들어가 있다는 일부의 시각을 전할 정도로 비판받고 있는 것이다.

반면《삼국유사》에 대해서는 대부분 긍정적인 태도를 취하고 있다. 같은 중학교《국사》교과서의 삼국유사에 관한 기술을 보자.

"승려 일연이 지은 삼국유사에는 불교의 역사를 중심으로 고대의 설화 등이 많이 수록되어 있고, 특히 단군을 민족의 시조로 받드는 자주의식이 담겨 있을 뿐만 아니라 우리나라 고대사에 관한 귀중한 내용이 실려 있다. 이는 몽고의 침략으로 쓰라린 시련을 겪고 있던 우리 민족에게 자각과 자부심을 일깨워 주기도 했다."

묘청의 난은 과연 일천년래 제일대사건인가

중학교《국사》교과서로 비교하면《삼국사기》는 '사대적 성격'의 역사서이고,《삼국유사》는 '자주의식'과 '민족 자부심'이 담겨 있는 저술로 이해하기 십상이다. 이런 평가가 정당한 것인지 알아보기 위해서는〈조선역사상 일천년래 제일대사건〉이라는 묘청의 난에 대해서 살펴보아야 할 것이다.

고려 인종 13년(1135)에 일어난 묘청의 난을 이해하려면 그보다 약 10년 전에 있었던 이자겸(李資謙)의 난을 이해해야 한다. 외척 이자겸은 사돈 척준경과 손잡고 난을 일으켜 인종을 무력화시켰다. 심지어 이자겸은 정권을 유지하기 위해 고려를 부모의 나라로 섬겼던 여진족의 금(金)나라를 상국(上國)으로 섬겨 조야의 사기는 땅에 떨어진 상황이었다. 비록 이자겸은 제거되었지만 난의 와중에 궁궐마저 불타 인심이 흉흉해졌다.

이런 혼란기에 등장한 것이 서경(西京 : 평양) 출신의 승려 묘청이 제기한 풍수지리설이었다. 그는 고려가 어려움에 처한 것은 수도인 개경(開京)의 지덕(地德)이 쇠한 것 때문이라면서 나라를 중흥시키려면 지덕이 왕성한 서경(평양)으로 천도해야 한다고 주장했다. 고려는 신라 말 도선(道詵)에 의해 집대성된 풍수지리설의 영향을 강하게 받고 있던 사회였다. 태조 왕건도〈훈요십조〉의 다섯 번째 항목에서 "짐은 삼한 산천의 숨은 도움에 힘입어 대업을 달성하였다. 서경은 수덕(水德)이 순조로워서 우리나라 지맥(地脈)의 근본이 되며, 대업을 만대(萬代)에 전할 땅이므로, 마땅히 4중월(仲月 : 춘하추동의 중간 달)에는 순주(巡駐)하여 100일 이상 머물러 안녕을 도모하도록 하라"고 유언할 정도로 서경은 고려의 제2의 수도이기도 했다.

묘청의 서경 천도 주장은 백수한(白壽翰), 정지상(鄭知常) 등 반개경세력뿐만 아니라 외척들의 도전에 시달리던 인종의 지지를 받았다. 인종은 이자겸의 난 이듬해부터 서경에 자주 거동하였으며, 묘청의 주장대로 서경의 명당이라는 임원역(林原驛 : 평남 대동군 부산면 신궁동)에 대화궁(大花宮)을 지어 서경 천도를 대세로 만들었다. 묘청은 대화궁을 지으면 천하를 통일할 수 있고 금나라도 저절로 항복할 것이며,

잊혀진 왕국,
고려 역사의
현장을

그밖의 많은 나라가 조공할 것이라고 예언했는데 대화궁을 준공한 뒤에 이런 일이 실현되지 않음으로써 문제가 발생하게 되었다.

오히려 대화궁 근처 30여 군데에 갑자기 벼락이 떨어지고, 인종의 서경 거동 도중 갑작스럽게 폭풍우가 일어 수많은 인마가 살상되는 불상사가 일어났다. 이에 김부식을 대표로 하는 개경세력들이 서경 천도를 강하게 반대했고, 인종도 마음이 흔들려 마침내 서경 천도 계획은 수포로 돌아가고 만 것이다.

묘청, 정지상 등은 서경천도를 통해서 개경 귀족 세력들이 장악하고 있는 정치 권력을 장악하려 한 것으로써, 이 과정에서 금국정벌론 등 진취적 주장을 펼치기도 했으나, 이를 달성하기 위한 주요한 방법이 풍수지리설이었다는 점은 이들의 한계였다.

서경 천도가 무산되자 묘청은 인종 13년(1135) 정월 서경의 분사(分司), 시랑(侍郞), 조광(趙匡) 등과 군사를 일으켜 국호를 대위(大爲), 연호를 천개(天開), 군대의 호칭을 천견충의(天遣忠義)라고 하였다.

이에 조정은 김부식을 평서원수로 임명해 진압하게 했는데, 김부식은 개경에 있던 백수한 · 정지상 등 묘청 일파를 처형하고 진압에 나섰다. 형세의 불리함을 깨달은 조광이 묘청 등의 목을 베어 개경에 보냈으나 받아들이지 않자 끝까지 항거하다가 1년이 넘은 1136년 2월 마침내 서경이 함락됨으로써 끝난 사건이다. 이 사건은 국호 · 연호 등은 제정했으면서도 새로운 왕은 추대하지 않았을 뿐만 아니라, 인종에게 거사 소식을 스스로 전한 데서 알 수 있듯이 새로운 나라를 세우려던 운동이라기보다는 서경세력이 개경세력을 제거하고 권력을 장악하려 한 사건이었다.

이들이 권력을 장악했으면 실제로 금국 정벌을 실천에 옮겼을지는 모르겠지만, 김부식의 자리에서 객관적인 반란사건을 진압한 것을 놓고 보수 운운하는 것은 억울한 일인 것이다.

우리 역사의 수수께끼 2

《삼국사기》는 사대적인 역사서인가

《삼국사기》가 사대적인 역사서라는 비판도 마찬가지이다. 《삼국사기》 편찬을 관통하는 기본 사상 중의 하나가 사대주의였다는 점은 부인할 수 없다. 그러나 이는 당시 정치 · 문화적 선진국이었던 중국과 우호관계를 맺음으로써 대외적인 평화체제를 구축하고 중국의 발전된 제도와 문화를 받아들여 내적으로 고려의 발전을 도모하려는 의도였지 결코 나라를 중국에 팔아넘기려는 의도는 아니었다.

당시 동아시아 질서 속에서 중국과 우호관계를 맺으려고 노력한 것이 사대주의, 또는 매국노란 비판을 받아야 한다면 오늘날 미국 것이라면 무조건 보편적인 가치라고 여기는 현대의 대다수 지식인들은 김부식보다 더한 사대주의자, 매국노라는 혹평을 받아야 할 것이다. 적어도 김부식은 현재의 지식인들이 미국이나 일본에 경도되어 있는 것보다는 훨씬 자주적이었다.

《삼국사기》가 갖고 있는 주체적인 측면은 서술 체제에서도 잘 나타난다. 《삼국사기》는 사마천이 쓴 《사기(史記)》의 서술방식인 기전체(紀傳體)를 따라 본기(本紀), 지(志), 표(表), 열전(列傳)으로 구성되어 있다. 《삼국사기》가 사대적인 역사서라는 비판이 무리란 점은 본기가 황제의 사적을 기술하는 부분이라는 점에서 명확히 드러난다. 조선 문종 때 완성된 《고려사》가 본기는 없이 제후의 사적을 기술한 세가(世家)로 시작하는 것과 비교해 보면 《삼국사기》가 얼마나 주체적인 역사서인가를 알 수 있을 것이다.

그 내용에 있어서도 고구려 영양왕 때 수나라 군사의 침입을 을지문덕이 무찌른 사실이나 신라의 김유신이 당나라 장수 소정방의 위압적인 자세에 결전의 태세를 취한 기록들은 삼국사기가 사대적 기록이라는 평가의 부당함을 잘 말해 주는 부분적인 사례이다.

"《삼국사기》와 다른 의논을 쓴 서적은 불에 넣었도다"라는 단재의

한탄은 나라를 끝내 멸망에 이르게 한 것이 유학이라고 판단한 독립지
사의 한탄이지만 '불에 넣었다'는 부분은 사실은 아니다. 김부식을 비
롯한 《삼국사기》 편찬자들은 편찬 당시까지 전해져 온 것으로 생각되
는 《고기(古記)》, 《삼한고기(三韓古記)》, 《구삼국사(舊三國史)》와 김
대문의 《화랑세기(花郎世記)》, 최치원의 《제왕연대력(帝王年代曆)》
등 우리나라 고대 문헌들과 《삼국지(三國志)》, 《후한서(後漢書)》 등
중국 문헌을 참고하여 저술했던 것이다.

　　김부식이 의도적으로 고대 문헌들을 불사르지 않았다는 것은 《삼국

개성의 성균관. 김부식은 유학적 가치관에 따라 《삼국사기》를 저술했다.

사기》가 편찬된 고려 인종 23년(1145)보다 312년 뒤에 8도 관찰사에게 내려진 조선 세조 3년(1457)의 수압령을 보면 알 수 있다.

　"《고조선비사(古朝鮮秘詞)》…《조대기(朝代記)》…《표훈천사(表訓天詞)》,《삼성밀기(三聖密記)》,《안함로원동중삼성기(安含老元董仲三聖記)》… 등의 문서는 사처(私處)에 소장함이 마땅하지 않으니 만약 소장한 자는 진상(進上)하도록 공사(公私)와 사사(寺社)에 널리 유시하도록 하라."

　이는 세조 3년까지도《고조선비사》,《삼성(환인·환웅·단군)밀기》

등의 책이 존재하고 있었을 가능성을 말해 주는 것이다. 이는 다시 말해 김부식이 의도적으로 고대 기록들을 말살하지 않았음을 말해 준다. 김부식은 당시 현존하는 사서의 원형을 되도록 살리려고 애썼다. 거서간(居西干) 같은 왕의 칭호를 비야(鄙野)하다고 해서 개칭할 필요가 없다는 논찬이나 이벌찬 · 이찬 등의 신라 관호와 이언(夷言 : 사투리)이어서 그 원어의 뜻을 알지 못한다면서도 그대로 수록한 점 등이 이를 말해 준다. 백제본기 끝에 실려 있는 김부식의 논찬은 오늘날 그가 받고 있는 비판에 대한 답변이 될 만하다.

"신라 고사(古事)에 이르기를 '금궤가 하늘에서 내려왔기에 성을 김씨라 하였다'고 하였다. 이는 의심할 만한 일이어서 믿을 수가 없다. 그러나 신이 사(史)를 닦음에 있어서는 그 전승이 오래 된 것이기 때문에 그 말을 깎아 없애지를 못했다."

편찬위원장인 김부식은 유교적 합리주의, 과학적 합리주의의 테두리 내에서 《삼국사기》를 편찬하려고 노력했다. 그러면서도 전승되어 내려오는 비합리적인 이야기들도 수록하는 절충적 자세를 보였다. 따라서 김부식이 받고 있는 비판의 상당부분은 김부식 개인이 감당할 비판이라기보다는 기전체란 《삼국사기》 서술 체제가 받아야 할 비판일 것이다. 본기, 지, 표, 열전으로 구성되는 기전체는 그 내용을 채울 만큼 풍부한 자료가 있어야 서술이 가능한 체제이다. 따라서 김부식이 고조선이나 위만 조선, 삼한, 그리고 부여나 가야 등을 독립된 항목으로 기술하지 못한 이유는 이 책의 목적이 주로 삼국의 역사를 기술하는 데 있기도 했지만 그보다는 당시 고조선이나 부여 등이 '본기 · 지 · 표 · 열전'의 기전체 사서로 서술할 만큼 자료로 충분히 남아 있지 않았기 때문일 가능성이 더 크다.

그러나 김부식이 자료가 부족하면 부족한 대로 그 내용이 비과학적이면 비과학적인 대로 단군조선이나 부여, 가야 등을 하나의 부록으로

라도 적어 전했으면 오늘날 극심한 사료 부족에 시달리는 한국고대사 연구에 결정적 도움이 되었을 것은 물론이다.

일연이 '역사 사(史)'가 아니라 '일 사(事)'를 쓴 이유

《삼국사기》가 편찬된 지 130여 년이 지난 충렬왕 7년(1281)에 일연이 편찬한《삼국유사(三國遺事)》는 '역사 사(史)' 자가 아니라 '일 사(事)' 자를 쓴 데서 알 수 있는 것처럼 삼국 역사 전반에 관한 사서로 편찬된 것은 아니었다. 일연이《삼국유사》를 편찬한 동기는 '유사(遺事)'라는 이름에서 알 수 있듯이 사가(史家)의 기록에서 빠졌거나 자세히 드러나지 않은 것을 기록하려 한 것이다. 물론 일연은 유교적 합리주의 사서인《삼국사기》에 나름대로 불만을 가졌기에《삼국유사》를 저술한 것이지만 현재 사람들이 생각하는 것만큼 대결적인 인식은 아니었다. 일연이《삼국유사》에서《삼국사기》를 '국사' 또는 '본사(本史)'로 부르는 것은 그 또한《삼국사기》를 정사로 인식하고 있었음을 말해 주는 것이다.

또한 김부식을 사대주의자라고 부르는 반면 일연을 주체주의자라고 평가하는 것이나 김부식을 지배자 중심의 귀족주의자로 평가하고 일연을 피지배자 중심의 민중주의자로 평가하는 것도 일연의 행적을 분석해 보면 지나친 미화이다.

고려 희종(熙宗) 2년(1206) 경주의 속현인 장산군(章山郡 : 현재의 경산)에서 태어난 그는 9세에 출가하여 14세에 설악산에서 구족계(具足戒)를 받았다. 그는 30세인 고종 23년(1236) 몽고군이 침입하자 무주암(無住庵)으로 피신해 '중생의 세계는 줄지도 않고 부처의 세계는 늘지도 않는다〔生界不滅 佛界不增〕'라는 화두(話頭)를 붙잡고 간화선(看話禪)에 심취했다. 참선의 세계에서 중생의 세계는 줄지 않을지

몰라도 현실 속에서 고려 백성들은 몽고군의 말발굽에 죽어 가고 있었던 상황에 그의 이런 처신은 적어도 민중주의자의 것은 아닐 것이다.

고종 46년(1259) 대선사(大禪師)가 된 일연은 2년 뒤인 원종 2년(1261)에 왕명을 받고 강화로 초청되어 선월사(禪月寺)에서 활동하였는데, 이 시기는 최씨 무신정권이 붕괴되고 강화 정부가 몽고에 항복함으로써 대몽항쟁의 불길이 꺼져 가던 시기였다. 몽고군을 끌어들여 대몽강경파 무신들을 제거한 원종이 재위 9년(1268) 운해사(雲海寺)에서 대장낙성회(大藏落成會)를 열려고 하자 일연은 이 모임을 주도했다. 선교(禪敎)의 승려들이 모여 낮에는 경전을 읽고 밤에는 담론을 나누는 대장낙성회를 지원한 인물들이 친몽고적 자세를 견지해 온 이장용(李藏用) 등이었다는 점에서 자주주의자 일연의 행적으로는 적당하

경북 군위군에 있는 인각사. 일연이 《삼국유사》를 지은 곳으로 알려져 있다. 불상 뒤의 부도가 일연의 것이다.

지 않다.

충렬왕 7년(1277)에는 국왕이 일본을 정벌하는 여몽연합군을 격려하기 위해 경주로 갔다가 행재소(行在所)로 그를 부르자 이에 응해 충렬왕으로부터 '불일결사문(佛日結社文)'이란 제액을 받기도 했다. 반면 수선사의 원감국사 충지(沖止)는 왕의 부름을 거절하면서 전란과 실정으로 도탄에 빠진 백성들의 어려운 실태를 적나라하게 표현하는 시를 남겨 일연의 처신에 대한 불만을 우회적으로 표시하기도 했다. 충렬왕은 2년 후인 재위 9년(1279), 그가 78세 때 그를 국존(國尊)으로 삼았는데, 국사(國師)가 아닌 국존으로 책봉한 이유는 국사는 상국인 원(元)이 쓰는 용어이기 때문에 피한 것이었다. 일연은 이후 노모를 봉양한다는 명목으로 개경에서 물러나 옛 터전으로 돌아왔는데, 이듬해에 노모가 죽자 조정에서는 인각사(麟角寺)를 하안소(下安所)로 삼아 전답 100여 결을 하사하기도 하였다. 충렬왕 15년(1289) 일연은 84세로 입적하니 법랍(法臘) 71세였다.

김부식과 일연에 대한 객관적 평가

일연은 우리나라의 역사 전통을 불교 중심으로 파악하는 역사 인식에서 《삼국유사》를 서술했다. 그러나 일연의 관심이 불교에만 국한된 것은 아니어서 여기에 다양한 고기(古記), 금석문, 고문서, 문집 등의 자료들과 민간 전승의 향전(鄕傳) 등을 폭넓게 사용해 《삼국유사》는 단순한 불교서가 아닌 종합 사서의 성격을 띨 수 있었다. 또한 '유사(遺事)'라는 자유로운 서술체제를 택한 결과 정사인 《삼국사기》에는 싣지 못한 단군조선, 위만조선, 낙랑국, 북대방, 남대방, 가야 등에 관한 많은 신화·전승 등을 실을 수 있었다.

전 5권으로 구성된 《삼국유사》의 제1권이 왕력(王曆)편인 것은 그가

고려 왕국, 잊혀진 역사의 현장들

유사(遺事)의 형태를 취했어도 역사서를 지향했음을 볼 수 있다. 제2권은 기이(紀異)편이며, 제3권은 흥법(興法)편, 제4권은 의해(義解)편, 제5권은 신주(神呪)·감통(感通)·피은(避隱)·효선(孝善)편인데 이러한 체제는 일반적인 역사서나 불교의 승전(僧傳)과는 달리 역사서를 지향하면서도 자유로운 서술체제를 가능하게 한 독특한 체제였다.

김부식이 '기전체'라는 정사 체제를 유지한 데 비해 일연은 '유사'라는 야사 체제를 채택하다 보니 자유롭게 기술할 수 있었다. 신라 22대 지증왕의 신체를 어떻게 표현했는지를 비교해 보면 두 책의 체제상 특징이 잘 나타난다. 《삼국사기》는 "왕은 몸이 크고 담력이 남보다 뛰어났다(王體鴻大 膽力過人)"라고 점잖게 표현했으나 《삼국유사》는 "왕의 성기 길이가 1척 5푼[王陰長一尺五寸]"이라고 직설적으로 표현했는데 이 또한 정사와 야사의 서술체제 차이인 것이다.

김부식은 기전체라는 정형화된 역사 서술체제에 따라 《삼국유사》를 쓴 것이고, 일연은 체제에 구애받지 않는 자유로운 역사 서술체제에 따라 《삼국유사》를 쓴 것이다. 김부식이 사대주의자라서 그렇게 쓴 것이 아니고 일연이 자주주의자라서 그렇게 쓴 것이 아니다. 김부식은 자신의 유교적 합리주의 사관에 따라, 그리고 기전체라는 역사 서술체제에 맞추어 《삼국사기》를 기술한 것이다. 김부식은 〈삼국사기를 올리는 글월〉에서 인종의 입을 빌려 이렇게 말했다.

"지금의 학사대부(學士大夫)가 중국의 역사서에 대해서는 혹 널리 통하여 자세히 말하는 사람이 있으나, 우리나라의 사실에 이르러선 도리어 망연(茫然)하여 그 시말을 알지 못하니 매우 유감스런 일이다."

김부식 또한 인종의 이런 인식에 동의하여 최선을 다해 《삼국사기》를 편찬했던 것이다. 그는 〈삼국사기를 올리는 글월〉에서 이렇게 말한다.

"성상폐하께옵서 이 소루(疏漏)한 편찬을 양해하여 주시고 망작(妄作)의 죄를 용서하여 주시옵소서. 이것이 비록 명산에 비장할 거리는 되지 못하나 간장병 뚜껑 같은 무용의 것으로는 돌려보내지 말기를 바랍니다. 신의 구구한 망의(妄意)는 밝은 해가 비추어 내려다볼 것입니다."

'간장병 뚜껑'으로는 사용되지 않기를 빌었던 김부식의 《삼국사기》 편찬 자세가 오늘날 자신을 사대주의자라고 공격하는 자료로 이용되는 것을 '밝은 해[天日]'는 과연 알고 있는 것일까?

한 번 깨우치면 더 이상 수행할 필요가 없는가

성철 스님이 준 충격

1981년 당시 조계종 종정이던 성철 스님이 세상에 내보낸 〈선문정로(禪門正路)〉는 불교계에 커다란 파문을 일으켰다. 성철은 이 글에서 "몹쓸 나무가 뜰 안에 났으니, 베어 버리지 않을 수 없다〔毒樹生庭, 不可不伐〕"라고 했는데, 베어 버려야 할 대상이 우리나라 조계종의 개창자인 보조국사(普照國師) 지눌(知訥 : 1158~1210)이 주장한 돈오점수(頓悟漸修)라는 데서 그가 준 충격은 커다란 것이었다. 성철이 한국 선종(禪宗)을 대표하는 조계종의 핵심 교리인 돈오점수가 바른 노선이 아니라고 주장한 것이니 충격이 아닐 수 없었다. 성철이 돈오점수를 베어 버리고 새로 심어야 한다고 주장한 바른 노선은 돈오돈수(頓悟頓修)였다.

1998년 말 서울 종로구 한복판의 조계사가 불타는 난투극 끝에 종정에 추대된 혜암(慧菴) 스님도 1999년 부처님 오신날을 맞아 기자들에게 "깨닫는 것 자체가 불법(佛法)이고 수행은 방편에 지나지 않는다"며 성철의 돈오돈수가 맞다고 손을 들어 줬다. 이것은 현재 한국 조계종의 지도 노선이 돈오돈수임을 확인해 주는 것이기도 했다.

이러한 돈오돈수설에 대해 해인총림측 수행승들은 대체로 지지하고 나서지만, '보조사상연구원' 측의 김호성 교수는 1991년 〈돈오점수의 새로운 해석〉이란 논문 등을 통해 돈오돈수를 비판하며 돈오점수를 지지하기도 했다. 그러나 수행방법과 깨달음이란 구분 자체가 워낙 고차원의 문제일 뿐만 아니라 "언어를 사용하지 않고 교 밖에 따로 전한다 〔不立文字, 敎外別傳〕"는 것이 선종의 불법을 깨닫는 요체이기 때문에 언어로 전개하는 논쟁 자체가 쉽지 않다는 어려움이 있다. 이 때문에 박성배 교수는 돈오점수와 돈오돈수의 장점을 하나로 흡수하자는 '돈오돈수적 점수설'을 주장하기도 했던 것이다.

일반인들에게는 그 풀이조차 이해하기 쉽지 않은 '돈오점수·돈오돈수 논쟁'은 그러나 우리나라에서 처음 시작된 것이 아니라, 중국 당(唐 : 618~907)나라의 화엄종 제5조 종밀(宗密 : 780~841) 이후에 논란의 대상이 된 선수행(禪修行) 방법의 하나이다. 이는 수행이 먼저 이루어져야 하는가 아니면 마음의 이치를 먼저 밝혀야 하는가에 관한 논의로서, 종밀은 다섯 가지 돈점설을 제시했는데 돈오점수와 돈오돈수는 각각 그중의 하나이다.

다섯 가지의 돈점설 중 첫번째인 점수돈오(漸修頓悟)는 꾸준히 수행하다가 일시에 깨닫는 것을 말하며, 두 번째인 돈수점오(頓修漸悟)는 단번에 수행하지만 차차 깨닫는 것을 말하며, 세 번째인 점수점오(漸修漸悟)는 차츰 수행하면서 차츰 깨닫는 것을 말한다. 네 번째가 돈오점수(頓悟漸修)인데 이는 단번에 진리를 깨우치지만 그후에도 계속 수행해서 번뇌와 습기(習氣)를 제거하는 것을 말하고, 다섯 번째인 돈오돈수(頓悟頓修)는 일시에 다 깨쳤으므로 더 이상 수행할 것이 없는 최고의 상태를 말한다.

돈오돈수와 돈오점수는 그 내용 자체를 이해하기가 쉽지 않기 때문

고려 왕국, 잊혀진 역사의 현장들

합천 해인사에 있는 성철스님 부도. 현대적 감각의 부도이다.

에 이들이 이런 이론을 주장하게 된 역사적인 배경을 알아보는 것이 이해의 지름길일 것이다.

신라 말 호족과 고려 무신은 왜 선종을 받아들였나

삼국을 통일한 신라는 통일왕국을 하나로 다스릴 수 있는 지배 이념 체계를 수립하려 노력했는데, 그 결과 만들어진 것이 신라 문무왕 때의 승려 의상(義湘 : 624~720)이 만든 '해동(海東)화엄종'이다. 의상이 중국 당(唐)나라에서 약 10년간 《화엄경》을 공부하고 돌아와 해동화엄종을 개창한 것에는 이유가 있다. 당나라는 수많은 민족과 나라들이 명멸했던 남북조 시대의 혼란을 수습하였을 뿐만 아니라 여러 민족과 나라들의 복잡한 민족적·문화적 이질성을 흡수 통합한 통일제국이었다. 통일신라는 바로 통일제국 당나라의 지배이념을 받아들였는데, 화엄종이나 선종이 모두 이때 성립된 것이었다.

진골 귀족 출신의 의상은 중국 북방에서 두순(杜順)과 법장(法藏)이 일으킨 화엄종 사상을 받아들여 해동화엄종을 연 것이다. 화엄종은 모든 것이 하나로 귀일된다는 사상으로 이는 하나의 국왕을 중심으로 한 통일왕권 강화에 적합한 사상이었기 때문이다.

그러나 통일신라가 하대에 접어들면서 진골 귀족 내부의 왕위쟁탈전으로 지배체제가 붕괴되어 가고, 지방의 호족들이 새 시대의 유력한 주창자로 등장함에 따라 새로운 사상체계가 필요해졌다. 이들 호족들이 신라 왕실의 지배이념인 화엄종에 맞서 받아들인 사상이 선종이었다.

통일신라 말기의 선종은 신라 왕실의 이념체계인 화엄종을 비판하고 이를 대체하는 기능을 한다. 이들 호족들은 선종을 바탕으로 새로운 왕조인 고려를 건설하는 데는 성공했으나, 선종은 정교한 이론체계를 갖춘 종파는 아니었기 때문에 선종만으로는 새로운 지배이념을 완성할 수 없었다.

이런 이유로 다시 받아들일 수밖에 없었던 것이 체계적인 이론 토대를 갖추고 있는 화엄종, 즉 교종(敎宗)이었는데, 이런 측면에서 고려사회의 정치이념으로나 불교적인 측면에서나 교종과 선종의 통합과 융화는 사회 유지를 위해 반드시 필요한 일이었다. 그런데 일단 왕조를 건설한 고려로서는 선종의 해체적 이념보다는 교종의 집합적 이념이 왕권강화에 더욱 도움이 되었다.

지눌보다 약 100여 년 전의 인물인 대각국사(大覺國師) 의천(義天 : 1055~1101)이 교종을 대표하는 것은 고려 왕실의 이런 요구를 반영한 것이었다. 본명이 왕후(王煦)였던 의천은 고려 문종의 넷째 아들이었는데, 그가 왕실의 지배 이념인 화엄종(華嚴宗)을 대표해 외척 인주 이씨가 주도하던 귀족불교인 법상종(法相宗)을 융합하고는 천태종(天台宗)을 개창해 선종까지 포섭하려 했던 것은 왕실의 자리에서 다른 종파들을 통합하려 한 것이었다. 의천은 일단 통합에 성공했으나 그의 통합운동은 교리상의 통합이라기보다는 왕자라는 특수신분을 앞세운 교단의 통합에 지나지 않았기 때문에 그가 죽자 곧 천태종은 쇠퇴하였고 선종은 다시 독립하게 되었던 것이다.

보조국사 지눌의 돈오점수와 정혜쌍수

보조국사 지눌이 선종인 조계종을 발전시킨 시기가 무신정권기라는 점은 고려 불교의 성격을 이해하는 데 많은 시사를 준다. 고려 전기 화엄종과 법상종 같은 교종을 발전시킨 주도세력은 왕실과 문신 귀족들이었다. 이들에게 천시받던 무신들이 정권을 잡자 왕실과 문신 귀족들의 후원을 받던 교종은 무신정권에 강력히 반발하고 나섰다. 명종 4년

(1174)에 발생한 귀법사(歸法寺)의 난은 왕실과 귀족의 비호를 받고 있던 교종 계통의 사원들이 연합해 일으킨 난이었다.

무신정권은 교종의 이런 반발을 강력히 진압하는 물리적 방법을 동원하는 한편, 선종을 육성해 교종을 대신시키려는 근본적인 종교대책을 세웠다. 왕실과 귀족의 지지를 받는 교종에 눌려 있던 선종이 무신정권기에 고려의 대표적인 불교종단으로 성장한 데에는 이런 정치적 배경이 있었던 것이다. 그리고 당시 왕실의 비호를 받는 교종의 비대화와 부패에 비판적 의식을 가진 일반 민중의 요구에도 선종은 맞는 것이었다. 즉, 무신집권이란 새로운 정치상황과 새로운 불교를 요구하는 시대상황의 바람을 타고 등장한 종파가 조계종이었으며, 조계종을 대표하는 인물이 보조국사 지눌이었다.

그는 당시 불교계의 타락을 비판하면서 새로운 불교 이론을 내세워 불교혁신운동을 전개했다. 그러면서 그는 새로운 불교 이론으로 교종을 통합하려 했는데, 그 이론이 바로 '돈오점수'와 '정혜쌍수(定慧雙修)'였던 것이다. 의천이 교종의 자리에서 선종을 포섭하려 했다면 지눌은 선종의 자리에서 교종을 통합하려 했는데, 의천이 왕자라는 신분을 앞세운 교단의 통합이란 물리력에 기댔기에 실패했다면, 지눌은 교단 통합뿐만 아니라 교리를 통한 화학적 통합을 시도해 성공했다는 점이 다르다.

의천과 지눌 두 사람은 모두 깨달음을 얻기 위해서는 이론적인 연구〔敎〕와 직관적인 깨달음〔禪〕이 함께 필요하다고 보았다. 이런 선·교 양종의 수양방법을 절충하는 불교사상은 이후 고려뿐만 아니라 조선 불교의 한 특징이 되어 지금까지 계속되고 있는 전통이기도 하다. 그러나 의천이 교단통합이라는 형식적인 측면에 더 치중했다면 지눌은 교리통합이란 내용적인 측면에 더 치중한 점이 다르다.

지눌은 신라시대부터 내려오던 구산선문(九山禪門) 중 몇 개 종파를 합쳐서 조계종을 만들었는데, 조계(曹溪)란 본래 중국 선종(禪宗)의 6조 혜능(慧能)의 별호로서, 그가 중국 소주부성(韶州府城) 동남을 흐르는 '조계' 부근의 남화사(南華寺)에서 수행한 데서 유래한 이름이다.

지눌의 교선통합 이론의 핵심은 돈오점수이다. 지눌에 따르면 인간이 마음이 부처라는 사실을 깨닫는 것이 돈오(頓悟)이고, 깨달음에 도달한 후에도 수련을 계속하는 것이 점수(漸修)이다. 정혜쌍수는 계속 수행하는 점수(漸修)의 성격과 내용을 밝히는 것인데 수행에 있어서 정(定)·혜(慧)를 함께 해야 한다는 것이다. 정(定)은 산란한 마음을 한 곳에 집중하여 조용하게 하는 선정(禪定)을 의미하고, 혜(慧)는 사물을 여실하게 보는 덕목들을 말한다. 다시 말하면 정은 마음의 본체,

성철스님이 기거했던 백련암.

곧 근본지(根本智)를 가리키며, 혜는 마음을 신령스럽게 아는 영지(靈知)의 작용을 말한다. 지눌은 한 부처의 가르침이 선종과 교종, 그리고 정과 혜로 나뉘어 있는 당시 불교계의 분열상을 비판하고 선교 양종의 통합과 정혜를 함께 수행하는 쌍수를 주장한 것이다.

지눌이 깨달은 후의 계속적인 수행을 주장한 이유

지눌이 깨달은 후에도 계속 수행할 것을 주장한 것은 왕실과 귀족의 비호를 받고 성장함으로써 비대해지고 부패한 당시 불교계의 타락상을 극복하는 데 목적이 있었다. 그는 불교의 타락을 비판하면서 혁신을 실천할 결사로 명종 12년(1182) 정혜사(定慧社)를 만들어 결사의 동지들과 함께 지리산 상무주암(上無住庵)에서 3년 동안 정진하기도 했다.

지눌에게 도를 닦는다는 것은 불경을 읽고 참선하며 다른 사람을 돕는 이타행(利他行)을 실천하는 것이었다. 그는 불경을 읽음으로써 오는 내면적 변화를 깨우침으로 인정했는데, 이러한 깨우침은 불경을 읽기 이전의 자신의 모습과는 다른 일종의 자기 혁신이란 점에서 일시에 오는 깨우침, 즉 돈오(頓悟)라고 했던 것이다. 그는 이 돈오를 궁극적인 깨우침이라고 보지는 않았다. 궁극적인 깨달음은 증오(證悟)인데 돈오한 후에도 계속 수행함으로써 증오의 상태에 도달할 수 있다고 본 것이었다.

그러나 성철은 "깨친 다음에도 또 닦을 것이 있다면 어찌 그런 깨침이 진정한 깨침이라고 말할 수 있겠느냐?"고 800여 년 전 지눌이 주장한 돈오점수를 힐난했다. 깨침을 이끌지 못할 뿐만 아니라 도리어 깨침을 막는 어설픈 앎을 선종 승려들은 지해(知解)라 하여 선문(禪門) 최대의 금기로 삼는데, 성철의 비판은 지눌의 돈오가 바로 이 지해라는 것이었다.

성철은 잘못 깨친 지혜 자체에 문제가 있을 뿐만 아니라 그 잘못된 깨침에 근거한 잘못된 수행, 곧 닦음은 남까지 그르치니 돈오점수설의 폐해는 실로 막중하다고 비판한 것이다. 성철은 지눌이 말하는 돈오 이후

의 증오(證悟)에 도달하기 위한 닦음, 즉 점수는 증오의 내용을 실현시키는 것이 아니라 증오에 도달하지 못한 채 잘못된 닦음만 계속한다는 것이다. 그러면서 그는 깨침과 닦음이 점차적으로 이루어지는 것이 아니라 한꺼번에 완성된다고 주장했다. 그는 "돈수라야 돈오요, 돈오면

전남 승주군 송광사에 있는 보조국사 지눌의 부도.

돈수라야 한다"면서 이 둘이 일치함으로써 진정한 궁극적 깨달음 구경각(究竟覺)에 이를 수 있다고 주장했다.

지눌과 성철의 주장 중 어느 것이 맞는지는 상당한 정도의 불교 지식을 요구하기 때문에 섣불리 결론을 내릴 수는 없는 문제일 것이다. 그러나 지눌의 돈오점수설에 대한 성철의 비판은 다소 과도한 면이 있다. 성철은 지눌의 돈오를 지해, 곧 거짓 깨침이라고 비판했다. 즉 거짓 깨침을 궁극적 깨침으로 위장하고 있다는 비판이다. 그러나 지눌은 돈오점수의 돈오를 궁극적 깨우침이라고 주장하지 않았다는 점에서 성철의 비판은 자의적이란 비난을 받을 소지가 있다. 지눌도 돈오점수에 대해 "범부가 곧 부처임을 깨달았으나 법력(法力)으로써 부처의 길을 닦는 것"이라고 하여 끝없는 수행을 강조한 터였다. 즉, 지눌은 돈오의 깨침이 궁극적인 것이 아니니 여기에 자만하지 말고 부지런히 닦아서 궁극적 깨달음에 도달해야 한다고 강조했던 것이다.

또한 돈오점수에 대한 성철의 비판은 다분히 종파적이라는 혐의를 받을 소지도 있다. "돈오점수설은 교가(教家 : 교종)의 주장이고 돈오돈수설은 선문(禪門)의 정설"이라든가 "돈오점수를 주장하면 이단이고, 돈오돈수를 주장하면 정통"이라는 식의 주장은 종파주의적이라는 혐의를 받을 수 있다는 것이 박성배 교수나 이효걸 교수 같은 이들의 견해이다. 보조국사 지눌은 성철처럼 교가와 선문을 나눈 것이 아니라 선종의 자리에서 교종을 통합하려고 한 것이다. 이런 지눌의 통합사상을 선문의 자리에서 '이단' 운운하며 비판한 것은 성철의 돈오돈수가 통합보다는 분리에 치중하지 않는가 하는 생각을 하게 한다는 것이다.

더 큰 문제는 현실과의 관련성 때문에 지눌은 당시 고려 불교의 부패상을 비판하며 이를 바로잡기 위한 방안의 하나로 계속되는 닦음, 곧 점수(漸修)를 주장한 것이다. 그러나 불타는 조계사에서 온 국민에게 극명하게 보여 준 현대 한국불교의 현주소는 깨침과 닦음이 한꺼번에

172

우리 역사의 수수께끼 2

이루어진다는 고차원의 돈오돈수 주장을 공허하게 만든다. 새로운 밀레니엄 시대에 서울 시내 한복판에서 벌어진 승려들의 혈투와 이들에 의해 불타 버린 조계사의 황량한 모습은 끝없는 수행이 필요함을 말해주는 더할 나위 없는 물증이다.

고려의 왕비가 된 원나라 공주들

결혼과 사랑, 그리고 신분상승

혼인을 신분상승의 수단으로 생각하는 사람들이 간혹 있다. 심심할 만하면 스포츠 신문을 화려하게 장식하는 돈 많은 재벌가 2세와 미모의 여성 연예인 사이의 결합은 대부분의 경우 변형된 형태의 매매혼이라고 보통 사람들은 생각한다. 재벌가의 아들과 여성 연예인 사이의 결합은 많아도 재벌가의 딸과 남성 연예인 사이의 결합은 거의 전무한 것은 이런 매매혼의 배후에 어떤 법칙이 흐르고 있는지를 잘 보여 준다. 즉 이 경우 진정한 사랑이 아니라면 여성은 돈에 팔리는 인격 있는 상품에 지나지 않는 것이다.

얼마 전 국내 굴지 재벌가의 맏딸과 그 회사 하급 사원과의 결혼 소식은 색다른 감회를 준다. 재벌가의 딸이 아버지 회사의 하급 사원을 선택한 것을 '샀다'고 단정짓기에는, 이 경우가 결혼을 거래로 생각하는 우리 사회 지배층의 속성과 상당히 동떨어진 것이었기 때문이다. 겉과 속이 모두 남성 우위 사회인 우리나라에서 이 여성의 선택은 적어도 세속적인 이익이 개재된 것으로까지 보이지는 않는다. 그러나 이 남성이 재벌가의 딸과 결혼함으로써 사실상의 신분제 사회에서 비약적인 계급상승을 할지는 모르겠지만 그 결과 포기해야 할 가치들도 없지 않을 것이란 생각이 드는 것은 고려의 왕과 원나라 공주의 결혼이 떠올라서라면 지나친 억측일까?

고려 원종이 먼저 구걸한 국제결혼

고려 임금들이 원 황실의 공주를 맞아들이게 된 데는 대몽항쟁을 둘러싼 고려 지배층 내부의 의견충돌이 있었다. 고려 고종 18년(1231)부터 몽고의 침입을 받기 시작한 고려의 무신정권은 압도적인 군사력의 열세에도 굴하지 않고 고종 19년 강화도로 천도하여 끝까지 항전할 것을 결의했다. 그후 몽고는 전후 30여 년 간 여섯 차례에 걸쳐 침입하여 내륙을 짓밟았으나, 본래 수전(水戰)에 약한 유목민족인 그들은 강화도에 상륙하지 못했다. 그러는 동안 무신정권에 억눌려 있던 일부 문신들은 몽고와 손을 잡고 무신정권을 타도하려는 생각을 가지게 되었다. 정권에 눈이 먼 유경(柳璥) 등 일부 문신들이 김준(金俊) 등 일부 무신들을 부추겨 최씨 정권의 수장인 최의(崔竩)를 암살한 것은 고종 45년(1258)이었다. 최의가 살해됨으로써 정권이 일단 국왕에게 환원되자 조정은 다음해인 고종 46년 몽고와 강화하기로 결심하고, 태자 전(倎)을 몽고로 보내 항복하겠다는 뜻을 밝혔다. 그리고 강화도의 성곽을 헐어 버려 저항 포기 의사를 분명히 했다.

그러나 상당수의 무신들은 이를 비굴한 항복이라며 반발했다. 무신 김준은 이들 무신들의 압력을 받아 문신 유경을 거세하고 스스로 교정별감(敎定別監)이 되어 무신정치를 복귀시키며 몽고와 강화를 반대하였다. 그러나 김준보다 강경항몽파인 무신 임연(林衍)은 원종 9년(1268) 김준을 살해하고 교정별감에 취임해 더욱 강경한 항몽태세를 견지했다. 그러나 임연의 이런 대몽 강경자세는 원종의 뜻과는 다른 것이었다. 원종은 1268년 강화도에서 육지로 나오기 위해 개경에 출배도감(出排都監)을 설치했을 뿐만 아니라 태자 심(諶 : 뒤의 충렬왕)을 몽고에 보내어 항복 의사를 분명히 했다.

원종의 이런 자세에 분노한 임연은 원종 10년(1269) 6월 원종을 폐하고 임금의 동생 안경공(安慶公) 창(淐)을 추대해 임금으로 삼았다. 몽고에서 돌아오던 세자는 이 소식을 듣고 다시 몽고로 돌아가 왕의 폐립 사실을 고하자 발끈한 몽고는 병부시랑 흑적(黑的) 등을 보내 위협하는 바람에 4개월 만에 복위시킬 수밖에 없었다. 그후 원 황제 세조(世祖 : 재위 1260~1294)는 임연에게 직접 연경에 들어와 해명하라고 명령했는데, 임연은 원나라에 가면 죽게 될 것을 염려한 나머지 사망하고, 아들 임유무(林惟茂)가 교정별감의 자리를 이었다. 그러나 원나라의 지지를 확신한 원종은 재위 11년(1270)에 임유무를 살해하고 개경으로 환도했다.

배중손(裵仲孫)을 중심으로 한 삼별초는 이에 반발하여 왕족 승화후(承化侯) 온(溫)을 임금으로 추대하며 봉기했다. 원종은 몽고군을 청병해 삼별초를 진압하고 말았다. 이로써 일단 정권은 유지할 수 있었으나 임연의 원종 폐출사건이나 삼별초의 봉기는 원종을 두렵게 했다. 백성들의 반대를 무릅쓰고 개경환도를 단행한 그로서는 언제 또다시 폐출의 위기에 몰릴지 알 수 없었던 것이다. 그래서 원종은 원세력에 의지하는 것이 자신의 왕위를 지킬 수 있는 지름길이라고 판단하고 직접 원나라로 향했다.

폐출사건이 종결된 직후인 재위 10년(1269) 12월 원나라로 간 원종은 원 세조에게 자신을 폐출시키려던 사건에 대해 고발하였으며, 이듬해 2월에는 세자와 원나라 공주의 결혼을 요청하는 청혼표(請婚表)를 올린다.

우리 역사의 수수께끼 2

개성의 고려궁터.

고려 왕국·
잊혀진
사진의
현장들

"대저 소방(小邦 : 작은 나라)이 대조(大朝 : 천자의 조정)에 청혼하
는 것은… 분수에 넘칠까 하여 오랫동안 진정(陳情)을 못하였사옵니
다. …엎드려 바라건대 공주를 세자에게 강가(降嫁 : 아래로 시집감)할
것을 허락하시면… 소방은 만세토록 길이… 삼가하겠사옵니다."

　일반적으로 고려 왕실이 원나라 황실의 압력에 굴복해 원나라 공주
를 왕비로 맞아들인 것으로 생각하고 있는 것과는 달리 고려의 원종이
먼저 굴욕적인 청혼표를 올려 공주와 결혼시켜 줄 것을 간청한 것이다.

이때 원종이 원나라 공주와 세자를 결혼시키겠다고 내건 명분은 '기장적사(覬將嫡嗣)' 라는 것으로 이는 '감히 분수에 넘치게 적자(嫡子)에게 왕위를 잇게 하겠다' 는 것이었다. 여기에서 원종이 말하는 적자는 원나라 공주의 몸에서 난 아들을 뜻한다. 문제는 이때 세자의 나이 이미 서른다섯의 장년이었을 뿐만 아니라 이미 10년 전에 종실 시안공(始安公) 인(絪)의 딸을 비로 맞이하여 아들까지 둔 상태였다는 점이다. 원종은 고려 여인의 몸에서 난 손자를 버리고 새로 원나라 공주를 며느리로 얻어 그녀의 몸에서 난 손자에게 왕위를 잇게 하겠다는 것이었다.

그러나 원의 세조는 원종의 간절한 청혼을 즉각 허락하지 않고 지체하다가 일단 고려로 귀국했던 세자가 원종 12년(1286) 세 번째로 원나라에 오자 드디어 허락했다. 세조가 자신의 딸을 준 것은 고려가 원나라에게 그만큼 중요한 의미를 갖고 있음을 뜻한다.

호복에 변발로 귀국한 세자

《고려사》는 이듬해 귀국한 세자가 변발에 호복(胡服)을 입고 있어서 나라 사람들이 개탄하여 마지않았으며 흐느끼는 자까지 있었다고 적고 있다. 그러나 왕위에 눈이 먼 원종과 세자로서는 원나라 공주를 왕비로 얻음으로써 세계 최강대국 황제의 부마가 될 수 있다면 변발 호복이 아니라 그 이상의 것도 할 수 있다는 심정이었다.

세자는 원종 15년(1274) 5월 원나라 세조의 딸인 제국대장공주(齊國大長公主)에게 장가들었는데, 혼인 장소는 물론 원나라였다. 그해 원종이 죽자 세자가 홀로 귀국해 왕위에 오르니 그가 곧 충렬왕이었다.

충렬왕은 추밀원 부사 기온(奇蘊)을 보내 공주를 영접하게 했는데, 공주가 원나라에서 시국(媤國) 고려로 오자 충렬왕은 서북면, 곧 평양까지 직접 나가 맞아들였다. 이때 충렬왕은 여러 빈(嬪)들과 여러 궁주, 재상의 부인들을 대동한 것은 물론 왕비까지 함께 나가 영접하게 하였다. 이미 15년을 함께 산 적실 왕비가 새로 오는 왕비를 맞이하러 평양까지 가야 했으니 그 굴욕감은 이만저만이 아니었을 것이다.

이때 세조는 탈홀(脫忽)을 먼저 보내 몽고식 천막집인 궁려(穹廬)를 짓고 몽고 풍습대로 흰 양의 기름으로 액막이 하는 제사를 지냈다. 공주가 머무는 궁을 경성(敬成)이라 했으며, 안동 경산부를 공주의 식읍으로 주었다. 공주는 이듬해 왕자를 낳았는데 그가 훗날 충선왕이 된다. 충렬왕은 이미 시안공의 딸인 왕비 정화궁주(貞和宮主)에게서 난 아들이 있었으나 '기장적사'의 원칙에 따라 뒤늦게 난 제국대장공주의 아들이 원자가 된 것이다.

아들 생산을 축하하기 위해 여러 왕족과 백관들이 하례하러 갔더니 공주의 종자(從者)가 문 어귀에 서서 들어오는 모든 사람들의 옷을 벗겼는데 이는 설비아(設比兒)라 불리는 몽고 풍습이었다. 동방예의지국의 왕족·고관들이 유목민족의 풍습에 따라 발가벗어야 하는 진풍경이 연출된 것이다.

왕족의 옷을 벗길 정도의 위세를 지닌 공주가 자신을 한껏 낮추는 자

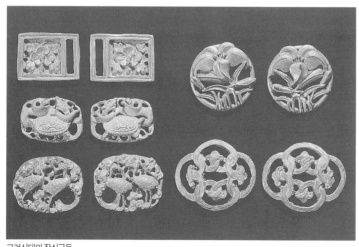

고려시대의 장신구들.

세를 취했으면 더욱 빛났으련만 문화수준이 거칠고 낮은 유목민족 출신이어서인지 제국대장공주는 그렇지 못해 사사건건 시비가 붙었다. 그 한 예가 전 왕비 정화궁주와의 관계이다. 정화궁주는 쓰린 마음으로 제국대장공주의 득남을 축하하는 잔치를 베풀었는데, 정화궁주를 모시던 궁녀 소니(小尼)가 제국대장공주의 자리를 평상으로 설치한 것이 문제를 일으켰다. 공주를 모시던 식독아(式篤兒)가 공주에게, "평상으로 설치한 것은 정화궁주와 함께 앉으시게 하기 위해서입니다"라고 일렀다. 이에 노한 공주는 갑자기 자리를 서쪽으로 옮기라고 명령했는데 서쪽 사랑에는 전부터 높은 평상이 있기 때문이었다. 정화궁주가 술을 따를 때 충렬왕이 공주를 돌아보자 공주가 쏘아붙였다.

"왜 눈을 흘겨보세요? 궁주가 내 앞에 꿇어앉았다고 그러나요?"

공주는 연회를 집어치우라고 명령하고 통곡하면서 "내 아들 있는 데로 가겠다"면서 수레〔輦〕를 대령하라고 생떼를 부렸다. 공주의 유모가 나서서, "공주께서 나가시면 나는 여기서 죽고 말겠습니다"라면서 스스로 목을 졸라 자살하는 척하자 비로소 그만두었다. 원나라에서부터 따라온 유모가 자살소동을 벌여야 그칠 정도로 제국대장공주의 질투는 지나친 것이었다.

원나라 공주에게 얻어맞는 충렬왕

공주의 강짜는 여기서 그치지 않았다. 충렬왕은 공주 앞에만 서면 한없이 작아지는 남자여서 꼼짝도 못했다. 당시 개경 근처의 개풍군 덕적산 남쪽 기슭에는 고려 문종의 원찰(願刹)로 문종 21년(1067)에 지어진 흥왕사(興王寺)가 있었다. 무려 2,800간의 대규모 사찰이었는데 이 절에는 문종 32년(1078)에 금 144근과 은 427근으로 조성한 금탑이 있었다. 그 뒤 최충헌의 아들 최이(崔怡)도 황금 200근으로 13층탑과

화병(花甁)을 조성하여 헌납했다.

　어느 날 이 금탑을 발견한 공주는 다짜고짜 대궐로 갖고 왔다. 그 장식품들은 공주의 노비들이 훔치고 탑신은 공주가 차지해 버렸던 것이다. 《고려사》는 공주가 이 탑을 녹여 금을 사용하려 하자 충렬왕이 금지시켰으나 듣지 않으므로 왕이 울기만 하였다고 적고 있을 정도로 원나라 공주를 데려온 대가는 큰 것이었다. 선대왕의 원찰에 보관되어 있던 금탑을 녹이려 해도 막을 방법이 없어 울기만 했으니 구걸하다시피 결혼한 충렬왕의 처지가 안쓰럽지만, 이는 개인의 치욕이라기보다는 나라의 치욕이고, 외국의 힘으로 권력을 유지하고자 한 데 따르는 사필귀정이라 할 수 있을 것이다.

　충렬왕은 공주의 위세에 치여 아무 일도 하지 못했다. 충렬왕이 봉은사에 가려는데 재상들이 미처 따라오지 못하자 노한 국왕은 3성을 통합해 만든 첨의부(僉議府)의 아전들을 가두었다. 충렬왕은 잠시 후 우승지 설공검(薛公儉)을 시켜 재상들에게 이렇게 전하게 했다.

　"공주가 나더러 빨리 가자고 청했는데 경(卿)들이 뒤떨어져서 오니 공주가 나를 책망할까 두려워 잠시 첨의부의 아전들을 가둔 것이니 내가 조급하다고 생각하지 말라."

　이처럼 충렬왕은 원나라 공주를 왕비로 맞아들인 죄로 임금다운 임금 노릇을 못 하고 있었다. 심지어 충렬왕은 공주에게 얻어맞기까지 했다. 국왕이 천효사(天孝寺)로 임시 거처를 삼아 옮기려고 했는데 왕이 먼저 절이 있는 산 아래에 도달했고, 공주가 뒤미처 따라왔다. 공주는 배종하는 인원이 적다고 화를 내며 돌아가려 하자 불안해진 충렬왕도 돌아가려 했다. 그러자 공주가 몽둥이로 충렬왕을 때렸다. 왕은 모자를 벗어 그녀 앞에 던지고 공주의 시종 홀라대에게 "이는 모두 네 놈이 꾸민 짓이다"라고 꾸짖자 겨우 마음이 풀린 공주가 다시 천효사로 향했다. 그러나 사건은 여기에서 끝나지 않았다. 이번에는 충렬왕이 자신을 기다리지 않고 먼저 들어갔다 하여 욕을 하고 때리면서 말을 타고 죽판궁(竹坂宮)으로 돌아가려 했다. 문창유(文昌裕)가 이 광경을 보고 설공검에게 이렇게 말했다.

"이보다 더 큰 모욕이 어디 있겠소."

제국대장공주에 대한 대부분의 기록은 이처럼 부정적인 것이지만 그렇지 않은 내용도 있다. 충렬왕이 정사에는 신경 쓰지 않고 사냥만 다니자 "사냥에만 이렇게 힘쓰면 나랏일은 어떻게 되겠습니까?"라고 책망하기도 했던 것이다.

충렬왕 11년(1285)에는 왕이 상장군 김자정(金子廷)을 동경(東京) 부사로 임명했다. 그런데 김자정은 양반에 속하지 못하는 내료(內僚), 즉 남반(南班)이었다. 이 소식을 들은 공주는 충렬왕에게 묻는다.

"동경은 시어머니의 고향이라는 말을 들었는데 맞습니까?"

충렬왕이 맞다고 대답하자 공주는 계속하여 물었다.

중국 북경의 자금성. 많은 왕조가 이곳을 황궁으로 사용했다.

"집의 종을 이런 곳의 수령으로 임명하는 것이 옳습니까? 남반 사람을 서울과 지방의 요직에 임명하는 것은 언제부터 시작되었습니까?"

왕이 부왕 원종 때부터 비롯되었다고 하자 공주는 "왕은 진실로 원종의 아드님이십니다"라고 비아냥댔다. 충렬왕은 공식석상에서도 제국대장공주보다 낮은 데에 위치해 있었다. 충렬왕 17년(1291)에 원나라 장수 설도간(薛闍干)이 합단(哈丹)을 평정한 후 공주를 배알하고 노획한 남녀 50명과 말 5필을 바쳤다. 충렬왕과 공주가 연회를 베풀어 설도간을 위로하는 자리를 베풀었는데, 가운데 중앙에는 공주가 앉고 왕은 좌측에 앉았으며 다른 몽고인이 우측에 앉았던 것이다.

충렬왕이 스스로 원나라의 부마가 되기를 간청함으로써 고려는 잃은 것이 너무 많았다. 충렬왕 13년에 공주가 원나라에 근친을 가면서 공녀(貢女)로 데려가기 위해 홀적(忽的)들에게 민가를 뒤지게 하자 딸이 있는 집은 물론, 딸이 없는 집도 놀라 두려움에 떨었으며 소란이 일어나 원한과 울음소리로 마을마다 소요스러웠다.

충렬왕 즉위년(1274)과 재위 7년(1281) 두 차례에 걸친 일본 원정으로 고려의 국력은 크게 피폐해졌다. 충렬왕 1년에는 고려의 모든 호칭을 낮추어 불러야 했다. 조(祖)나 종(宗) 대신에 한 등급 낮은 왕(王)이라는 시호를 써야 했으며, 짐(朕)은 고(孤)로, 폐하(陛下)는 전하(殿下)로, 태자(太子)는 세자(世子)로 강등되었다. 관제도 마찬가지여서 중서문하성과 상서성의 두 성은 합쳐서 첨의부로 격하되었으며, 추밀원(樞密院)은 밀직사(密直司), 어사대(御史臺)는 감찰사(監察司)로 강등되었으며, 육부(六部)도 마찬가지로 전리사(典理司)·군부사(軍簿司) 등으로 통폐합·강등되었다. 물론 이런 조치들은 원나라의 강요에 의한 것이었으나 충렬왕과 그 아버지 원종이 스스로 자초한 측면도 적지 않았다.

충렬왕은 뒤에 개혁적인 아들 충선왕과 왕위를 두고 다투기까지 했

고려 잊혀진 왕국, 역사의 현장들

고려시대 여성의 장신구.

으니 치국(治國)은 물론 제가(齊家)에도 실패한 인물임에 분명하다. 수신(修身)이야 말할 나위가 없을 것이다.

충렬왕 20년(1294)에 공주의 아버지 세조가 죽자 뒤를 이은 성종(成宗)은 공주에게 책봉문을 보냈는데 그중에 이런 내용이 있다.

"고려 국왕에게 출가한 공주는 황실의 귀한 몸으로 태어났는데… 매사를 조심하여 규범에 어김이 없으므로 황궁에서 소중히 여기는 몸이 되었으며 왕비로서 모범을 보여 고려의 국정에 공헌하였다. 신분이 존귀한 것으로서 남편에게 자랑하지 않았으며…"

'신분이 존귀한 것으로서 남편에게 자랑하지 않았으며…'라니 고려인들이 들을 때 공허한 책봉문이라 하지 않을 수 없다. 그러나 이 역시 나라를 몽고에 팔아넘긴 원종의 자업자득이라 할 때 입맛이 쓴 것은 어쩔 수 없다.

조선

가깝고도 먼 나라,
조선의 진실

우리 역사에서
왕조교체는 왜 선양을 명분으로 삼았는가

한 번 건국하면 왕조가 장수하는 이유

골짝을 예는/바람결처럼/세월은 덧없어/가신 지 이미 천년
한은 길건만/인생은 짧아/큰 슬픔도 지내다니/한줌 흙이러뇨
잎 지고/비 뿌리는 저녁/마음 없는 산새의/울음만 가슴 아파
천고에 씻지 못할 한/어느 곳에 멈추신고
나그네의 어지러운 발끝에/찬 이슬만 채여
조각구름은/때 없이 오락가락 하는데
옷소매를 스치는/ 한 떨기 바람
가던 길/멈추고 서서/막대 짚고/고요히 머리 숙이다

시인 김해강의 〈가던 길 멈추고〉란 시의 전문이다. '금강 8제 중 제7번째' 시인데 '마의태자 묘를 지나며' 란 부제가 달려 있다.

비단 김해강뿐만 아니라 우리나라 문필가들 중에는 마의태자(麻衣太子)에 애정을 가진 사람들이 많았다. 특히 일제시대에는 더욱 그랬다. 춘원(春園) 이광수(李光洙)는 1926년부터 이듬해까지 〈동아일보〉에 역사소설 《마의태자》를 연재했다. 또한 일제의 군국주의가 본격화

금강산 정양사. 지금은 불타고 없어졌다. 마의태자는 신라가 고려에 항복하는 것을 반대해
금강산으로 들어갔다.

되던 1937년 극작가 유치진(柳致眞) 역시 〈동아일보〉를 통해 희곡《마
의태자》를 발표했다. 일제시대의 문호들이 마의태자에 관심을 가진 이
유는 그의 극적인 삶에도 영향이 있었지만, 그보다는 고려 왕건에 맞서
끝까지 싸울 것을 주장한 그의 주전론(主戰論)이 식민지 지식인들의
공감을 얻었기 때문이다.

비장미가 없는 우리나라 왕조의 최후

우리나라 역사를 읽을 때 느끼는 안타까움의 하나는 망하는 순간의

비장미가 없다는 점이다. 한 왕조의 멸망은 적어도 멸망시키려는 쪽과 모든 것을 건 일전 끝의 폐허 속에서 이루어지는 것이 자연스럽다.

중국의 경우를 보자. 기원전 202년에 천하장수 항우(項羽)는 유방(劉邦)과 천하의 패권을 둔 해하(垓下)의 전투 끝에 패하자 마지막으로 막사에서 주연을 베풀고, 총애하던 우미인(虞美人)에게 춤을 추게 한 후 스스로 "우여, 우여, 그대를 어찌할 것인가[虞兮虞兮 奈若何]"라는 노래를 부르며 장렬하게 최후를 맞았는데 대개 이처럼 비장하게 마치는 것이 상례였다.

일본의 경우도 《대망(大望)》으로 유명한 덕천가강(德川家康 : 도쿠가와 이에야쓰)이 1615년 대판(大阪)의 여름 싸움 끝에 대판성(大阪城)을 함락시켜 풍신가(豊臣家 : 토요토미)를 멸망시키고 덕천막부(德川幕府)를 열었던 것이다.

그러나 신라가 삼국을 통일한 후 우리나라 역사에서 이처럼 비장한 최후를 마친 왕조는 없다. 마의태자가 일제시대 식민지 백성들의 마음을 끌었던 이유는 후백제 진훤[甄萱]과 고려 왕건(王建)에 맞서 끝까지 싸울 것을 주장한 주전파(主戰派) 태자였기 때문이다. 신라의 마지막 왕인 56대 경순왕(敬順王 : 927~935)이 고려에 나라를 바치고 귀부(歸附)하려 하자 마의태자는 결연하게 반대한다.

"나라의 존망에는 반드시 천명(天命)이 있으니, 마땅히 충신과 의사(義士)와 함께 민심을 수합(收合)하여 노력하다가 힘을 다하면 말 것이지, 어찌 1000년 사직을 하루 아침에 쉽사리 남에게 내주겠습니까?"

그러나 경순왕이 끝내 시랑(侍郎) 김봉휴(金封休)를 시켜 귀부를 청하는 국서(國書)를 왕건에게 보내게 하자 마의태자는 통곡한 후 개골산(皆骨山 : 금강산)에 들어가 바위에 의지하여 집을 짓고 마의(麻衣)와 초식(草食)으로 일생을 마치었다.

마의태자의 이런 자세는 어찌 보면 당연한 것이다. 그러나 우리나라의 역사에서는 그의 이런 행적이 특이한 것이기에 소설이나 희곡의 소재로 쓰인 것이다. 우리나라 왕조의 마지막 임금의 시호에는 마의태자의 행적이 왜 특이해 보이는지 암시하는 글자들이 많다. 신라의 마지막 임금인 경순왕(敬順王)은 '공경하고 순한 왕'이란 뜻이다. 고려라고 다를 바는 없다. 고려의 마지막 왕인 공양왕(恭讓王 : 1389~1392)은 '공손하게 (왕위를) 양보한 왕'이란 뜻이기 때문이다.

조선의 마지막도 비장한 것과는 거리가 멀었다. 이미 무력으로 결정된 병탄(併呑)에 대해 고종이 '국새(國璽)를 찍었느니 안 찍었느니' 싸우는 자체가 경순왕·공양왕과 다를 바 없음을 말해 준다. 결판은 조약서의 도장 날인 여부에 달려 있는 것이 아니었다. 이미 조약서는 하나의 요식행위였다. 병탄을 받아들이기 싫으면 도장을 안 찍겠다고 버티는 것이 아니라 총칼을 들고 일어나 싸워야 하는 것이었다. 그러나 고종은 오히려 조약체결에 분개한 신하들의 자살을 말렸다. 을사조약이 체결되었다는 소식을 들은 민영환(閔泳煥), 조병세(趙秉世) 같은 우국지사들이 잇달아 자결하고 전 참판 심상훈(沈相熏)이 자결하려 하자 고종은 "죽어서 국가에 보답하는 것이 살아서 국가에 보답하는 것보다 못하다"며 말렸고 심상훈은 이 말을 듣고 죽기를 포기했던 것이다.

보답할 나라가 이미 망한 상태에서 '보답할 나라' 운운한 고종은 단한 번도 일제와 맞서 무기를 들고 싸울 생각을 하지 않았다. 그리고 그런 처신은 신라의 마지막 왕 경순왕이나 고려의 마지막 왕 공양왕의 처신과 정확히 일치한다. 물론 시대상황과 조건은 모두 틀리지만 비장한 죽음 따위는 이들에겐 처음부터 고려 밖의 일이었다.

자신을 멸망시킨 자에게서 받는 작위들

신라, 고려, 조선의 마지막 왕들은 또한 자신을 멸망시킨 세력으로부터 작위를 받았다는 공통점도 지니고 있다.

신라 경순왕이 모든 백관을 거느리고 왕도(王都)인 경주를 떠나 왕건에게 항복하러 오자, 왕건은 특별히 교외까지 나가 경순왕을 맞아들였다. 태조 왕건은 그에게 궁의 동쪽에 있는 으뜸가는 집을 내려주고 장녀 낙랑공주를 그에게 주어 아내로 삼게 했다. 다음달에는 경순왕 김부(金傅)를 봉하여 정승(正承)으로 삼았는데 그 자리는 태자보다 위에 있는 자리라 했으며, 녹(祿) 1,000석을 주고 기타 시종들도 다 채용하였다. 그리고 신라를 고치어 경주라 하여 김부의 식읍(食邑 : 공신에게 토지와 인민을 내린 곳)으로 삼았다.

경순왕의 자리에서 냉정하게 볼 때 이는 손해나는 거래는 아니었다. 후삼국 시대에 가면 이미 신라의 실질적인 영토는 경주 일원으로 축소

포항시 형산 왕룡사에 모셔져 있는 신상들. 오른쪽이 경순왕이고 왼쪽 무장이 김유신이다.

되어 있었다. 선왕 경애왕(景哀王 : 924~927)이 비빈(妃嬪), 종척(宗戚)들과 포석정에서 "머리 돌려 바라보니/꽃은 성 안에 가득한데/엷은 안개 실구름에/모두 가려 보이지 않는구나(回首一望兮花滿塢 / 細霧輕雲兮並朦龍)"라는 노래를 부르며 즐기다가 후백제의 진훤에게 죽고 말았던 것과 비교하면 훨씬 나은 삶일 수도 있었다. 사위가 된 경순왕은 왕건이 "지금 왕이 나라를 나에게 주니 그 주고받음이 매우 크다. 바라건대 우리 종실과 혼인을 맺어 구생(舅甥 : 장인과 사위)의 우의를 길이 맺고 싶다"고 하자 덕과 얼굴이 모두 아름다운 백부의 딸을 바치기도 했다.

마의태자 말대로 '천년 사직'의 종말치고는 지나치게 싱겁다고 하지 않을 수 없다.

오백년 사직의 고려도 마찬가지였다. 요동(遼東) 정벌을 위해 만주로 향했던 이성계가 위화도 회군을 단행해 개경으로 돌아온 것은 왕조를 무너뜨리겠다는 결심이 없이는 불가능한 일이었다. 명나라가 철령에 칠십참(七十站)을 두고 수비를 엄히 하겠다고 통보하자 "여러 신하들이 요동을 공격하자는 나의 계책을 듣지 않아 일이 이렇게 되었다"고 탄식하면서 팔도의 군사를 모아 요동정벌군 소집을 명령했던 우왕(禑王 : 1374~1388)은 막상 이성계가 회군하자 속수무책으로 당하고 말았다. 고봉현(高峰縣 : 고양)으로 귀양 갔던 최영은 충주로 옮겨졌다가 이성계 일파에 의해 참형(斬刑)을 당했고, 우왕도 강화도로 귀양가고 말았다. 임금이 신하에 의해 귀양가는 비상한 사태가 발생한 것이다.

폐위된 우왕의 뒤를 이어 왕위에 오른 것은 우왕의 아들 창왕이었는데 이는 함께 위화도 회군을 단행한 조민수(曺敏修)의 주장에 따른 것이었으나 창왕은 이미 허수아비일 수밖에 없었다. 그러나 창왕 역시 이성계 일파에 의해 우왕의 아들이 아니라 신돈의 자식이란 모함을 받아 폐위되고 말았는데 이를 '가짜인 신씨를 폐하고 진짜인 왕씨를 세워야

조선의 가도 숨긴 진실 나라

한다'는 뜻의 '폐가입진(廢假立眞)'이라 했다(《우리 역사의 수수께끼 1 권》, 〈우왕은 과연 신돈의 자식일까〉 참조).

창왕을 폐한 이성계 일파가 세운 인물이 바로 '공손하게 양위한 임금'인 공양왕이었다. 경순왕이 경애왕의 급작스런 죽음으로 뜻하지 않게 임금이 된 것처럼 공양왕도 창왕이 쫓겨남에 따라 갑작스럽게 국왕의 자리에 오른 것이었다. 왕위에 오른 공양왕은 즉위하던 날 밤 두려워서 잠을 이루지 못했고, 주위 사람들에게 짐이 너무 무거워 어찌할 바를 모르겠다고 탄식하며 눈물을 흘렸다.

고려의 후세 임금들 중에 이성계에게 저항 의사를 밝힌 임금은 우왕뿐이었다. 강화도에서 황려(黃驪 : 여주)로 유배지가 옮겨진 우왕은 최영의 생질이며 전 대호군(大護軍)인 김저(金佇)와 정득후(鄭得厚)가 찾아오자 눈물을 흘리며 이렇게 말한다.

"울분 속에 이곳에서 지내자니 견디기 어렵다. 가만히 있다가 죽음을 맞는 것보다 한 역사(力士)를 얻어 이성계를 살해하면 내 뜻이 이루어질 수 있을 것이다. 나는 본래부터 예의판서(禮儀判書) 곽충보(郭忠輔)와 사이가 좋았으니 그대들이 가서 만나보고 도모하라."

이렇게 말하며 우왕은 김저에게 칼 한 자루를 내어 주었다. 이들은 이 칼을 곽충보에게 전했으나 사이가 좋았다던 곽충보가 이성계에게 고발하는 바람에 실패하고 만 것이다. 이 사건으로 우왕은 강릉으로 다시 옮겨졌다가 1389년 이성계 일파에 의해 죽임을 당하고 말았다. 이성계에 저항하지 않았던 창왕과 공양왕도 마찬가지였다. 창왕도 폐위된 후 우왕이 죽던 해 강화에서 살해되었으며, 공양왕은 이성계에게 왕위를 넘겨준 후 공양군(恭讓君)으로 강등되었다가 원주에서 삼척으로 옮겨져 태조 3년(1394) 살해되고 말았다.

고종과 순종도 비참한 생애를 마쳤긴 마찬가지였다. 1905년 을사조약에 분개한 신하들이 자결할 때 "죽어서 국가에 보답하는 것이 살아서 국가에 보답하는 것만 못하다"고 말렸던 고종은 1907년 헤이그 밀사 사건의 책임을 묻는 일제의 압력으로 아들 순종에게 황위를 강제로 물려주고 태황제(太皇帝)가 되었다가, 1910년 나라를 완전히 일본에 빼앗기는 경술국치 후에는 이태왕(李太王)으로 다시 격하되었다. 덕수궁 이왕(李王)으로 불리던 고종은 중국으로 망명해 독립운동을 전개하기 위해 이회영·시영 형제, 민영달 등 측근들과 논의하던 중 이를 눈치 챈 일본에 의해 1919년 1월 독살된 것으로 추정된다. 순종 또한 1926년 의문의 죽음을 당한다.

이처럼 신라와 고려, 그리고 조선의 마지막 임금들의 최후는 같지 않았지만, 이들 모두 왕조의 마지막과 함께 생애를 마치는 비장함을 보여주지 못한 점은 같다. 이들은 정복한 쪽의 힘의 크기에 따라 각각 보존(경순왕), 살해(공양왕), 독살(고종)되었던 것이다.

그러나 신라를 정복한 고려, 고려를 무너뜨린 조선, 그리고 조선을 정복한 일본까지도 모두 '양위'의 형식을 갖추려고 노력했다. 왜 그랬을까?

신라가 통일 후에도 수도를 옮기지 않은 이유

여기에 답하기 위해 먼저 생각해 보아야 할 것이 신라는 삼국을 통일하고도 왜 왕도를 지금의 서울로 옮기지 않았을까 하는 점이다. 태백산맥에 가로막혀 있는 영일만 근처의 경주는 어느 측면으로 보아도 통일신라의 수도로서는 부적합한 지역이다. 신라가 그토록 힘을 기울였던 당나라와 외교관계를 지속하기에도 부족할 뿐만 아니라 확대된 옛 백제와 고구려의 영토를 다스리기에도 한없이 불리한 지역이다. 그러나 신라 왕실은 경주를 떠나지 않았다. 왜 그랬을까?

백제의 경우를 보자. 백제는 장수왕에 의해 개로왕이 전사하고 서울

을 빼앗긴 후 475년 지금의 공주인 웅진으로 천도했다. 본거지인 웅진
으로 천도함에 따라 백제 왕실은 결정적으로 그 세가 약화되었다. 문주
왕이 즉위하고 그 동생 곤지(昆支)가 실권을 잡았으나 내부 다툼이 잇
달았다. 왕비족 출신인 병관좌평 해구(解仇)는 477년 문주왕을 살해
하고 13세의 어린 문주왕의 장남 삼근왕(三斤王)을 즉위시킨 후 실권
을 장악했다. 그러나 해구는 여기에서 만족하지 않고 은솔(恩率) 연신
(燕信)과 함께 지금의 충남 예산지역인 대두성(大豆城)에서 반란을 일
으켰다. 이를 진압한 인물은 좌평 진남(眞男)과 진로(眞老) 등 진씨들
이었다. 이도학 박사는 《새로 쓰는 백제사》에서 이를 한성 시절 해씨와
함께 왕비족을 배출했던 진씨가 전횡을 일삼던 해씨를 축출한 것으로
해석하고 있다. 이는 웅진천도 후 백제는 국왕이 아니라 해씨나 진씨
같은 호족들이 실권을 잡은 것을 의미한다. 백제 왕실은 웅진 천도 후
결정적으로 그 세가 약화된 것이었다.

이런 현상들은 우리나라 왕조들의 공통된 성격, 즉 정
복왕조라는 기본 성격에서 기인하는 것이다. 국가 형성
과정에 관해서 연구한 모리스 고들리에(Maurice
Godelier)에 따르면, 국가는 정복이란 '외
생적' 과정에 의해서 형성되는 경우와, 사
회의 한 부분이 점차적으로 다른 성원들에
대해 지배권을 형성하는 '내생적' 인 과정을 통해서
형성되는 경우로 나누어진다. 모든 권력은 폭력과 동
의라는 두 요소로 이루어져 있는데 그는 이 두 요소
중에서 보다 중요하고 강력한 요소는 폭력이 아니
라 지배받는 사람들의 '동의' 라고 설명한다. 한 집
단이 지배권을 구축하고 유지하기 위해서는 그 사
회 피지배집단의 '협조' 는 불가능할지라도 동의

경순왕상.

와 인정에 도달할 수 있는 합의가 억압보다 중요하다는 것이다.

폭력과 동의의 관계는 죽어 있는 것이 아니어서 어떤 환경에서는 동의가 수동적 저항으로 변하기도 하고, 또 다른 환경에서는 수동적 저항이 적극적 저항으로 변하며, 때로는 사회질서에 대한 반란으로 변하고, 반란은 때때로 혁명으로 변형되어 사회구조를 변화시키고자 하는데, 드물게 혁명은 성공할 수도 있다는 것이다.

우리나라 역대 왕조들의 힘이 약했던 첫번째 이유는 정복왕조였기 때문이고, 두 번째는 피지배집단에 대한 '동의'를 더 강조했기 때문이다. 물론 여기에는 중국 고대 순(舜)임금이 자신의 아들 상균(商均)이 아닌, 우(禹)를 발탁하여 왕위를 물려준 동양의 전통적인 선양(禪讓) 사상도 밀접한 관련이 있는 것이 사실이지만, 이는 양보를 미화하기 위한 것이고 실제로는 아들에게 물려주지 못할 사정이 있었던 것이 분명하다. 마찬가지로 우리나라 정복왕조들은 전권을 장악할 만큼 강하지 못했기 때문에 '선양'의 형식을 취하려 했음을 알 수 있다. 다시 말해 왕조는 바뀌었어도 지배계급은 온존해 있는 것이다.

이성계의 즉위교서는 "나라 이름은 전대로 고려(高麗)라 하며, 의장(儀章)과 법제는 한결같이 고려의 고사(故事)를 따르기로 한다"라고 시작하고 있다. 국성(國姓)이 왕씨(王氏)에서 이씨(李氏)로 바뀌는 역성(易姓)혁명 상황에서도 양위를 강조하는 현상은 지극히 한국적인 것이다.

우리나라가 전통적으로 왕권이 약한 근본 이유는 바로 이 정복왕조라는 점과 지배계급과 타협을 통해 왕권을 유지하려는 속성 때문이다. 타협이 필요한 이유는 두말할 것 없이 지배계급 모두를 갈아치울 수 있을 만큼 도전세력이 강하지 못했기 때문이다. 정복왕조로서 타협, 즉 '동의'의 과정을 중요시하다 보니 대부분의 왕조가 양위를 명분으로 삼은 것이다.

현재도 마찬가지이다. 정권교체는 됐다지만 지배계급은 여전히 같은 세력이기 때문에 '개혁'은 수사만 화려할 뿐 용두사미로 끝나고 마는 것이다. 그 단적인 예가 지자제 선거이다. 어느 지역을 가릴 것 없이, 여당과 야당을 가릴 것 없이 지자제 선거에서 당선되는 대부분의 인사들은 지방토호들인 것이다. 이는 우리 역사에서 지배계급과 지배구조가 바뀌는 진정한 정권교체가 단 한 번도 없었음을 의미한다.

우리는 진정 변화를 원치 않는 민족일까. 아니면 평시에는 변화를 원하다가 선택의 순간, 결정적인 순간에는 변화를 거부하는 두 얼굴을 지닌 민족일까.

질병이라는 재앙에 대처하는 옛 사람들의 세계관

국가기관에 소속되었던 무당들

현재도 질병은 인류의 골칫거리지만 의학이 발전하지 못했던 전통 시대에는 그 정도가 더 심했다. 조선시대 임금들 중에 종기가 원인이 되어 사망한 국왕이 상당수 있음은 이 시대 사람들이 질병 때문에 겪었던 고민을 단적으로 말해 주고 있다. 실로 아스피린이나 페니실린 하나만 있었어도 간단히 고쳤을 질병 때문에 죽어간 옛 사람의 수효는 셀 수 없이 많다. 때문에 옛 사람들은 질병과 싸우기 위해 가능한 모든 수단을 다 사용했다.

먼저 조선 왕조는 각종 의료기관을 설립해 질병에 체계적으로 대비하였다. 조선의 태조는 즉위 원년(1392)에 중앙의료기관으로 전의감(典醫監), 혜민국(惠民局), 동서대비원(東西大悲院)을 설치한 데 이어 제생원(濟生院)을 신설하여 왕조교체로 두려움을 갖고 있는 백성들의 마음을 달래고자 했다. 그 뒤 이들 기관들은 세조 12년(1466) 직제(職制) 개편 때에 내의원(內醫院), 전의감, 혜민서, 활인서(活人署)로 정비되었는데, 대체로 이 기관들이 조선 말기까지 국가의 의료를 담당하였다. 그 가운데 활인서는 동서대비원을 개칭한 것으로서 동활인서와 서활인서로 나뉘어 있었는데, 한성 주민의 의료를 담당하였다.

전국 관찰사와 병사(兵使)·수사(水使)의 관할지에는 중앙에서 파견한 심약(審藥 : 종9품)이 관장하는 의원(醫院)이 설치되었다. 그 아래의 각 군현(郡縣)에는 독립된 의료기관이 설치된 것은 아니지만 지방민의 치료를 담당하는 의원이 있었다. 또한 민간에도 주로 중인들이 운영하는 약방이나 의원이 있어서 돈을 받고 병자를 진료하고 치료하였다.

그런데 활인서라는 국가기관의 구성원을 보면 오늘날의 시각에서 보아도 놀랄 만한 사람들이 소속되어 있었다. 활인서에는 의사와 약사가 있어서 진맥을 보고 침을 놓고 뜸을 뜨며 약을 지어 주었는데 그들은 대개 중인 출신이었다. 이들이 요즘으로 말하자면 국립병원 의사나 약사들이었다. 그런데 활인서에는 이들말고 또 다른 의사들이 있었는데, 놀랍게도 그들은 바로 무격(巫覡), 즉 무당들이었다. 《세종실록》〈지리지〉 경도 한성부(京都漢城府)조에는 무당들이 활인서 소속의 정규의료진임을 말해 주는 기록이 있다.

"동활인원(東活人院)은 동소문 밖에 있다. 서활인원(西活人院)은 서소문 밖에 있다. 옛 이름은 대비원(大悲院)이다. 제조(提調)와 별좌(別坐)를 두고 또 의원과 무당을 두어서, 서울 안에 병들고 의지할 곳이 없는 사람을 모두 이곳에 모아 놓고, 죽, 밥, 국, 약을 주며, 아울러 옷, 이불, 자리를 주어 편하도록 보호해 주고, 만일 죽는 이가 있으면 잘 묻어 준다."

무당이 국립의료기관인 활인서에 소속되어 있다는 사실은 놀랄 만한 일이다. 조선 초기만 해도 무당은 국가에서 필요한 전문직으로 인정받았다. 활인서 이외에도 천문(天文)을 관장하는 성수청(星宿廳)에도

무당이 있었는데, 이런 국가 중앙기관에 출입하는 무당을 국무(國巫),
지방관아에 출입하는 무당을 아무(衙巫)라고 불렀다.

마음 써서 치료하지 않는 무당은 처벌하라

전근대사회에서 무당은 과연 어떤 존재였기에 국가 의료기관에 소
속되어 있었을까. 고대 사회는 대체로 제정일치(祭政一致) 사회였는
데 이런 사회에서 무당은 제사를 주관하는 것은 물론 정치를 하는 군
(君)의 기능도 담당하는 최고 지배자였다. 점차 사회가 분화되어 제
(祭)와 정(政)이 분리되면서 무당은 사제(司祭) 기능만을 담당하게 되
었다. 삼한사회에 치외법권 지대인 소도(蘇塗)가 있었던 이유는 무당
에게서 정치 기능이 분리되면서 무당이 관할하는 지역을 정치가 개입

혼을 부르고 있는 무당.

하지 못하는 완충지대로 삼았기 때문이다. 무당의 정치 기능이 거세되면서 사제·치병(治病)·예언 기능 등이 무당의 가장 중요한 기능이되었다. 무당의 치병 기능은 사제 기능 못지않게 오랜 역사적 전통을지니고 있다.

현재 문헌 기록에서 확인할 수 있는 무당의 치병에 관한 기록은《삼국사기》유리왕 19년(42)조가 최초이다. 물론 단군이 관할하는 360개인간사 중에 질병치료가 있었으므로 그 전에도 무당이 질병을 치료한예는 있었을 것이다. 유리왕 19년 기록은 왕이 병에 걸렸을 때에 무당의 말을 듣고 그대로 행하여 병이 나았다는 것이다. 이런 기록들을 모두 미신이나 우연으로 돌릴 수만은 없다. 무당에는 대를 이어 무속인이되는 세습무(世襲巫)와 하늘로부터 기(氣)를 받아 무당이 되는 강신무(降神巫)가 있는데, 특히 이중 강신무는 어느 정도의 초자연적인 능력을 발휘하는 것이 보통이었기 때문이다. 옛 사람들이 오랜 세월 무당의치병 기능을 인정했던 데에는 때로 그것이 효과를 나타냈기 때문이다.

이런 이유로 무당의 치병 기능은 조선시대에도 여전히 중요하게 여겨지고 있었다.

조선시대 사람들은《세종실록》13년 8월 2일조에 "무식한 무리들이요사스러운 말에 혹하여 질병이나 초상이 있으면 즉시 야제(野祭)를행하면서, 이것이 아니면 이 빌미를 풀어낼 수 없다고 하여, 남녀가 떼를 지어 무당을 불러 모으고 술과 고기를 성대하게 차린다"고 기록하였듯이, 무당을 질병을 치료하는 의사로 여겼던 것이다.

성리학에 젖어든 조선의 유신(儒臣)들은 때로 무당의 행위를 비과학적인 것으로 여겼지만 국가 차원에서는 무당의 치병 기능을 공인하고있었다. 당시 사회에서 전염병은 보통 커다란 문제가 아니었다. 한 마을이나 한 고을이 쑥대밭 되기 십상이었기 때문이다. 조선 정부가 질병, 특히 전염병이 발생하면 항상 무당을 동원하여 병자를 치료하도록 조치한 것은 모든 수단을 다해 질병에 대응하려는 것이었다. 이런 사례는 《조선왕조실록》에 자주 나오는데, 그 단적인 예는 《세종실록》 11년 4월 18일조에 나오는 예조의 보고 기사이다.

예조에서 보고하기를 "지금 의정부와 여러 조(曹)에서 함께 의논하되, 각 고을 각 리(里)의 민호(民戶)를 가까이 사는 무격에게 나누어 맡겨 만약 열병(熱病)을 앓고 있는 호(戶)가 있게 되면, 수령이 의생(醫生)과 무격으로 하여금 살피어 구료(救療)하게 하되, 혹시 마음을 써서 구제하고 치료하지 않으면 즉시 논죄(論罪)하고, 연말에 가서 사람을 많이 살린 무당은 세(稅)를 감하여 주고, 혹은 부역(賦役)을 견감(蠲減)하여 주기도 하고, 만약 병가(病家)가 가난하여 구료할 재산이 없으면, 국고(國庫)의 미곡(米穀)으로서 서울 활인원의 예에 따라, 하루에 쌀 한 되를 주고, 연말에 병인(病人)의 수효를 감사에게 보고하여, 회계(會計)의 빙고(憑考)가 되게 하십시오"라고 하니, (왕이) 그대로 따랐다는 것이다.

중종반정 이후 집권한 사림파는 철저한 성리학적 질서로 사회를 다스리려 하였다. 이들은 성리학적 질서에 위배되는 모든 사상이나 행위를 배척하였는데, 따라서 무당의 행위를 미신으로 간주하여 통제하고 탄압하는 정책을 채택하였다. 그리하여 중종 때에는 무당의 활인서 소속 자체를 부당하다고 하여 이를 중지시킨 일이 있었다.

하지만 《광해군일기》 5년 8월조 기록에, 활인서에 무녀안(巫女案 : 무당 명부)이 있는 것으로 보아 무당들을 활인서에서 축출하려는 이런 조치가 실패로 돌아갔음을 알 수 있다. 실제 민간은 물론이고 정부 차원에서도 여전히 무당의 의료활동은 보장하였는데, 중종 다음 왕인 명종 때에도 무당을 동원하여 의료 활동을 하였음은 이를 말해 준다. 즉 그 근거로는 《명종실록》 3년 1월 16일조의 "한성부(漢城府)가 오부(五部)에서 역질(疫疾)로 죽은 사람의 숫자를 문서로 보고하니 왕이 지시하기를 '각 방(坊)에 의원과 무당을 특별히 정해 두고 환자를 구완하여 치료하도록 하라'고 하였다"는 기사가 바로 그것이다. 국왕이 직접 무당을 동원하여 환자를 치료하라고 지시하는 것이다.

무당이 의사 역할까지 한 이유

그러면 전근대사회에서는 왜 무당이 의사 역할까지 담당하였을까. 과학이 발달하지 못했던 전근대사회에서는 인간에게 위해를 끼치는 여러 사항들에 대해 초자연적인 의미를 부여했다. 의학이 발달하지 못한 전근대사회에서는 모든 질병의 원인을 종교적으로 이해하였다. 즉 질병의 근원을 초월적인 신비력에 의한 것으로 알고 있었다. 따라서 질병에 대한 대책 역시 종교적일 수밖에 없었다. 보통 전염병 등 질병은 귀신이 붙어 발병한 것으로 생각하였던 것이다.

따라서 귀신을 겁주어서 쫓아내는 축귀(逐鬼), 굿으로 귀신을 달래서 풀어 주는 신원(伸寃), 더 뛰어난 신령의 도움을 받아 질병신으로부터 벗어나는 방법 등이 질병을 예방하고 치료하는 수단으로 사용되었

무당이 모시고 있는 동자상.

다. 축귀에는 보통 복숭아 나뭇가지로 때리거나, 불을 이용하여 쫓는 것이 있었다. 원혼을 달래서 풀어 주는 방법으로는 각종 굿이나 여제(癘祭) 등이 시행되었으며, 더 큰 정령의 힘을 이용하기 위해서 장승을 세우거나 산천 또는 성황 등에 빌었다. 따라서 신의 매개자인 무당은 질병의 예방과 치료에서 중요한 역할을 하였던 것이다.

조선시대에 전염병이 창궐하면 각 지방관에게 귀신이나 산천에 여제를 지내 전염병의 만연을 막으려 하였다. 세종 때에 황해도 일대에 전염병이 크게 발생했을 때, 정부는 그 대책으로 각 지방관에게 여제를 지내도록 조치했는데, 《세종실록》20년 3월 2일조에는 그 제문(祭文)이 실려 있어서 질병에 대한 당시 사람들의 인식을 알 수 있다.

"아아, 사람과 귀신은 한 이치인데 오직 그윽하고 광명한 것이 다를 뿐이다. 진실로 항상 지내는 제사를 예대로 하면 무슨 화얼(禍蘗)이 빌미로 되랴. 돌아보건대, 백성들이 불행하여 한 지역이 죄다 질병을 만났도다. 점점 서로 전염이 되어 퍼져 나가는 형세를 막을 수 없으니 슬프다. 생령들이 목숨을 잃으니 마을과 들이 모두 쓸쓸하도다. 이는 반드시 원혼(冤魂)들이 있어 기운이 흩어지지 않고 요얼(妖蘗)이 된 것이니, 내가 지금 이 지방 주인이 되어 마음이 답답하고 걱정이 되도다. 맑은 술을 드리고 밝게 고하나니, 너희 귀신들도 거의 감응하리. 귀신의 이치는 어둡지 않나니, 이 한 잔을 흠향한 다음 재려(災癘)를 없게 하고 화(禍)가 도리어 복(福)이 되게 하여 한 지방을 편케 하고 이 백성을 오래 살게 하라."

이처럼 국가나 지방관이 전염병의 창궐을 억울한 원혼(冤魂)의 탓으로 돌리는 것은 물론 비과학적이지만 이런 사상을 통해 권력의 남용을 막는 효과가 있었다. 억울하게 죽은 사람이 귀신이 되어 복수할 것을 두려워하게 되기 때문에 백성들에게 형벌을 행사할 때 신중히 하고 되도록 원한을 사지 않으려 하기 때문이다.

국가 차원에서도 역신(疫神)에게 제사를 지내는 여제(厲祭)를 통해 전염병 문제를 해결하려 한 것은 역신의 마음을 달래는 것이 이승의 생령(生靈)들이 편안함을 얻는 첩경이라고 믿었던 데 있다. 또한 전염병을 예방하거나 치료할 수 있는 수단을 갖지 못한 옛 사람들로서는 다른 방법이 없기도 했다.

《태종실록》4년 6월 9일조에 따르면, 각 군현 단위로 여제단이 설치되어 있어 전염병 예방 차원에서 청명일, 7월 보름, 11월 초하루에 제사를 지냈으며, 전염병이 돌 때에는 발병지역에서 임시로 제사를 실행하도록 규정하였다. 상황이 매우 심각할 때에는 왕이 직접 제문을 짓기도 하였던 것이다. 이런 행위들은 단지 미신이나 비과학적이란 차원으로 매도할 것이 아니라 옛 사람들이 나름대로의 세계관 · 과학관으로 질병이란 재앙에 대처하려 한 것이다. 그리고 무당이 의사의 역할을 한 것도 이런 사상의 한 발로였던 것이다.

유교국가 조선에서의
요승과 순교자 사이의 거리

척불숭유의 나라

《조선왕조실록》의 불교 관련 기사는 거의 예외없이 비판적이다. 조선 성리학자들의 불교에 관한 시각은 조선의 기틀을 세운 정도전의 《불씨잡변》이란 책 제목에서 쉽게 확인할 수 있다. 불씨란 곧 석가를 뜻하는 것이니 《불씨잡변》이란 '석가의 잡소리' 란 뜻이 되는 것이다. 정도전은 비록 이방원의 칼날에 사라져 갔으나 그가 세웠던 불교를 배척하고 유학을 숭상한다는 뜻의 '척불숭유(斥佛崇儒)' 는 계속되어 불교는 조선시대 내내 탄압받았다.

태종 때에는 불교 종파(宗派)를 11개에서 7개로 통합하고, 다시 세종 때에는 선교(禪敎) 두 종파로 묶어 버렸다. 그뿐만 아니라 세종은 승려의 도성 출입을 금하는 한편, 궁중의 내원당(內願堂)과 서울 주위 36개 사찰만 남기고 모두 폐해 버렸다. 특히 연산군 때에는 선교 양과(禪敎兩科)마저 폐지하여 불교는 극도로 탄압받았다.

하지만 국가정책 차원의 이런 탄압에도 불구하고 불교는 민간에서는 물론이고 왕실에서도 여전히 일정한 영향력을 발휘하고 있었다. 조선 초기 왕실은 외유내불(外儒內佛)이라고 할 정도로 내부적으로는 불교를 신앙했다. 한때 불교를 탄압했던 세종이 말년에 내원당을 다시 지은 것이 대표적인 일이었고, 젊을 때부터 불교를 신앙했던 세조는 원각사를 짓는 등 보다 적극적으로 불교를 보호하는 정책을 추진하였다. 세조는 직접 《석보상절(釋譜詳節)》을 짓기도 하고 각종 불교경전을 한글로 편찬하여 불교 문헌을 보급하였던 것이다.

하지만 세종이나 세조의 이런 조치들은 유학자들과 타협 속에서 이루어진 부분적인 조치였다. 조선 전기간에 걸쳐 불교 중흥이란 말을 붙일 수 있는 유일한 시기는 명종 때였다. 그리고 그 배후에는 명종의 모후(母后) 문정왕후(文定王后)가 있었던 것이다.

독실한 불신자 문정왕후의 불교중흥책

명종이 어린 나이로 즉위하자 그 모후(母后) 문정왕후(文定王后)가 섭정하게 되었는데, 그녀는 바로 섭정이란 자리를 이용해 자신이 신봉하는 불교 중흥을 꾀했다. 이때 문정왕후를 도와 불교를 진흥시킨 주역이 바로 승려 보우(普雨)였다.

명종 3년(1548) 12월 15일에 보우는 문정왕후에 의해 발탁되어 당시 불교의 총본산인 봉은사(奉恩寺) 주지로 부임하였다. 그가 봉은사 주지로 취임한 후 가장 먼저 착수한 것은 그 당시 유생들이 마음대로 사원에 출입하여 횡포를 부리는 행위를 방지하여 불교를 보호하는 일이었다. 그는 문정왕후에게 건의하여 난동을 부린 유생들 가운데 대표적인 인물인 황언징(黃彥澄)을 처벌하고 사원 입구에 방(榜)를 붙여 잡된 사람들의 출입을 금지함으로써 유생들의 횡포를 막게 하였다. 《명종실록》 4년 9월 8일조에는 이때의 조치 내용이 실려 있다.

"자전(문정왕후)이 (승)정원에 전교하기를, '선왕(先王)의 능침(陵

寢)에 대한 일은 잡인들이 출입할 염려가 있기에 대내(大內)에서 적간하게 하였는데, 유생들이 몹시 소란을 피워 전해 내려오던 사찰 내의 많은 기물(器物)을 파손하였다고 한다. 《대전(大典 : 경국대전)》의 법에 유생으로서 사찰에 오르면 거기에 해당하는 죄가 있으니 법에 의하여 죄를 주라. 그 중에서도 가장 심했던 황언징은 식년(式年) 과거에 정거(停擧 : 과거응시를 금지시키는 것)시키라. 정인사(正因寺)는 덕종대왕(德宗大王)의 능침사(陵寢寺)이고 회암사(檜岩寺)는 태종대왕(太宗大王)의 능침사인데, 유생들이 난입하여 소란을 피워서야 되겠는가? 봉은(奉恩)·봉선(奉先) 두 사찰의 예와 같이 방(榜)을 걸어 금하라"고 하였다.

보우는 이어 명종 5년(1550) 12월 15일에 문정왕후로 하여금 선교 양종을 다시 부활시키는 비망기(備忘記)를 내리게 함으로써, 그 다음해 5월에는 선종과 교종이 부활되었다. 연산군이 중종반정으로 무너진 이후에도 유학자들은 선교 양종을 폐지한 조치만은 그대로 두어 왔던 터였다. 문정왕후의 비망기에 따라 그해 6월 25일에는 봉은사가 선종의 본사(本寺)로, 봉선사(奉先寺)가 교종의 본사로 지정되었다. 이때 보우가 선종을 총괄하는 판선종사 도대선사(判禪宗事都大禪師) 봉은사 주지가 되었으며, 수진(守眞)이 교종을 총괄하는 판교종사 도대사(判敎宗事都大師) 봉선사 주지로 임명되었다.

같은 해 11월에는 도승시(度僧試)가 실시되어 승려의 도첩(度牒)제도가 부활하였다. 보우의 저서 《선종판사계명록(禪宗判事繼名錄)》에 따르면 그는 전국 300여 사찰을 국가공인의 정찰(淨刹)로 보호받게 하였으며, 도첩제를 실시해 불과 2년 동안에만 승려 4,000여 명을 뽑았다고 기록하고 있다. 또한 명종 7년 4월에 승려들의 과거시험인 승과(僧科)제도가 부활되었다. 선교 양종과 승과제도가 부활됨에 따라 자연 승려의 자질이 향상되었고, 그 결과 임진왜란 때에 커다란 공적을

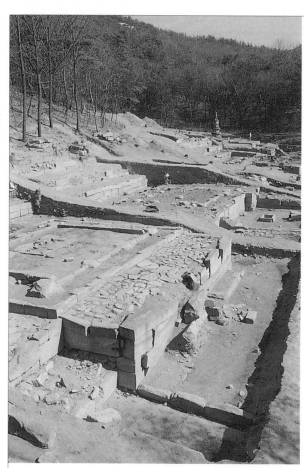

경기도 양주군 회암사지.
보우는 이곳에서 조선불교 중흥의
기치를 들었으나 그가 죽은 후 폐허가
되고 말았다.

세운 서산대사 휴정(休靜)과 서산의 제자 사명대사 유정(惟政) 등과
같은 고승들이 나타날 수 있었던 것이다.

보우는 명종 20년(1565) 4월 당시 불교의 숙원인 회암사(檜巖寺) 중
창사업을 끝내고, 그 달 5일에 낙성식을 겸한 무차대회(無遮大會)를
개최하였다. 회암사는 원래의 주지 무학(無學)이 이성계의 스승인 점
에서 짐작할 수 있듯이 조선 초기에 중요한 역할을 했던 사찰이었다.
태조 이성계는 회암사에 대한 관심이 각별하여 스승인 무학대사를 이
곳에 머물게 하여 불사가 있을 때마다 대신을 보내 참례하도록 하였

우리 역사의 수수께끼 2

다. 또한 회암사는 태조가 왕위를 물려준 후 수도생활을 한 절로도 유명하다.

태조 이성계 사후 한때 퇴락해 가던 회암사가 다시 중흥하기 시작한 것은 성종 때 세조의 비 정희왕후(貞憙王后)가 동왕 3년(1472) 하성 부원군(河城府院君) 정현조(鄭顯祖)를 시켜 중창하게 하면서부터였다. 정현조는 정양사(正陽寺) 주지 처안을 이곳에 이주시켜 그로 하여금 중창을 감독하게 하였는데, 그 기간이 13년이나 걸릴 정도로 대역사였다. 그런데 이 기간 동안 유신(儒臣)들은 거듭 상소를 올려 회암사 중창을 중지하고 주지를 처벌할 것 등을 요구하였다.

하지만 세조비 정희왕후는 한명회와 결탁해 월산대군의 동생인 성종을 임금으로 지목할 정도로 정치적 영향력이 있었기 때문에 회암사는 보호받을 수 있었다. 이후 연산군은 강력한 배불정책을 추진하여 도성 내 대부분의 사찰들을 철거했다. 이때 회암사 승려들도 도성 출입을 금지당하는 등 그 세가 약화되어 겨우 명목만 유지돼 왔던 것이다. 이런 역사를 지닌 회암사를 다시 중창하고 무차대회를 개최한 것은 왕실 차원에서 불교를 적극 보호한다는 상징이었다.

암탉이 수탉으로 변한 것도 보우 탓?

유교국가 조선에서 문정왕후와 보우가 주도하는 불교중흥책은 당연히 유학자들의 강력한 반발을 초래하였다. 유학자들의 입장에서 볼 때 보우는 불교중흥을 꾀한다는 그 자체로 요승(妖僧)이었던 것이다. 유학자들은 보우의 불교중흥책을 조선의 지배이념인 성리학에 도전하는 국시(國是) 위반책으로 보았던 것이다.

유생들은 선교 양종과 도첩제 · 승과제를 폐지하고 보우의 처벌을 요구하는 상소를 계속 올렸는데, 그 상소문 수가 선교 양종의 부활을 지시한 왕후의 비망기가 내려진 뒤 6개월 사이에 무려 423건이나 될 정도였다.

이 비망기는 조선의 유학자들에게 유교사회 조선의 기틀이 흔들릴지 모른다는 위기감을 주기에 충분했다. 자칫 농민들이 불교중흥책을 지지하고 나설 경우 그 여파는 간단하지 않을 것이었기에 유학자들은 보우를 악마로 만드는 작업에 나섰다. 이들은 모든 자연적인 재앙을 보우의 탓으로 돌리는 비이성적인 행태를 보였다. 함경도 함흥에서 암탉이 수탉으로 변한 괴이한 사건이 일어나자 이를 보우의 탓으로 돌리기도 했다. 명종 6년 2월 12일에 특진관 강현(姜顯)은 암탉이 수탉으로 변한 것은 보우 때문이라며 하늘이 재앙을 내릴 징조라면서 그의 처벌을 요구하였다.

"암탉이 수탉으로 변한 것은 예사롭지 않은 변괴(變怪)입니다. …이번에 암탉이 수탉으로 변한 것이 어찌 이교(異敎 : 불교)를 존중하고 양종을 설립한 것 때문이 아니겠습니까? 신이 듣기로 중 보우는 불측하고 간사한 사람으로 경문(經文)을 약간 해독하고 있으며 문사(文士 : 정만종(鄭萬鍾))와 교유하면서 부처라고 자칭하고 있습니다. 어리석은 백성들만 보우에게 혹신(惑信)된 것이 아니라 정만종이 함경 감사로 있을 때에도 보우에게 현혹되어 늘 관사(官舍)에다 두고서 떠받드는 일에 있어 하지 않은 짓이 없었다고 하니, 함흥은 실로 보우가 자취를 드러낸 곳입니다. 그런데 재변이 마침 그곳에서 생겼으니, 어찌 그 사람 때문이 아니겠습니까. 지금 보우를 내쫓는다면 유생들은 부르지 않아도 저절로 올 것이고 하늘의 재변은 걱정하지 않아도 저절로 사라질 것입니다."

이런 유학자들의 악마 만들기는 《명종실록》 7년 4월 12일조에도 보인다.

"사신은 논한다. 오랫동안 폐지하였던 양종(兩宗)을 다시 세우고 또 중을 선발하는 구규(舊規)를 회복시켰기 때문에 중의 무리가 날로 번성하고 부처를 섬기는 것이 더욱 정성스러워졌다. 이는 모두 요승(妖僧) 보우가 고혹(蠱惑)시킨 소치인 것이니, 재해(災害)가 겹치고 국사가 날로 잘못되어 가는 것이 괴이할 것도 없다. 참으로 통탄스러운 일이다."

재해가 자주 발생하고 국사가 잘못된 것은 모두 보우의 책임이라는 것이다. 이들의 악마 만들기는 당시 유학자들에게 보우를 비판한 인사는 군자이고 그에 대해 침묵하는 자는 소인이라는 데까지 나아갔다. 그런 사례를《명종실록》6년 8월 23일조 기사에서 찾을 수 있다.

"사신은 논한다. 위엄을 두려워하여 왕의 뜻에 순응하는 자는 소인이고, 면전에서 간쟁하는 자는 군자이다. 임권이 전일에 보우의 일을 간하자 임금이 크게 노하여 김안로(金安老)에게 비유하기까지 하였으니, 그인들 어찌 두려운 마음이 없었겠는가. 그런데도 오히려 이와 같이 그치지 않았다. 그 몸이 이미 늙었고 직위도 높았으니 다시 바랄 것이 없었을 것이다. 그러나 인정이란 영화를 좋아하고 욕됨을 싫어하는 것인데 자기 몸도 처자도 있건만 돌아보지 아니하고 국가를 사랑하는 일념이 간절하여 뇌정(雷霆) 아래에서도 자기가 품은 생각을 다 말하였으니, 강직하고 정대한 천성이 아니라면 능히 이같이 할 수 있었겠는가. 임권의 덕량(德量)과 사업(事業)은 알 수 없으나, 당시에 강직하고 정대한 군자를 말하라면 임권을 놔두고 누구를 꼽겠는가."

이런 사례는《명종실록》7년 6월 7일조 사론(史論)에도 보인다. 그 내용은 이렇다.

"지난번 시경(試經)할 때에 이언경(李彦憬)이 예조 정랑(禮曹正郎)으로 명을 받들고 가서 요승 보우와 함께 의논하여 뽑았다. 그때 보우가 오만무례하게도 장상(長牀)에 걸터앉으려 하자 이언경이 이를 허락하지 않았고, 대좌(對坐)하려는 것도 허락하지 않고 그를 남행(南行)

에 앉게 하며 예사 중처럼 대우하였다. 시경하는 중에 대해서는 혹 한 글자만 틀려도 곧바로 내쫓았는데, 비록 다시 시험하기를 굳이 청해도 따르지 않고 한결같이 법대로 했다. 보우가 이 때문에 분을 품고 은밀히 자전께 참소하였으므로 매몰하게 했다는 전교를 내리게 하였으니, 어찌 요승이 무훼(誣毁)하는 말에 미혹되어 그런 것이 아니겠는가. 아아, 정만종(鄭萬鍾)은 재상인데도 한번 요승을 만나자 빈례(賓禮)로 대하여 베개를 같이 베고 자리를 함께 하면서 친척처럼 환대하였으며, 비상한 그릇으로 허여해 매양 탄복하는 말을 연발하였다. 그런데 이언경은 일개 낭관으로서 오히려 강개한 뜻을 품고 거만한 기운을 꺾었으니, 이미 죽은 정만종의 마음을 부끄럽게 했을 것이다."

보우를 천대하면 군자이고 보우를 우대하면 소인이 되는 작태가 연출되었던 것이다. 보우가 지닌 도(道)의 깊고 낮음은 아무도 말하지 않았다.

심지어는 그들 유학자들은 보우의 행위를 비판한 일개 서리(胥吏)조차 영웅화할 정도였다. 《명종실록》 7년 8월 6일조에 따르면, 선종 판사 보우의 공문이 정청에 이르렀는데 그 내용은 바로 회암사 주지를 추천하는 망(望)이었다. 조선은 관리를 추천할 때 세 명의 명단을 올려 임금에게 낙점하게 하였는데 이를 삼망(三望)이라 했다. 당시 회암사 주지를 추천할 때 삼망을 조사(朝士)의 예와 같이 갖추어 답인(踏印)하고 서명했다. 이는 당시 회암사 주지도 국가에서 임명하는 것이었으므로 같은 형식을 취한 것이었다.

하급 서리〔下吏〕가 단자(單子)를 가지고 입계하여 낙점(落點)받던 중 한 늙은 서리노〔老吏〕가 있다가 '이런 일은 일찍이 듣도 보도 못한 일이다' 라고 탄식했다. 이 탄식에 귀가 솔깃해진 유학자 사관(史官)은 "시비(是非)에 대한 마음은 비록 천한 서리(胥吏)에게도 없어지지 않아 개연히 탄식하였으니, 하물며 사대부야 말해 뭐하겠는가. 보는 자들

봉원사 대웅전. 한때 보우가 주지로 있던 절이다.

은 상심할 뿐이었다"라고 높이 평가하였다.

문정왕후의 죽음과 보우의 순교

무엇이든 대항세력이 없는 절대권력은 절대 부패하게 마련이었다. 유교와 불교가 서로 경쟁하면서 세를 넓혀 나가는 것은 조선의 발전에 도움이 되는 것이었다. 견제세력의 존재는 서로의 부패를 방지하고 서로 백성들, 즉 농민들의 마음을 잡으려고 노력하게 될 것이었다. 그러나 유학자들은 불교와의 공존을 끝내 거부했다.

보우의 불교중흥책은 많은 효과를 낳았지만 그 한계는 전적으로 문정왕후의 권력에 의지한다는 점이었다. 유학자들은 문정왕후가 죽기만을 바랐다. 명종 20년 4월 7일에 문정왕후가 사망한 것은 보우의 불교중흥책이 중대한 위기에 봉착한 것을 의미했다. 왕후의 장례를 마치자마자 때를 만난 유생들은 곧바로 보우의 처벌과 불교탄압을 주장하는 상소문을 올렸다. 명종으로서는 이를 막을 힘도 의지도 없었다.

상소가 잇따르자 명종은 드디어 보우의 승직을 박탈하고 서울 근교의 사찰 출입을 금지시켰다. 그러나 유학자들은 이 정도 조처에 만족하지 않았다. 유학자들의 목표는 보우의 목숨을 끊고 다시 불교를 시중에서 축출하는 것이었다. 전국의 유생들은 물론 고위 관리들까지 거듭 나서 보우의 처형을 건의하였다. 문제는 보우가 불법을 저질렀다거나 탐학을 자행했다는 아무런 증거가 없다는 점이었다. 그저 '요망하다'는 것이 주된 죄목이었다.

마침내 보우는 그해 제주도에 귀양보내졌다가 그곳 귀양지에서 처형당하고 말았다. 보우는 당시 정부의 억불정책 속에서 "지금 내가 없으면 후세에 불법(佛法)이 영원히 끊어질 것이다"라는 사명감과 신념을 가지고 불교를 중흥시키는 일에 전력을 기울였다. 그리고 그가 문정왕후의 죽음이 자신의 죽음이란 사실을 몰랐으랴. 그는 비록 자신이 순교하더라도 불교가 중흥될 수만 있다면 자신의 한 몸을 바쳐도 좋다고 생각했던 승려였다. 결국 불교중흥에 한 몸을 걸었다가 문정왕후의 죽음과 함께 순교승이 되었던 것이다.

보우는 선교일체론(禪敎一體論)을 주창하여 선과 교를 다른 것으로 보고 있던 당시의 불교관을 바로잡았다. 또한 그는 일정설(一正說)로 불교와 유교의 융합을 강조하기도 하였는데 이는 그가 유교와의 공존을 도모했음을 뜻한다.

그의 저서로는 《허응당집(虛應堂集)》 3권, 《나암잡저(懶庵雜著)》 1권, 《수월도량공화불사여환빈주몽중문답(水月道場空花佛事如幻賓主夢中問答)》 1권, 《권념요록(勸念要錄)》 1권 등이 있다.

"죽는 것은 아쉽지만 종학을
떠나는 것은 유쾌한 일이다"

교육에 유달리 관심이 많은 민족

개각이 있을 때마다 국민들이 초미의 관심을 기울이는 자리 중의 하나는 교육부 장관의 유임, 혹은 경질 여부이다. 우리나라 국민들처럼 자녀 교육에 관심이 많은 나라도 없다. 반면 우리나라처럼 교육 문제가 심각한 나라를 찾기도 쉽지 않을 것이다. 초 · 중 · 고교는 입시학원과 크게 다를 바 없을 정도로 모든 교육의 초점은 대학입시에 맞추어져 있다.

그러나 우리나라 학생들이 유치원부터 초 · 중 · 고교까지 인생의 황금기인 청춘을 모두 바쳐 들어간 대학의 국제경쟁력은 최하위인 나라가 대한민국이다. 서울에 있는 국립대학의 입시제도가 바뀌는 것이 종합신문의 톱기사가 되는 나라지만 정작 그 대학의 이름을 세계 대학 순위에서 찾으려면 뒤부터 찾아보는 것이 빠른 나라가 우리나라인 것이다. 전문지식을 쌓아서 졸업하는 것은 고사하고 기본적인 예절교육조차 되어 있지 않아 각 회사의 교육부서에서는 대졸 신입사원들에게 전화받는 법부터 다시 가르쳐야 한다고 불평하기도 하지만 이런 문제를 해결할 의지도 능력도 없는 것이 우리 대학이다.

이런 상황이니 그 누가 교육부 장관이 되더라도 문제를 풀 재간이 없는 것이다. 한 가정 한 자녀 갖기 운동을 전개한 결과 많은 아이들이 이기병(利己病)에 걸린 왕자나 공주이니 교육이 제대로 될 턱이 없다. 그러나 정작 조선의 왕족들이 어떻게 교육받았는지를 안다면 공주는 몰라도 왕자는 안 하겠다고 설레발을 칠지 모른다. 각 가정에서 떠받들어진 '가짜 왕자'들이 아니라 '진짜 왕자·왕족들'이 조선에서 어떻게 교육받았는지 살펴보자.

인사와 공부가 하루 일과의 전부인 세자

왕자 중의 왕자는 세자(世子)이다. 세자로 책봉되기 전 단계가 원자(元子)인데 원자는 임금이 정비인 왕비의 몸에서 난 적장자(嫡長子), 즉 맏아들을 말한다.

조선에서 왕비의 적장자로 태어난다는 것은 세조의 적장자 의경세자처럼 왕이 되기 전에 먼저 사망하거나 양녕대군처럼 그 자신의 비행으로 쫓겨나는 비상한 일이 발생하지 않는 한 국왕이 될 것이 예견되는 귀하디귀한 몸이었다.

그러나 고귀한 만큼 혹독한 교육을 시킨 나라가 조선이었다. 원자의 나이 네댓 살이 되면 원자를 교육시키기 위한 원자강학청(元子講學廳)이 설치되어 원자에 대한 체계적 교육을 실시한다. 강학청에는 교육을 담당할 보양관들이 임명되는데 원자는 공부를 시작하기에 앞서 이 사부들과 상견례를 한다. 이때 원자는 옥으로 만든 띠를 두르고, 아청색 옷을 입으며 검은색 신발을 신고 법도에 따라 사부와 절하는 의식을 치른다. 비록 원자지만 학생은 학생이라는 것이었다.

원자강학청 수업교재는 시기에 따라 다르지만 대개 《소학(小學)》과

《격몽요결(擊蒙要訣)》 등을 가르쳤다. 이런 책들은 오늘날 젊은 부모들이 열 올려 가르치려 하는 어학 따위의 기술적 분야하고는 질적으로 달랐다. 이런 책들은 모두 '세상을 어떻게 살아야 할 것인가?'를 고민하게 해 주는 책이었기 때문이다. 교육의 궁극적 목표는 이해타산에 밝은 능력자를 배출하는 데 있는 것이 아니라 공자와 맹자 같은 '성인(聖人)'을 만드는 데 있었다.

교육방식은 이런 훌륭한 내용이 담겨 있는 교재를 통째로 외우는 것이었다. 앞부분을 외워야 뒷부분으로 나아가게 되는데, 물론 어린 나이이다 보니 그 내용을 이해할 수는 없어도 이때 외운 부분은 나중에 연륜과 학문이 성숙하게 됨에 따라 그 의미를 터득하게 마련이다. 어린 원자는 매일 의관을 정제하고 교재를 외웠다. 네댓 살의 어린아이에게 이는 가혹한 일이었음이 분명하다. 그러나 이런 교육을 통해 원자는 싫어도 견뎌야 하는 예절, 즉 참을성을 배운다. 참을성은 '왕도(王道)'를 걸어야 할 원자에게 대단히 중요한 덕목이었다. 생사여탈권을 쥔 임금에게 참을성과 예절이 없다면 어떤 일이 발생할지 추측하기 어렵기 때문이다.

원자가 7~8세쯤 되면 세자로 책봉된다. 세자로 책봉된다는 것은 그가 곧 현 국왕의 후계자임을 내외에 공포하는 것이었다. 지금으로 따지면 대통령 당선자인 셈이다. 원자를 세자로 책봉하려면 조정은 미리 중국에 사신을 보내 세자 책봉을 요청한다. 이때 중국은 커다란 하자가 없는 한 세자 책봉에 응해 주는 것이 관례였다. 이렇게 중국에서 세자 책봉을 승인하면 세자책봉례가 열리는데 이 책봉례는 세자가 조선의 차기 임금임을 동아시아 전체에 선포하는 의식이었다. 세자 책봉례에 관한 모든 절차는 조선의 왕실의례서인 《국조오례의(國朝五禮儀)》에 실려 있는 규정대로 진행된다.

세자책봉례가 끝나면 세자시강원(世子侍講院)이 구성되어 세자를 보좌한다. 세자시강원은 전임(專任)관료와 겸임(兼任)관료로 구성되는데 전임관료는 종3품 보덕(輔德) 1명, 정4품 필선(弼善) 1명 등 5명이나, 이들보다 핵심적인 인물들은 겸임관료들인 세자의 사부들이다. 세자를 직접 교육하는 사람을 사부(師傅)라고 하는데 사(師)는 영의정이, 부(傅)는 좌의정이나 우의정이 겸임한다. 이들 정1품의 최고 관료 외에 종1품인 의정부 찬성 한 명이 이사(貳師)로 임명된다. 이들은 원자 시절보다 더욱 혹독하게 세자를 교육시킨다.

세자의 일과는 새벽에 일어나면 의관을 갖추어 입고 부왕 부부에게 문안(問安)하는 것으로 시작한다. 문안 후 아침식사를 마치면 곧바로 오전 공부를 시작한다. 임금이 대신 · 유신들과 정사, 학문을 논하는 것을 경연(經筵)이라 하고 세자가 사부들로부터 교육받는 것을 서연(書

역대 임금들의 신주가 모셔져 있는 종묘.

筵)이라고 하는데, 서연은 보통 아침 · 점심 · 저녁 세 번에 걸쳐 실시
되어 각각 조강(朝講) · 주강(晝講) · 석강(夕講)이라고 불렀다. 조강
때에는 전날 배운 것을 확인하는데 세자가 모두 암송하면 다음 장으로
넘어가지만 그렇지 못하면 다시 반복하게 된다. 주강이 끝나면 간단한
점심식사 후 주강에 들어가며, 주강이 끝나면 다시 석강으로 이어진다.
석강이 끝나면 저녁식사를 하고 다시 부왕 부부의 잠자리를 보살펴야
한다.

　나라에서 가장 귀한 자식인 세자의 하루는 이처럼 눈뜨면 문안 드리
고 공부를 하다가 저녁이 되면 다시 문안 드리고 자는 지루한 일과의 반
복이었다. 세자의 교육과목에는 앞의 《소학》 등 외에도 《논어》, 《맹자》
등 사서(四書)와 《효경(孝經)》, 《주역》, 《예기》 등의 서적, 그리고 《춘
추좌씨전(春秋左氏傳)》, 《통감강목(通鑑綱目)》 등 역사서가 사용되
었다.

　이런 서적들을 통해 세자는 유교가 조선의 지배이념임을 자연히 깨
닫게 되고 유교사상에 따라 나라를 다스리려는 생각을 갖게 된다. 어떤
측면에서 이는 유학에 정통한 고위 관료들이 세자를 유학자로 세뇌하
는 과정으로 비판받을 소지가 있다. 그러나 절대권력을 휘두르게 될 세
자의 뇌리에 이런 교육과정을 통해 '유교'라는 사상에 따라 스스로의
행보를 제한하는 것은 불가피한 측면도 있었다. 이는 세자가 즉위했을
때 어떤 정치를 펼칠 것인지를 미리 짐작할 수 있게 해 줌으로써 미래에
대한 투명성을 확보하는 뜻도 있었다.

서연을 싫어했던 세자들

　물론 어린 세자로서 나이 많은 사부들에게 이런 경전들을 반복해서
주입받는 것은 괴로운 일이었다. 서연을 지겹게 여긴 어떤 세자들은 서

연에서 말썽을 일으키는 문제학생이 되기도 했다. 양녕대군이 바로 서연을 극도로 싫어했던 세자 중의 한 명이었다. 계림군(鷄林君) 이래(李來)가 세자시강원의 정2품 빈객(賓客)으로 있을 때 세자궁에 도착하자 양녕이 매(鷹)를 부르고 있었다. 이래가 "매 부르는 소리는 세자께서 할 소리가 아니니 학문에 뜻을 두시고 다시는 그런 소리를 하지 마소서"라고 타일렀다. 양녕이 잘못이 있으면 이래가 지나치지 않고 계속 간하자 양녕이 원수처럼 여겨 옆사람들에게 이렇게 말했다 한다.

"계림군 이래만 보면 머리가 아프고 마음이 산란하다. 비록 꿈에서라도 그를 보면 그날은 반드시 감기가 든다."

차기에 임금이 될 세자가 머리가 아플 정도로 괴로움을 느끼면서도 어쩔 수 없이 받아야 하는 것이 서연이었다.

연산군도 서연을 싫어한 세자 중의 하나였다. 연산군의 세자 시절 조지서(趙之瑞)는 세자시강원의 보덕이고 허침(許琛)은 필선이었는데, 허침은 연산이 학문에 힘쓰지 않으면 조용히 부드러운 말로 간한 반면 성격이 굳세었던 조지서는 책을 앞에 던지며, "세자 저하께서 학문에 힘쓰지 않으시면 신은 마땅히 임금께 아뢰겠습니다"라고 꾸짖으니 연산이 매우 괴롭게 여겼다. 연산은 벽에 "조지서는 큰 소인(小人)이요, 허침은 큰 성인(聖人)이다"라고 써 붙이기도 했다. 연산군은 즉위 후 갑자사화 때 조지서를 베어 죽이고 그 집을 적몰(籍沒)해 버렸는데 당시 식자들은 세자시강원 시절 까다롭게 한 것에 대한 보복이라고 수군대기도 했다.

사실 공부를 싫어했던 양녕이나 연산군의 자리에서 볼 때 문안과 공부로 맴돌이하는 세자의 일과는 고통스러운 나날의 연속이었다. 그것도 임금이 세상을 떠날 때까지 계속되는 일과이니 언제 끝날지 알 수 없는 지루한 일일 수밖에 없었다.

그러나 이 지루한 과정은 임금이 되기 위해 치러야만 하는 불가피한 과정이었다. 서양 속담에 "학문에는 왕도가 없다"는 말이 있다. 학문은 특별한 왕도가 없으므로 그만큼 지루하고 고통스런 과정을 거쳐야 된다는 뜻으로 이는 서양의 왕자들은 고통스런 수련과정 없이 왕이 될 수 있었던 상황을 말해 주는 것이다. 서양의 왕도는 이처럼 쉽게 정상에 도달할 수 있는 특별한 길을 뜻했지만 조선의 세자에게 왕도란 고통스런 수련과 학문의 연속이었다.

왕족들이 교육받았던 종학

이런 고통스런 과정을 겪어야 하는 왕족은 세자만이 아니었다. 다른 왕자들도 왕자 사부로부터 엄격한 교육을 받아야 했던 것이다. 왕자뿐만 아니라 일반 종친들에 대한 교육도 엄격하기는 마찬가지였다. 종친들의 교육을 담당한 기관은 세종이 재위 10년에 설립한 종학(宗學)이었다. 종학은 따지자면 지금도 일본에 남아 있는 황실자제 교육기관인 학습원(學習院)과 비슷한 종친 교육기구였다.

세종은 이복동생인 경녕군(敬寧君) 이하 여덟 살 이상인 사람은 다 취학(就學)하게 하고 그들에 대한 뒷받침은 일체 〈성균관 생도〉의 예(例)에 따르게 했다. 세종은 "성인(聖人 : 공자)이 말하기를, '아침에 도(道)를 들으면 저녁에 죽어도 좋다'고 하였으니 비록 크게 통달하지는 못하더라도 날마다 착한 말을 듣는 것은 또한 다행한 일이 아니겠는가"라며 여덟 살 이상의 종친들을 종학에 입학시킨 것이었다. 세종은 다음해 종학(宗學)을 경복궁 건춘문(建春門) 밖에 새로 짓고 종3품 · 종4품 · 종5품 · 종6품으로 각각 종학 교수관(教授官)직을 신설했다.

그런데 이 종학 교육 또한 세자시강원의 서연 못지않게 혹독한 것이었다. 종친들은 매일 해가 돋으면 모여 공부하다가 신시(申時), 즉 오후 5시 가량이 되면 파하는데 그 출결 사항은 열흘마다 임금에게 보고되었다. 임금에게 보고되는 판국이니 요령을 피울 수도 없는 노릇이었다.

요즘으로 치면 학칙이라 할 종학 의식을 보면 대단히 세밀한 사항들이 기재되어 있었다. "각 재(齋)의 종친은 행례(行禮)와 청강(聽講)과 문의(問疑)를 제외하고는 각기 본재(本齋)에서 차서대로 단정히 앉아서 학업을 익히고 떠들면서 드나들지 말 것. 날마다 글을 배울 때에는 반드시 외우게 되기까지, 전에 수업한 것을 명백히 이해한 뒤에 다시 아랫글〔後段〕을 수업(授業)하게 하고, 그 읽기를 마치고 나면 또한 이와 같이 할 것. 날마다 앞서 다섯 번 배운 것을 이어 통독(通讀)하고, 첨대(제비)를 뽑아서 읽는 것을 고사(考查)하여, 그 결과를 기록하여 월말에 위에 아뢸 것. 종친(宗親)은 모름지기 교관(教官)과 종부시(宗簿寺)의 결의(決議)한 바를 듣고서야 재(齋)에서 나가는 것을 허가하되, 어떤 사고를 핑계하여 거짓으로 고하지 못하게 할 것."

이처럼 세세한 학칙을 정해 놓았으니 종친으로 태어난 이상 매일같이 공부하는 것 이외에는 다른 방법이 없었다. 종친들은 당연히 이 강도 높은 학문을 싫어했다. 일반 사대부들은 학문이 곧 과거를 통한 출세의 길이었으니 공부는 괴로운 일일 수도 있지만 다른 한편으로는 영예로운 벼슬길에 나가기 위해서는 감수할 수밖에 없는 과정이기도 했다. 그러나 종친들은 정사 관여가 금지되어 있었고 종친부의 벼슬 이외에 다른 관직 진출도 봉쇄되어 있었다. 말하자면 동기가 부여되지 않는 학문이요, 공부였으니 특별히 학문을 즐기는 종친 외에는 괴롭지 않을 도리가 없었다.

특히 공부가 천성에 맞지 않는 경우 괴로움은 배가되게 마련이었다. 정종(定宗)의 서자 순평군(順平君) 이군생(李群生)이 그런 인물이었다. 그는 나이 40이 지나도록 한 글자도 몰랐는데, 교수관이 효경(孝經)의 개종명의장(開宗明義章) 일곱 글자를 가르쳤으나 그는 그것도

우리 역사의 수수께끼 2

읽지를 못하고 "내가 지금 늙고 둔하니 개종(開宗) 두 글자만 알아도 족하다"라고 말하면서, 말을 타고 가는 동안에도 개종 두 글자 읽기를 쉬지 않았다. 또 종에게 이르기를 "너도 개종 두 글자를 외웠다가 내가 군색할 때에 알려 달라"고 할 정도로 순평군에게 종학은 괴로움 그 자체였다.

심지어 그는 죽음에 임해 처자들에게 이렇게 말했다.

"죽고 사는 것은 지대한 일로서 어찌 관심이 없겠는가마는, 종학을 영원히 떠나는 것은 크게 쾌한 일이다."

조선의 왕족들은 우리의 예상과는 달리 아주 고통스런 교육을 받았다. 그 교육의 목적이 벼슬이 아니라 수신(修身)이었으니 피교육 당사자에게 그 어려움은 배가될 수밖에 없었다. 왕조국가에서 세자나 왕자, 종친들은 그 누구보다 귀한 특수신분이었다. 그러나 이들은 특수신분으로 태어난 죄로 남보다 몇 배 엄격한 자세를 요구받았고, 그렇게 교육 받았다. 모든 아이들을 왕자처럼 기르는 현재의 부모들이 진정한 왕자의 길이 이토록 어려운 고난의 길이라는 것을 안다면 어떤 표정을 지을지 궁금하다.

이율곡은 과연 임진왜란을
예견하고 십만양병설을 주장했을까

교과서에도 실렸던 이이의 십만양병설

임진왜란을 말할 때마다 빠지지 않는 이야기가 있다. 율곡 이이가 왜군의 침입을 예견하고 10만 명의 군사를 기르자는 '십만 양병설'을 주장했다는 내용이 바로 그것이다. 그런데 당파 싸움에 골몰하던 유성룡 등 조정 대신들이 '평화시에 군사를 기르는 것은 화를 양성하는 것'이라고 반대해 무위에 그쳤다는 것이다.

이런 내용은 한때 교과서에까지 실려 현재도 많은 국민들은 율곡의 십만양병설을 사실로 받아들이고 있다. 율곡은 아홉 번 과거를 봐서 아홉 번 모두 장원급제해 '구도장원공(九度壯元公)'이라고 불릴 정도로 뛰어난 위인이었고 당파싸움을 중지시키기 위해 많은 노력을 했던 인물이다. 하지만 그 제자들이 진위여부가 불분명한 율곡의 십만양병설을 사실로 만드는 과정에서 다른 한 사람을 악인으로 만든 것은 문제가 있다. 게다가 악인이 된 사람이 바로 서애(西厓) 유성룡(柳成龍)이라는 데 문제의 심각성이 있다.

유성룡은 임진왜란 당시 병조판서를 겸하고, 도체찰사로 군무를 총괄했으며, 전란에 관한 수기인 《징비록(懲毖錄)》을 서술한 인물로서 그 자신이 임란 호성공신(扈聖功臣) 2등에 책봉된 공신이었다. 그러나 율곡이 왜군의 침입을 예견하고 10만 군사를 기르자는 십만양병설을 제안할 때 서애 유성룡마저 반대했다는 것이 십만양병설의 주된 내용이다. 물론 여기에는 율곡의 십만양병설이 무산됨으로써 임란의 비극을 맞이했다는 뒷이야기가 함의되어 있다.

그런데 이런 내용이 교과서에까지 실리게 된 데는 한때 한국 국사학을 이끌었던 전 서울대학교 대학원장 두계(斗溪) 이병도(李丙燾) 박사의 역할이 적지 않다. 일제시대 때 조선총독부 산하 조선사편수회에서 근무해 친일 시비를 불러일으킨 반면, 역시 일제시대에 진단학회(震檀學會)를 설립하여 국학연구에 상당한 업적을 남기기도 한 이병도가 1948년 발간한 《조선사대관(朝鮮史大觀)》과 1964년 발간한 《수보(修補) 한국사대관》은 해방 후 국사학 전공자가 반드시 섭렵해야 하는 필독서가 되었다. 그중 1983년판 《한국사대관》의 해당 부분 기술을 보자.

유성룡이 저술한 《징비록》. 임란을 극복한 기록이다.

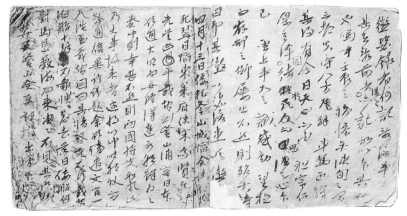

가깝고도 먼 나라 조선의 진실

"특히 이이는 선조에게 군사 10만을 양성하여 완급(緩急)에 대비하자는 것을 건의하여 만일 그렇게 아니하면 10년을 넘지 못하여 토붕(土崩 : 흙이 무너짐)의 화를 당하리라 하였다. 이때는 임진왜란이 일어나기 10여 년 전의 일이니, 장래를 투시하는 그의 선견(先見)의 명(明)이 어떠하였던가를 알 수 있다. 그러나 이에 대하여 당시의 국왕 선조는 아무런 반응이 없었고 조신(朝臣)들 중에도 찬동 지지하는 사람이 별로 없었다. 동료 중에 식견이 높은 유성룡까지도 무사한 때에 양병(養兵 : 군사를 기르는 것)은 도리어 화(禍)를 기를 뿐이라고 하여 반대하였다. 당시 조신들이 얼마나 타성과 고식에 기울어졌던가는 추측할 수 있다."

이병도 박사는 이 내용의 〈참고〉에서 율곡의 십만양병설에 대해 장황한 부연 설명을 덧붙였다.

"본문에 말한 그의 양병십만론은 연월은 미상(未詳)하나 그의 문인 김장생(金長生) 소찬(所撰)의 율곡행장 중에 적혀 있으니 이것이 설령 그의 만년지사(晩年之事)라 할지라도 임란 전 10년에 당한다. 이 건의에 반대하던 한 사람인 유성룡이 후일에 그 선견의 명(明)을 추억하면서 '이(珥)는 진성인(眞聖人)이라'고까지 하였다 함은 역시 위의 행장에도 실려 있지만 유명한 이야기이다. 임란 중에 무인으로 적성(赤誠 : 참된 정성)과 신책(神策)을 가지고 눈부신 활약을 하여 적의 혼담(魂膽)을 꺾는 동시에 국난을 타개하여 민족을 패멸(敗滅)에서 구출한 은인이 이순신이라면, 임란 이전 시비총중(是非叢中)에 있어 국사(國事)의 비(非)를 개탄하고 죽을 때까지 민족을 도탄에서 구제하려 하던 위인이 이이(李珥)라 하겠다.

요컨대 양인(兩人)은 조선이 낳은 가장 위대한 천재로, 하나는 폭풍이 닥치기 전에 선견의 명(明)을 가지고 민족을 구출하려고 애쓴 유일한 존재였고 하나는 폭풍이 닥치어 전국이 토붕와해중(土崩瓦解中 :

흙이 무너지고 기와가 깨지듯이 일이 근본부터 잘못됨)에 있는 것을 거의 독력(獨力)으로 구출하다시피 한 오직 한 사람이었다."

율곡 제자들의 글에만 나오는 십만양병설

이 기술에 대해 부산대학교 명예교수인 이재호(李載浩) 선생은 〈선조수정실록 기사의 의점(疑點)에 대한 변석(辨析)─특히 이율곡의 '십만양병론'과 유서애의 '양병불가론'에 대하여〉에서 "개인의 행장에 나타난 기사를 아무런 취사 선택도 없이 그대로 인용하여… 개인의 전기물도 아닌 국사개설서로서는 일반 독자들에게 역사인식을 오도시킬 염려가 없지 않다고 생각된다"고 반박했다.

율곡의 십만양병설이 갖고 있는 문제점은 바로 십만양병설의 근거가 개인의 행장(行狀)에 근거하고 있다는 데 기인한다. 행장이란 죽은 사람의 친구나 문우(文友), 또는 제자나 아들이 그 사람의 세계(世系) 및 살아 생전의 언행 등을 저술한 글을 뜻한다. 일종의 간략한 전기인 셈인데, 중립적인 학자가 쓰는 평전이 아니라 고인과 밀접한 관련이 있는 사람이 쓴다는 점에서 문제가 되는 내용은 《실록》 등 다른 자료와 대조·검증을 거친 후에야 사실로 인정받을 수 있는 글이다.

율곡의 행장을 기술한 사람은 그의 문인이었던 사계(沙溪) 김장생(金長生 : 1548~1631)인데, 문제는 십만양병설이 그의 행장 이외에는 《율곡전서》 중의 수많은 상소와 차자는 물론 《선조실록》에도 나오지 않는다는 점이다. 따라서 율곡의 십만양병설은 대부분 김장생이 찬술한 〈율곡행장〉에서 따온 기록이다. 해당 부분의 기록을 보자.

"일찍이 경연에서 (율곡이) 청하기를 '10만의 군병을 미리 길러 위급한 사태에 대비해야 할 것입니다. 그렇지 않으면 10년이 지나지 않아서 장차 토붕와해(土崩瓦解)의 화(禍)가 있을 것입니다'라고 하자 정승 유성룡이 '사변(事變)이 없는데도 군병을 기르는 것은 화근을 기르는 것입니다' 라고 말했다. 그때 오랫동안 태평이 계속되어 모두가 편안에 젖어 있었으므로 경연에서 주대(奏對)하는 신하들이 다 선생(先生 : 율곡)의 말을 지나친 염려라고 여겼다. 선생이 밖에 나와 성룡에게 이르기를 '나라의 형세가 누란의 위기에 처했는데도 속유(俗儒)들은 시무에 통탈하지 못하니 다른 사람에게는 기대할 것이 없지만, 그대 또한 어찌 이런 말을 하는가' 라고 하였다. 임진란을 맞은 후에 유정승(유성룡)이 조정에서 다른 사람에게 말하기를 '지금 보니 이문성(李文成 : 율곡의 시호)은 참으로 성인이다. 만약 그의 말을 채용했더라면 국사가 어찌 이 지경에 이르렀겠는가' 라고 하였다."

바로 이 기술이 율곡이 임진왜란을 예견하고 10만의 군사를 미리 기를 것을 주장했다는 '십만양병설' 의 근거가 되는《행장》기록이다. 이후 십만양병설에 관한 대부분의 기록은 이 행장의 기술을 약간 변형한 것에 불과하다. 월사(月沙) 이정구(李廷龜 : 1564~1635)가 찬술한 〈율곡시장(栗谷諡狀)〉도 마찬가지이고, 백사(白沙) 이항복(李恒福 : 1556~1618)이 찬술한 〈율곡신도비명〉도 김장생의 행장을 줄여서 쓴 것인데 다만 행장에 유성룡이 했다는 "지금 보니 이문성은 참으로 성인이다" 라는 말이 이항복의 신도비명에는 "지금 생각해 보니 '이문정(李文靖)은 참으로 성인이다' 라고 조금 다르게 적혀 있을 뿐이다.

율곡의 십만양병설이 보다 구체적으로 나와 있는 것은 김장생의 제자인 우암(尤庵) 송시열(宋時烈 : 1607~1689)이 편찬한 〈율곡연보〉이다.

"선생이 경연에서 아뢰기를 '국세(國勢)가 부진한 것이 극도에 달했으니 10년이 지나지 않아 마땅히 토붕와해의 화가 있을 것입니다. 원컨대 10만의 군병을 미리 길러서 도성에 2만 명을 두고, 각도에는 1만 명을 두어 호역(戶役)을 면제하고, 재능 있는 자를 훈련시켜 6개월로 나누어 교대로 도성을 지키게 하고 사변이 있으면 10만 명을 합하여 도성을 지키도록 하여 위급한 때에 대비하게 하소서. 그렇지 않으면 하루아침에 사변이 일어나 백성들을 몰아내어 싸우게 함을 면치 못할 것이니 큰일이 실패할 것입니다'라고 하니 유성룡 공(公)이 불가하다면서 '무사한 때에 군사를 기르는 것은 화를 기르는 것입니다'라고 말했다. 경연의 신하들도 모두 선생의 말을 지나친 염려라고 여겨 행하지 않았다. 선생이 물러나서 유공(柳公)에게 말하기를 '속유(俗儒)는 진실로 시의에 통달하지 못했으니 그렇지만, 공 또한 어찌하여 이런 말을 하는가'하고는 한참 동안 수심에 잠겨 있었다. 임진왜란이 일어나자 유공이 조정에서 감탄하기를 '이문성(李文成)은 참으로 성인이다'라고 하였다."

그런데 이 〈율곡연보〉는 이이가 경연에서 이 주장을 했을 때가 선조 16년(1583 : 계미년) 4월이라고 적고 있다. 선조 16년은 임진왜란이 일어나기 10년 전이다. 게다가 4월은 임진왜란이 발생한 달이다. 그러므로 송시열이 편찬한 〈율곡연보〉는 율곡이 임진왜란이 일어날 해와 달까지 정확히 예언하고 있다고 말하는 것이나 다름없다.

《선조실록》은 왜 십만양병설에 대해 침묵했나

문제는 율곡의 이 중요한 예언을 《선조실록》은 무시하고 있다는 점이다. 반면 《선조수정실록》에는 이이의 십만양병론이 실려 있다. 《선조수정실록》은 〈율곡연보〉에서 주장한 선조 16년 4월이 아니라 선조 15년 9월의 일로 실려 있는데 그 내용은 율곡이 선조에게 직접 10만 양병에 대해서 말하는 것이 아니라 예의 "이이가 일찍이 경연에서 '미리 10만의 군사를 양성하여 앞으로 뜻하지 않은 변란에 대비해야 한다'고 말하자, 유성룡은 '군사를 양성하는 것은 화단을 키우는 것이다'라고

조선의
가
도
진실
면
나라

하며 매우 강력히 변론하였다"라는 알려진 내용을 재수록하고 있다. 이는 이 기사를 수록한 《선조수정실록》이 김장생이 편찬한 〈율곡행장〉을 토대로 편찬되었음을 짐작하게 해 준다.

그런데 《선조실록》에는 실려 있지 않은 십만양병설이 왜 《선조수정실록》에는 실린 것일까? 이는 《선조실록》과 《선조수정실록》의 판이한 성격에서 기인한다. 《선조실록》은 광해군 1년(1609) 7월부터 이듬해 11월까지 편찬되었는데 처음에는 당파색이 없는 이항복이 총재관을 맡았다가 뒤에는 북인 기자헌(奇自獻)이 대신하였는데, 서인 이이와 정철 등은 깎아내리고 북인 이산해와 이이첨 등은 지나치게 칭송해 객관성에 문제가 있는 실록이 되었다. 인조반정으로 북인정권을 타도하고 권력을 잡은 서인들은 《선조실록》의 이런 점에 문제를 제기해 인조 21년(1643)부터 수정작업을 개시하였다. 그러나 최초의 수정실록 편찬 작업은 편찬을 맡던 대제학 이식(李植)이 사망하는 등 수월치가 않아서 무려 14년 만인 효종 8년(1657)에야 겨우 완성되었다. 그런데 《선조실록》이 지나치게 친북인·반서인의 편찬 자세를 견지해 문제가 되었다면 반대로 《선조수정실록》은 거꾸로 친서인·반북인·반동인의 자세를 보여 문제가 되었다.

《선조수정실록》은 편찬과정에서 각 개인이 소장한 사초(史草)와 개인의 비문·행장·잡기 등을 수집하여 수정작업에 들어갔는데, 이 과정에서 김장생이 편찬한 〈율곡행장〉이 커다란 영향력을 미쳤을 것임에 틀림없다. 왜냐하면 율곡 이이는 서인이 종주로 모시던 인물이고 김장생은 그의 직접적인 제자로서 율곡학맥을 사실상 이끌던 인물로서 정권에 막대한 영향력이 있었기 때문에 서인 편찬관들이 그의 저서를 무시할 수 없었다. 《선조수정실록》과 〈율곡연보〉는 모두 서인들에 의해 편찬되었음에도 불구하고 율곡이 십만양병론을 제기한 시점에 대해서는 손발이 맞지 않는 난맥상을 보이기도 했다.

경기도 파주시 동문리에 있는 자운서원. 율곡 이이를 모신 서원으로서 율곡의 무덤도 이곳에 있다.

앞에서 말했듯이 송시열이 편찬한 〈율곡연보〉에 선조 16년 4월에 말한 것으로 기록되어 있는 십만양병설이 《선조수정실록》에는 7개월 빠른 선조 15년 9월에 수록하면서 "이이가 일찍이"라는 식으로 기록하기 때문이다. 이는 이이가 언제 정확하게 십만양병설을 주장했는지, 나아가 실제로 십만양병설을 주장했는지 불분명하다는 사실을 말해 준다.

물론 이이는 조선의 미래를 깊이 염려한 훌륭한 학자이자 정치가였다. 그는 임진왜란이 일어나기 만 10년 전인 선조 15년 네 가지 시폐에 대한 상소인 〈경장봉사(更張封事)〉를 올려 당시를 일대 경장이 필요한 시기라며 대대적인 개혁을 강력히 주장했다. 만약 그의 주장대로 대대적인 개혁을 실시했다면 조선은 임진왜란 때 그토록 속수무책으로 당하지 않았을 개연성이 크다. 서얼들의 역사서인 《규사(葵史)》에 따르면 율곡은 특히 서얼이란 이유로 벼슬길에 나서지 못하는 사람들을 안타깝게 여겨 서얼들에게도 벼슬길을 열어 줄 것을 여러 차례 임금에게 간한 개혁론자이기도 했다.

그는 군사문제에 대해 〈경장봉사〉에서 이렇게 주청했다.

"지금 백성은 흩어져서 군사는 없어지고 창고는 텅 비어 있는데… 혹시 외적이 변경을 침범하고 완악한 백성이 벽지에서 난동을 부린다면, 외적을 방어할 만한 군사도 없고 군사가 먹을 곡식도 없고 유지할 만한 신의도 없으니 이런 처지에 전하께서는 무엇으로 대응하시겠습니까?"

이이는 이외에도 선조 7년(1574)에 올린 〈만언봉사(萬言封事)〉를 비롯해 선조 16년(1583) 병조판서로 재직할 때까지 여러 차례에 걸쳐 군사문제에 관해 진언했다. 군사문제에 관한 율곡의 진언은 대부분 백성들의 생활이 안정되어야 군사문제도 해결된다는 내용이었다. 선조 15년에 올린 〈경장봉사〉에서 공안(貢案) 개정, 즉 조세체계의 개정을 가장 중요한 문제로 말한 이유도 이 때문이었다. 물론 이런 건의들이 시행되어 백성들의 생활이 안정되었다면 군사문제도 자연히 해결되었을 개연성은 충분하다. 그러나 백성들의 생활이 안정되어야 군사문제도 해결된다는 일반적 건의와 10년 전에 임진왜란을 예견하고 10만 양병을 주장했다는 특수한 건의는 분명히 그 성격이 다르다.

그리고 이런 식의 건의는 율곡뿐만 아니라 10만 양병설을 반대했다고 서인들이 주장하는 서애 유성룡도 했던 내용이다. 유성룡은 선조 16년(1583) 2월 부제학으로서 '변방을 방비하는 다섯 가지 계책' 즉 〈비변오책(備邊五策)〉을 건의했다.

"…신이 듣건대 오랑캐의 환난은 옛날부터 있던 것입니다. …병법에 '먼저 적이 우리를 이길 수 없도록 완벽한 방비를 한 후에 우리가 적을 이길 수 있는 기회를 기다린다'고 했으며…."

이는 유성룡 또한 이이가 건의한 대책 수준 이상의 구체적 제안을 임진왜란 이전에 주청했음을 보여 주는 것이다. 이는 유성룡이 이이의 십만양병설을 반대하지 않았음을 보여 준다. 설혹 반대했다 해도 당시 조선의 경제력으로 어떻게 10만의 상비군을 기르고 유지할 수 있을 것인가에 대한 현실적 우려 차원이었을 것이다. 더구나 이이의 십만양병설 주장이 사실이었다고 객관적으로 인정할 사료가 없는 상황에서 유성룡의 반대 운운은 설득력이 없다.

임진왜란을 예견했다고 야사가 전하는 이준경

율곡 이이와 서애 유성룡은 모두 나라의 앞일을 걱정하던 훌륭한 인물들이다. 이이가 나라의 전란을 염려했던 인물이라면 유성룡은 그 전란을 수습하기 위해 애를 쓴 인물이지 당파적 자리에서 누구는 올리고 누구는 내릴 그런 성격의 인물들이 아니다. 더구나 이병도 박사가 이이와 이순신 양인(兩人)을 '조선이 낳은 가장 위대한 천재'로 칭송한 것이 당파성 없는 공정한 평가라고 주장하려면 변방과 한직을 떠돌던 이

자운서원 현판.

순신을 파격적으로 전라좌수사로 발탁한 유성룡의 혜안을 언급했어야 할 것이다. 더구나 당시 이순신은 수군 경험이 전무한 육군 출신이었다.

야사에서 임진왜란을 예견한 것으로 구전되는 인물은 율곡 이이가 아니라 동고(東皐) 이준경(李浚慶 : 1499~1572)이다. 임진왜란이 일어나기 10년 전에 영의정으로 있던 이준경은 어느 날 미치광이처럼 생긴 떠꺼머리 총각을 사위로 삼았는데, 백수건달로 지내던 그는 이준경이 죽은 후 처남에게 세 번에 걸쳐 수천 냥의 막대한 돈을 요구했다. 처남은 그때마다 마지못해 돈을 내 주었는데 돈을 주면 아무 소식도 없이 홀연히 사라지는 것이었다. 어느 날 나타난 사위는 모든 식구들을 데리고 험준한 산악지대로 들어갔는데 그곳에는 용궁 같은 기와집이 즐비했다. 어느 날 산 아래를 내려다보니 임진왜란으로 세상이 온통 불바다가 되었으나 그들은 무사히 난리를 피하고 세상에 나왔다. 그러나 그 사위만은 산 속에서 영원히 나오지 않았다는 이야기이다.

물론 이는 꾸며낸 이야기에 불과하다. 그러나 이준경에게 이런 야사가 따라 다니는 이유는 평소에 보여 주었던 그의 혜안 때문이다. 그는 동인과 서인이 분당되기 4년 전인 선조 4년(1571) 사망하기 직전 선조에게 유차(遺箚)를 올려 "지금 벼슬아치들이 이런저런 명목으로 붕당을 만들고 있는데, 이는 대단히 큰 문제로서 나중에 반드시 나라의 고치기 어려운 환란이 될 것입니다"라고 당쟁을 예견한 인물이었다. 이준경의 유차를 자신을 비판한 것으로 생각한 율곡 이이는 선조에게 글을 올려 "조정이 맑고 밝은데 어찌 붕당이 있겠습니까? 이는 임금과 신하를 갈라 놓으려는 것이옵니다. 사람이 죽음에 임해서는 말이 착한 법인데 이준경은 죽음에 이르러 그 말이 악합니다"라고 이준경을 비판했다.

그러나 훗날 당쟁이 사실로 나타나자 율곡 이이는 대유(大儒)답게 이준경을 비판한 것을 부끄럽게 생각했다. 서인들이 이이의 십만양병설을 반대한 것을 임진왜란 후 유성룡이 부끄러워했다는 기록을 남긴 것은 이준경과 이이의 일화에서 비롯된 것인지도 모른다. 율곡의 위대한 점은 이준경의 경우처럼 자신의 잘못이 드러났을 경우 스스럼 없이 자신의 잘못을 인정했다는 점이다. 그의 제자들이 이런 율곡을 무흠한 인물로 만들려 했으나 이는 율곡이 바라던 바는 아니었을 것이다.

향리는 조선 후기 모든 부패의 근원인가

사대부들의 제도적 부패 책임 떠넘기기

녹봉이 없었던 조선 향리들

조선 후기에 수많은 사대부 지식인들은 '향리망국론(鄕吏亡國論)'을 제기하였다. 구한말 우리나라에서 선교사로 활동한 헐버트는 이러한 사대부들의 인식을 자신의 저서 《대한제국사서설》에 이렇게 기록하였다.

"(한국인들은) 일반적으로 아전이 마치 이리떼와 같아서 주민들을 착취하는 것으로 일과를 삼고 밤이 되면 잠도 자지 않고 새로운 수탈을 위한 계획을 짜내기에 골몰한다고 생각하고 있다."

이런 영향 탓인지 오늘날 우리들도 이방·호방 등 향리라면 위의 사또에게는 비굴한 웃음으로 아부하면서 아래의 백성들에게는 수탈을 일삼는 이리떼의 이미지도 각인되어 있다. 과연 조선 후기 향리의 모습은 그러했을까?

고려시대만 해도 향리는 지방 사회의 실질적인 지배자로서 토호적 성격을 띠고 있었다. 이런 토호적 향리는 고려왕조의 중앙집권화를 저해하는 요소였다. 따라서 고려왕조는 지속적으로 향리세력을 억제하는 억압책과 함께 향리의 상층부를 과거 등을 통해 중앙관료로 흡수하여 관료로 삼는 회유책을 병행하였다. 이런 정책은 향리 상층부는 중앙의 관료로 만들었다. 하층부는 그 세력이 상당히 약화되지만 여전히 지방의 유력자였다. 고려시대에는 지방관을 파견하지 못하는 속현(屬縣)이 다수 존재했는데 이런 속현을 다스리는 세력이 바로 향리여서 이들이 실질적인 지배자였다.

그런데 조선은 개국과 함께 향리층의 세력을 억압하는 것을 지방정책의 중요한 주제로 삼아서 조선의 향리는 단지 지방정부의 행정 사역인으로 전락하게 되었다. 조선 왕조는 유교이념에 입각한 신질서를 확립하기 위하여 관료군을 다시 편성했는데, 이 과정에서 관료가 될 수 있는 계층을 양반층으로 한정하고 향리가 관료화하는 것을 대폭 제한하여 이들을 지방의 행정실무를 담당하는 사역인으로 고착시켰던 것이다. 또한 향리는 고려시대에는 직역(職役)의 대가로 외역전(外役田)을 지급받았지만 조선시대에는 이것마저 폐지되어 그 경제적 기반역시 취약해질 수밖에 없었다. 향리는 엄격한 의미에서 관료가 아니었기 때문에 녹봉도 받지 못하였다. 문제는 녹봉은 없었으나 국역(國役)은 존재했다는 사실이다. 이는 향리층이 제도적인 부패에 의해서 생활을 유지할 수밖에 없었던 현상을 말해 주는 것이다. 그나마 조선 전기에는 고려 사회의 유제가 농촌에 남아 있었으므로 급격히 몰락하지는 않았으나 조선 후기 들어 향리 집단은 자신들의 존립기반을 상실할 엄청난 변화에 직면하고 있었다. 성리학적 사회질서가 상층부뿐만 아니라 기층사회, 즉 농촌사회에까지 정착되어 가고 있었기 때문이다. 이것은 향리집단의 존재가치를 이념적으로 철저히 부정하는 결과를 초래하였다. 유교이념은 사회집단을 사농공상(士農工商)이라는 위계질서로 규정하였기 때문에 그러한 질서 내에서는 향리들의 존재 근거가 부정될 수밖에 없었다.

향리에 대한 사대부들의 비판

이에 더하여 향리층이 직무를 수행하는 과정에서 발생하게 마련인 불법과 부정은 그들의 존재 근거를 뿌리째 뒤흔들었다. 오늘날 대다수 하위공무원의 얄팍한 봉급봉투가 부정을 부추기듯이 녹봉 없는 향리의 부정은 생존을 위해 불가피한 것이었는데도 그런 부정행위는 사대부와 농민 양쪽으로부터 비난받았다.

그러나 더 큰 문제는 향리들의 생존을 위한 부정이 아니라 국가의 구조적 · 조직적인 부정이었다. 향리들은 단지 이런 일들에 사역인으로 동원되었을 뿐이었다. 임진왜란과 병자호란을 겪은 조선 왕조는 재정 상황이 극도로 악화되어 갔다. 전후 복구사업에 막대한 비용이 필요함에 따라 중앙정부의 재정 수요가 증가하였지만, 전답(田畓)이 황폐해져 세원(稅源)은 오히려 줄어들었다. 정부의 가장 주요한 세수기반인 토지 결수(結數)가 종래 170만 결에서 임진왜란 직후 54만 결로 격감한 것이 단적인 예이다. 중앙정부는 부족한 세원을 메우기 위해 지방관을 독촉했고 지방관은 다시 향리들을 독촉했다. 농민들에게 국가나 지방관은 까마득히 멀리 있으므로 결국 징수를 담당한 향리들만 백성들의 원성의 대상이 되게 마련이었다.

이런 현상들은 조선 후기 향리들에 대한 사회적 인식을 매우 부정적으로 만들었다. 그 단적인 표현은《관성록(管城錄)》의 아래 내용에 잘 나타나 있다.

"사람들이 향리를 말할 때 반드시 간악하다는 것과 연관지어 '간악한 아전이다. 또는 아전은 간악하다' 라고 말한다. 그리고 '간악하지 않으면 아전으로 여길 수 없고 아전이라면 간악하지 않을 수 없다. 따라서 수령은 아전을 사람의 도리로써 대해서는 안 되고, 오직 분명히 살펴 감독하고 엄한 법으로써 이들을 다스려야 할 따름이다' 라고 말한다."

다산 정약용은 향리 집단을 더욱 부정적으로 묘사하고 있다. 그의 저서 《목민심서》 〈이전(吏典)〉조를 보자.

"백성은 토지로써 생업을 삼지만 아전은 백성으로써 생업을 삼는다. (아전은) 백성의 껍질을 벗기고 골수를 긁어내는 것을 농사짓는 일로 여기고 머릿수를 모으고 마구 거두어들이는 것으로써 수확하는 일을 삼는다. 이런 습성이 이루어져서 당연한 짓으로 여기게 되었으니, 아전을 단속하지 않고서 백성을 다스릴 수 있는 자는 없을 것이다."

환곡 문란의 책임은 향리에게 있는가?

그러면 조선 후기에 일상화된 모든 부정부패의 주체는 사대부들의 주장대로 과연 향리인가. 조선 후기에 있어 부정부패하면 누구나 곧장 삼정문란(三政紊亂)을 떠올릴 것이다. 전정(田政), 군정(軍政), 환곡(還穀)의 문란을 삼정문란이라 하는데 전정이나 군정의 폐단도 작은 것은 아니었으나 그 가운데 환곡의 폐단은 단연 압도적이었다. 환곡은 본래 춘궁기에 곡식을 대여해 주었다가 추수기에 1할의 이자를 덧붙여 되돌려받는 영세농민 보호책으로 시작되었다. 그러나 양란 이후 재정 부족이 심화되자 정부가 환곡의 이자, 즉 이식(利殖)을 재정부족을 메우는 수단으로 악용하면서 그 폐해가 심각해졌다. 농민의 구휼과 복지에 기여한다는 제도의 본래 취지는 사라지고 농민을 착취하는 것으로 변질되었던 것이다.

18세기에 이르면 서울과 지방을 막론하고 거의 대부분의 관아에서 이자를 붙여 비축곡을 대여하고 있었다. 일제시대의 한 보고서 〈이조시대의 재정(李朝時代の財政)〉에 따르면 경기도에만도 무려 200백 개에 달하는 환곡 창고가 있었다고 한다. 환곡 창고는 전국에 걸쳐 군현 또는 그 이하 면 단위까지 분포되어 있을 정도로 광범위했다.

서울시 세검정. 조선 후기에는 중인들이 이곳에 모여 시회를 열기도 했다.

우리 역사의 수수께끼 2

앞의 보고서에 따르면 1725년에 국가 전체의 비축 환곡이 41만 6,900석이었는데, 약 50년 후인 1776년경에는 이것이 137만 7,000석으로 세 배가 된다. 다시 1807년경에는 국가 전체의 비축 환곡이 999만 5,599석이라는 천문학적인 수치에 이르게 되는데, 이 가운데 730만 8,319석을 백성들에게 대부하였다. 일본인 마생무귀(麻生武龜)의 연구결과에 따르면 같은 해 669만 9,499석의 환곡에 대한 이자는 72만 7,028석이다. 이 중 11만 4,863석은 비상용으로 남겨놓고 61만 2,164석을 국가재정으로 지출하였다. 그런데 《만기요람(萬機要覽)》〈재용편(財用篇)〉에 따르면 같은 해인 1807년 호조의 전세(田稅) 수입은 11

만 7,000석에 불과했고 선혜청에서 최대한 거두어들일 수 있었던 대동미는 2만 석이었다. 이는 1807년 경에 달하면 국가가 환곡의 이자로 거두어들이는 세입이 전세 수입의 총 3배 내지 4배에 이른다는 것을 말해 주는 것이다.

하지만 보다 중요한 사실은 이 시기의 비축 환곡이 1,000만 석에 달한다는 것은 장부상에 있는 허구일 뿐이라는 점이다. 수세기 동안 거두어들인 이자를 환곡제도에 재투자하지 않고 일반 행정 경비로 전용하였기 때문에 그같이 엄청난 양의 환곡이 모일 수 없었을 것은 의심의 여지가 없다. 실제 1800년 이후 나라에 기근이 들었을 때 그 구휼은 1,000만 석에 달하는 환곡이 아니라 공명첩(空名帖 : 기부한 곡식의 양에 따라 내 주는 관직임명장)을 매매하거나 개인의 기부에 의존하여 해결하려 했다. 문제는 빌려 준 환곡의 수는 장부보다 부족할지라도 거두어들이는 환곡의 원곡(元穀)과 이자는 같아야 했다. 그러니 농민들은 빌린 수보다 훨씬 많은 양의 곡식을 갚아야 했다. 자연히 원성이 없을 수가 없었다.

실로 이 환곡의 폐단은 1862년 전국적인 농민봉기의 주요 요인이었다. 정부도 전국에서 민란이 빈발하자 환곡의 폐단이 단지 지방관과 향리들의 부패에 국한되는 문제가 아니라, 제도 자체가 지닌 모순이 보다 근본적인 문제라는 점을 인정하지 않을 수 없었다.

미봉적인 정부의 환곡 개혁안

조정에서 농민봉기의 사후처리를 위하여 이런 폐단을 바로잡을 수 있는 이정청(釐整廳)이란 기관을 설치한 것이 이를 말해 준다. 이정청에서는 환곡 제도의 문제점을 해결할 수 있는 여러 개혁정책을 마련하였다. 이 개혁안은 세입을 목적으로 환곡의 이자를 활용하는 것을 없애고, 환곡을 농민들의 현실적인 수준에 맞추어 반환하게 함으로써 장부 상에 허위로 기재된 악성 부채를 탕감하자는 것, 그리고 없어진 세입을 새로운 세금으로 대체하자는 것 등이었다.

이 개혁안들은 정부 스스로 환곡 제도의 모순을 인정하는 획기적인 내용이었지만 대부분의 정부 주도 개혁안들이 그렇듯이 그대로 시행 되지는 않았다. 다만 이자를 붙여 대부하는 것은 계속하기로 하되 허위 로 기재된 비축곡의 3분의 2는 손실로 처리하여 없애기로 하였다. 이는 정부 스스로가 무려 비축곡의 3분의 2가 허위 수치이며, 그간 농민들은 자신들이 빌리지도 않은 이 비축곡을 갚기 위해 뼛골이 빠졌음을 인정 한 것이었다. 장부상의 허위 수치를 없앤 정도가 그나마 개혁안으로 농 민들에게 돌아간 혜택이었다.

환곡 제도는 이처럼 행정 부패에 적나라하게 노출될 수 있는 문제투 성이 제도임이 입증되었다. 그러나 이런 현상은 관료들의 도덕 규범이 특별히 타락했기 때문에 빚어진 결과는 아니었다. 오히려 이와 반대로 지방관은 제도의 모순으로 말미암아 부패하지 않을 수 없었다. 특히 그 실무 담당자인 향리들은 빚을 받아들이고 비축곡을 유지하는 데 법적 책임을 지고 있었으므로 처벌받지 않기 위해서는 농민들을 독촉하는 수밖에 없었다. 그러나 농민들은 이런 제도적 모순으로 언제나 너무 많 은 빚을 지고 있었기에 기껏해야 자신들의 빚 일부만을 상환할 수 있었 으며 흉년이 들었을 경우에는 아무것도 상환할 수 없었다.

농민이 항상적으로 빚을 갚지 못할 경우 지방관은 농민을 닦달하는 한편 비축곡식 수량을 조작하고 장부를 허위로 작성하여 세입과 비축 요구를 충족시켜야 했다. 지방관은 이런 제도적 허점을 이용하여 얼마 든지 부유한 농민들의 재산을 빼앗을 수 있었고 가난한 백성들을 착취 할 수 있었다. 부패는 환곡 제도를 유지하기 위한 필요악이었고, 더구 나 아전들이 그들 자신을 위하여 할 수 있는 일은 착취 외에는 아무것도 없었다.

이리하여 농민의 구휼과 복지에 기여해야 하는 제도는 농민을 착취하기 위한 것으로 변질되어 버렸다. 그런데도 이런 제도를 운용하는 중앙의 고위관리들은 제도적 문제점보다는 부패한 지방관이나 아전들이 부도덕하게 농민을 착취한다고 비판하였던 것이다. 더구나 양반 사대부들은 제도의 모순으로 비롯된 부정부패의 모든 책임을 향리 집단에 전가하였던 것이다. 요컨대 향리 집단을 불법과 부정의 원천으로 기록한 조선 후기 지식인의 저서들은 양반계급이 자신들의 부패와 부정을 은폐하기 위하여, 모든 악의 근원을 향리들에게 전가한 양반들의 인식을 반영한 것에 불과하다. 즉 수탈구조의 정점에 서 있는 양반들이 자신들의 명으로 착취할 수밖에 없는 향리층에게 모든 수탈과 부패의 책임을 전가한 것이었다.

조선 후기 선교사 헐버트는 조선의 향리들이 이런 제도적 모순의 희생양임을 정확히 파악했던 인물이다. 그는 자신의 책《대한제국사서설》에서 양반과 향리의 관계에 대해 이렇게 기술했다.

"아전(衙前 : 향리)은 모든 사람들(지배층)이 저지르는 과오에 대한 속죄양이며, 기관실의 폭발을 막아 주는 안전판 구실을 한다. …만약 그들이 일반적으로 묘사되는 것의 반 정도라도 악덕한 무리들이라면 그들은 오래 전에 국민들에 의하여 축출되었을는지도 모른다. 그들은 제각기 자기의 고장에 붙박이가 되어 만약 주민들의 인심을 잃게 되면 새로운 풀밭에 방목될 수가 없고 오랫동안 그 후환을 겪어야만 한다. 그들의 가족과 재산은 그 지역의 볼모가 되는 것이다. 그들의 일상생활은 주민들을 억압하는 것이 아니라 주민과 방백수령(方伯首領) 사이의 완충제 역할을 하는 것이다. 그들은 한편으로 방백수령의 탐욕을 억제해야 하고 다른 한편으로는 국민들의 분노를 어루만져야만 한다."

그는 심지어 조선이란 나라의 정치체제가 유지될 수 있었던 이유가 바로 이 향리들에게 있다고 간파했다.

"한국민들이 그토록 심한 억압과 실의(失意) 속에 살면서도 정치제도만은 수세기 동안 꾸준히 결속시켜 올 수 있었던 것은 오로지 아전제도 덕분이다. 외국인들도 처음에는 한국인들이 어떻게 그런 제도를 견디어 낼 수 있었을까 하고 의심하지만, 서울에 있는 관리들이나 방백수령(方伯守令)들의 착취 행위에 대한 몸서리치는 얘기들을 들으면 대개 수긍하게 된다. 그러한 제도가 존속된 것은 오로지 아전제도에 그 이유가 있다. 국가를 커다란 선박에 비유하면 아전은 닻과 같아서 주기적으로 밀려 왔다가 밀려 나감으로써 배를 난파시키는 험한 조류로부터 국가라고 하는 대선박을 붙잡아 매어 놓는 역할을 하는 것이다."

조선의 향리들은 이처럼 부패 구조 속의 중간에 위치해 있으면서 착취하는 양반들과 착취당하는 농민들이 직접 충돌하는 것을 막는 완충역할을 하였다. 물론 이 와중에 거두어들인 환곡의 일부를 개인적으로 빼돌린 사례도 있었지만, 그것은 피상적인 수준이며 어디까지나 근본적 책임은 향리층이 아니라 모순된 제도이며, 그 제도의 정점에 자리잡고 있던 양반층에 있었다.

부패의 근원으로 몰린 향리층의 조직적 대응

조롱당하는 근엄한 양반들

탈춤하면 가장 먼저 떠오르는 말이 민중예술이다. '탈춤=민중예술'은 그간 별다른 거부감 없이 우리들에게 받아들여져 왔다. 무용이 중심이 되어 악사(樂士)들의 반주에 맞추어 몸짓과 재담으로 엮어 나가는 탈춤은 양반예술의 특징인 고상함과는 거리가 멀었기에 민중예술로 인식되었다. 더구나 은어·음담·패설·욕설·쌍소리가 마구 뒤섞인 탈춤의 대사는 양반의 것과는 거리가 멀었기에 민중예술로 이해해 왔다. 그간 조선 후기 탈춤의 유행은 흔히 민중 성장의 결과물로 설명되어져 왔다. 탈춤의 대사가 지배층인 양반에 대한 신랄한 비판과 풍자로 가득차 있다는 점이 그 근거였다.

우리나라를 방문한 영국 여왕까지도 직접 관람할 정도로 유명한 탈춤공연에서 양반은 점잖고 위엄있는 모습을 하고 등장하는데, 적어도 형식적으로는 놀이가 끝날 때까지 위엄을 유지한다. 하지만 내용적으로는 처음부터 양반은 멸시의 대상에 불과하다. 양반은 자기 처지를 깨닫지 못하고 일방적으로 으스대지만, 관중은 양반의 허위의식을 처음부터 알고서 조롱하는 데서 기쁨을 얻는다.

일제시대에 탈춤을 현장조사한 추엽융(秋葉隆)에 따르면 양주 별산대(楊州別山臺) 가운데 제9장인 샌님[老兩班]장은 양반을 조롱하는 장면으로 일관하고 있다. 그 주요 내용은 대략 이렇다.

토끼같이 놀란 추한 얼굴의 노양반이 두 아들과 하인 말뚝이를 데리고 등장한다. 아들이 과거 보러 가는 도중 의막사령(依幕使令)에 명하여 숙소를 잡게 하고는 모두가 잠든 후에 미인을 불러들여 즐긴다. 그런데 그 무렵 포도부장이 나타나 여자를 놓고 싸우다가 결국 여자를 빼앗기고 만다는 이야기이다.

탈춤 공연의 주체는 민중이 아니다

하지만 탈춤 공연의 주체가 민중이라는 설은 역사적 사실이 아니다. 탈춤 공연의 주체를 민중이라고 인식해 왔던 것은 철저한 고증 없이 막연하게 통용되어 온 '탈춤＝민중예술' 이란 등식 때문이지 사실은 아니다. 그러면 탈춤의 주체는 과연 누구인가?

고종 30년(1893) 경상도 고성부사(固城府使)로 부임한 오횡묵(吳宖默)은 탈춤 공연의 주체를 짐작할 수 있게 해 주는 기록을 남겼다. 그는 12월 30일 제석(除夕)에 세시행사로 행해진 탈춤을 목격하고 이 광경을 자신의《고성부총쇄록(固城府叢鎖錄)》에 다음과 같이 남겼다.

"풍운당(風雲堂)을 보니, 아전의 무리들이 악기를 갖추고 놀이판을 벌였다. 이것은 해마다 관례적으로 치르는 행사라고 한다. 풍운당은 송수동의 대나무 사이에 위치한 기와 지붕으로 된 건물이다. 이곳에서는 향리들이 해마다 단옷날과 섣달 그믐날에 제물을 갖추어 제사를 올리는데, 무리들이 풍악을 울린다고 한다. 또한 그들은 이곳에서 도서원(都書員)이 감영에 재해로 세금을 감면하려 갈 때에 치성을 드린다고 한다.

　이날의 탈춤은 그 당에서 제사를 마치고 제사의식의 하나로서 치른 것이다. 관아에 돌아왔을 때는 이미 어두워졌다. 조금 지나니 놀이패들이 징을 치고 북을 두드리며 펄쩍 뛰어오르는 등 온통 시끄럽게 떠들며 일제히 관아의 마당으로 들어왔다. 마당 가운데 큰 불을 미리 마련해 놓았는데 마치 대낮처럼 밝았다. 악기를 마구 두드려 어지럽고 시끄러워 사람의 말을 구분하기 어려웠다. 월전(月顚)과 대면(大面), 노고우(老姑優)와 양반창(兩班倡)의 기이하고 괴상한 모양의 무리들이 순서대로 번갈아 가며 나와, 서로 바로 보며 희롱하고 혹은 미쳐 날뛰며 소란스럽게 떠든다거나 혹은 천천히 춤을 춘다. 이같이 하기를 오랫동안 하고 그쳤다. 이곳의 온갖 놀이는 함안(咸安)의 것과 대략 비슷하지만, 익살은 보다 나은데 복색의 꾸밈은 다소 떨어졌다.”

　그가 고성에서 목격한 탈춤은 현재까지 전승되고 있는 고성 오광대(固城五廣大) 놀이인데 ‘아전의 무리들이 악기를 갖추고 놀이판을 벌

향리들은 자신들이 부패의 주역이 아님을 말하기 위해 탈춤을 공연했다.

였다'는 앞의 기록은 오광대 놀이의 주도자 및 공연자들이 향리층이었음을 분명히 확인해 주고 있다. 그리고 제석이나 단오와 같은 세시행사 때 제사를 올리고 나서 공연되는 탈춤은 매년 정기적으로 공연되었다는 사실도 알 수 있다.

그의 글을 좀더 보면 향리들이 탈춤을 주도했음을 명확히 보여 준다. "이곳(풍운당)에서는 옛날부터 무격(巫覡)이 서로 돌아가면서 제사를 지낸다. 매년 단옷날과 섣달 그믐날에는 이곳 작청 공형(作廳公兄)과 현직에 있는 각방(各房) 향리들은 풍운당에 제물을 갖추어 놓고, 제사를 드릴 때에는 무리들이 풍악을 울리면서 일제히 나아간다는 것이다."

오횡묵은 함안에서도 고종 26년(1889)과 28년의 12월 30일 제석 때에 탈춤을 구경하고 이에 대한 기록을 남겼다. 이때의 놀이도 관아 마당에서 치러졌고, 공연의 주도자들 역시 향리층이었다는 것이다. 탈춤이 관아 마당에서 공연된 것은 그 주도자가 향리이기 때문에 가능한 것이다. 어찌 전통사회에서 민중들이 관아 마당에서 지배층을 비판하는 공연을 치를 수 있었겠는가.

향리 집단이 탈춤을 공연한 지역은 고성과 함안에 한정된 특수한 사례가 아니다. 일제시대 조선총독부 촉탁 오청(吳晴)은 황해도 봉산 탈춤에 관한 조사보고서에서 황해도 지방에서도 탈춤이 옛부터 행해졌음과 그 주도층이 향리였음을 밝히고 있다.

"봉산(鳳山) 탈춤은 원래 봉산 이속(吏屬 : 향리)들이 자손 대대로 공연하여 오던 것이다. 그 가운데 취발(醉發)·노승(老僧)·초목(初目) 등은 이속 중에서도 가장 중요한 인물이 담당하고 상좌(上佐)·소무(少巫)의 역할에는 통인(通引) 등의 연소자에게 맡겼다. 지금 이 탈놀이를 주재하고 있는 이동벽(李東碧)씨와 같은 이는 그의 20대 선조 때부터 거의 세습적으로 초목의 역할을 맡아 왔다고 한다."

이 봉산 탈춤 이외에도 각종 현장조사 보고서나 구전(口傳)을 통해 향리층이 탈춤 공연을 주도했음을 알 수 있는 곳은 동래 들놀음[東萊野遊], 통영 오광대(統營五廣大), 학산(鶴山) 오광대, 가산(駕山) 오광대, 양주 별산대 등이다. 실제 이들 탈춤은 현재까지 전승되어 왔다.

탈춤이 민중예술로 잘못 알려진 이유

현재와 같은 탈춤 양식의 공연이 향리층의 주도로 각 읍의 세시행사로 정착된 시기는 조선 후기이다. 이런 사정은 현재 각 지역 탈춤의 유래에 관련된 구전(口傳)들 가운데 그 시기를 알 수 있는 것들을 통해 입증된다. 예를 들면, 황해도 봉산 탈춤은 18세기 중엽, 경기도 양주 별산대는 19세기 초·중엽, 경상도의 오광대나 들놀음은 19세기에 현전하는 양식으로 성립되었다.

이처럼 조선 후기에 향리층이 주도한 탈춤이 왜 민중예술로 잘못 이해되어 왔을까. 탈춤의 공연 집단에 대한 현장 조사는 일제시대 이후 지금까지 계속되어 왔다. 하지만 그 조사 성과는 대부분 조선시대의 사회구조에 대한 정확한 지식을 토대로 이루어진 것이 아니었다. 그리고 실제로 이에 관한 문헌기록도 극히 적다. 따라서 이런 현지조사만을 근거로 이 문제를 해명한다는 것은 극히 어려운 작업이다. 더구나 구한말 이래 일제의 새로운 통치체제가 성립됨에 따라 탈춤을 주도한 향리집단의 사회적 역할이나 지위는 크게 변해 버렸다. 사대부 통치체제가 붕괴되면서 중간 집단으로서 향리들의 역할도 공식적으로는 폐지되었는데 그 결과 탈춤의 공연은 점차 단절되어 갔고 공연자들의 구성 성분도 크게 달라졌다. 즉 공연자가 향리층에서 일반인이나 광대 등으로 변해 갔던 것이다.

그러나 일제시대는 물론 지금까지의 현장조사도 대부분 조사 당시

의 실정을 무조건 조선시대 상황으로 잘못 환원해 버리면서 '탈춤=민
중예술'이란 잘못된 등식이 진실인 양 전해졌던 것이다. 즉 일제시대
에 조사한 탈춤 공연의 주체가 민중이면 이것을 그대로 조선시대의 상
황으로 환원시킴에 따라 탈춤의 주체가 민중으로 알려지게 된 것이다.

그런데 탈춤은 조선 후기에 한 천재적 향리에 의해서 창안된 형식이
아니라 그 전부터 존재했던 놀이를 계승한 것이었다. 향리층이 주도하
여 각 읍의 세시행사로 치러진 탈춤은 어떤 놀이를 계승하였을까. 이에
대한 해답은《신증동국여지승람(新增東國輿地勝覽)》에서 찾을 수 있
다. 이 책의 고성 성황사(固城城隍祠)조에는 이런 기록이 있다.

"고성 지방 사람들은 해마다 5월 1일부터 5일까지 모두 모여 두 무리
로 나눈 다음, 성황당의 신상(神像)을 메고 푸른 깃발을 세워 여러 마을
을 두루 돌아다닌다. 사람들은 다투어 술과 찬을 내어 신상에 제사 지
내고, 나인들은 모두 모여 온갖 놀이를 펼친다."

이 기록은 조선 전기 단옷날의 서낭제에서 온갖 놀이가 행해졌음을
보여 주는데, 앞서 지적한 고성 오광대 역시 단옷날에 공연된 사실과
관련하여 생각해 볼 때 이 오광대는 조선 전기에 행해졌던 '온갖 놀이'
를 토대로 하여 성립한 것으로 추측할 수 있다.

또한 조선 후기의 탈춤은 일제시대나 해방 이후 민속학자들이 채록
한 구전 보고서들을 보면 전문적인 유랑놀이패의 영향을 받았음을 알
수 있다. 경상남도의 오광대는 초계(草溪)의 광대패, 양주 별산대 등은
다른 산대(山臺)패를 본받아 성립되었다는 구전이 있는데, 이는 이들
탈춤들이 전문 유랑놀이패의 영향을 받아 성립되었음을 보여 준다. 전
문 놀이패는 각 지역을 유랑하면서 다양한 오락을 제공했는데, 그중 하
나가 탈춤이었던 것이다.

우리 역사의 수수께끼 2

향리들이 탈춤을 공연한 이유

조선 후기에 와서 향리층이 주도
한 탈춤 공연은 어떻게 세시행사의
하나로 자리잡았을까. 조선 후기에
는 사족(士族)이 주도한 성리학적
규범이 양반지배층뿐만 아니라 일
반 농촌사회에까지 정착되어 갔다.
사농공상(士農工商)이란 성리학적
신분질서 속에서 향리 집단은 존립근
거가 없었다. 성리학적 사회질서가 향
촌사회에까지 점차 확산되어 가고 있던
조선 후기에 향리층의 존재 의의는 이들이
위협을 느낄 정도로 잠식당했다.

선비탈

농민들로부터 직접 수세(收稅)를 담당했던 향리층은 삼정 문란의 책
임을 뒤집어쓰면서 온갖 불법과 부정의 대명사로 낙인 찍혔다. 특히 임
진왜란과 병자호란을 겪은 조선왕조는 전후 복구사업을 위하여 수많
은 재정이 필요했으나 전란의 영향으로 농토가 파괴되면서 세원(稅源)
은 오히려 줄어들었다. 상황이 이렇게 되자 조정은 지방관에게 징수를
독촉하게 되고 지방관은 다시 향리들에게 이를 닦달했다. 향리들은 농
민에 대한 직접 징세자였으므로 농민들은 이들을 가혹한 수탈자로 인
식하게 되었다. 여기에다 사대부들이 향리들에게 불법·부정의 책임
을 떠넘긴 것도 향리들의 위기의식을 부추겼다.

당시 향리들에 대한 사회적 인식은 양반층의 기록인 《관성록(管城
錄)》이 웅변적으로 보여 주고 있다.

"사람들이 향리를 말할 때 반드시 간악하다는 것과 연관지어 '간악
한 아전이다. 또는 아전은 간악하다'고 말한다. 그리고 말하기를 '간악

하지 않으면 아전으로 여길 수 없고 아전이라면 간악하지 않을 수 없다. 따라서 수령은 아전을 사람의 도리로써 대해서는 안 되고, 다만 분명히 살펴 감독하는 것으로 그치고 엄한 법으로 이들을 다스려야 한다'고 한다."

앞의 기록은 조선 후기의 양반층들이 자신들의 부패와 부정을 은폐하기 위하여 모든 악의 근원을 향리들에게 전가한 양반들의 인식을 반영한 것에 불과하다. 양반들의 이런 평가와는 달리 구한말에 선교사로 온 헐버트는 조선의 향리 역할을 매우 긍정적으로 평가하였다. 그는 자신의 책《대한제국사서설》에서 이렇게 말했다.

"아전은 모든 사람들(지배층)이 저지르는 과오에 대한 속죄양이며, 기관실의 폭발을 막아 주는 안전판 구실을 한다. …만약 그들이 일반적으로 묘사되는 것의 반 정도라도 악덕한 무리들이라면 그들은 오래전에 국민들에 의하여 축출되었을는지도 모른다. 그들은 제각기 자기의 고장에 붙박이가 되어 만약 주민들의 인심을 잃게 되면 새로운 풀밭에 방목될 수가 없고 오랫동안 그 후환을 겪어야만 한다. 그들의 가족과 재산은 그 지역의 볼모가 되는 것이다. 그들의 일상생활은 주민들을 억압하는 것이 아니라 주민과 방백수령(方伯首領) 사이의 완충제 역할을 하는 것이다. 그들은 한편으로 방백수령의 탐욕을 억제해야 하고 다른 한편으로는 국민들의 분노를 어루만져야만 한다."

헐버트는 심지어 '한국민들이 그토록 심한 억압과 실의 속에 살면서도 정치제도만은 수세기 동안 꾸준히 결속시켜 올 수 있던 것은 오로지 아전제도 덕분이다'고 단언하기도 했다.

조선 후기의 향리 집단은 양반 사대부들이 아전인수격으로 자신들을 불법과 부정의 주역으로 매도하자 그 허구성을 폭로할 필요가 있었다. 즉 농민들이 받는 가혹한 수탈의 책임을 자신들에게 전가하자 그 수탈의 주역이 자신들이 아니라 사대부들임을 폭로할 필요가 있었던 것이다. 향리들은 그 수단으로 조선 전기부터 세시 때 공연되던 각종 놀이를 이용하려 했고 그 결과 활용한 것이 바로 탈춤 공연이었던 것이다.

탈춤의 내용은 이미 민담(民談)이나 무속(巫俗) 등을 통하여 농민들이 보아 왔던 것으로서 농민들에게 친숙한 것이었다. 향리들이 이런 탈춤을 공연함으로써 관객인 농민들과 연대감을 확인했다. 또한 누구나 알고 있듯이 탈춤의 주된 대사는 조선의 지배계급인 양반에 대한 신랄한 비판과 풍자를 담고 있다. 이런 대사는 양반들이 자신들이 주도하는 사회의 온갖 구조적 모순을 무시한 채 적반하장격으로 그 책임을 자신들에게 돌리는 부도덕성을 폭로하는 것이었고, 탈춤은 바로 그런 폭로의 장이었다. 따라서 향리들의 탈춤 공연은 자신들에 대한 적대감을 잠재적으로 지닌 농민들에게 이런 적대감은 결국 양반 중심의 사회가 빚어낸 구조적인 산물이라는 사실을 알리는 수단이었다. 또한 농민들을 수탈하는 계급은 자신들이 아니라 양반 사대부들임을 선전하는 수단이기도 했다.

양반으로 인정받기 위한 여러 전제 조건들

한 일본인의 대구 호적 분석에 근거한 양반증가론

현대사회에서 어떤 사람에게 '이 양반'이라고 호칭했다면 그는 욕으로 알아듣고 싸우자고 덤빌 것이다. 그러면서도 그의 조상이 양반이 아니라고 하면 역시 무시당했다고 기분나빠 할 것이다. 오늘날 '양반'이란 낱말에는 이런 이중적이고 모순된 의미가 담겨 있다. 즉 현재 양반은 나쁜 말이지만 과거 양반은 좋은 말이란 뜻이다. 양반이란 낱말이 지닌 이런 이중성만큼이나 복잡한 것이 양반의 정확한 의미를 규정짓는 일이다.

조선 초기에 양반은 문·무반 양자를 가리키는 것으로서 지배신분을 뜻했다. 이들은 조선 초기에는 소수 특권층이었으나 임진왜란을 계기로 그 희소성이 무너지기 시작해 조선 후기 18, 19세기경에는 신분제의 문란과 함께 신분이동이 활발하게 전개되어 그 숫자가 대거 늘어난 것으로 알려지고 있다. 이때 신분이동의 방향은 천인신분에서 양인신분으로, 양인신분에서 양반신분으로 이루어졌다는 것이다. 그 결과 양반신분층은 격증하고 양인·천인 신분층은 격감해 종전의 양반이니 평민이니 또는 천민이니 하는 차별이 거의 유명무실한 것으로 되어 버렸다는 것이다.

이런 학설을 맨 처음 주창한 사람은 바로 일본인 사방박(四方博)인데, 그의 설은 조선시대 작성된 대구 호적에 대한 분석결과에 근거한 것으로 그 요지는 대략 이렇다.

숙종 16년(1690)에 총 3,156호(戶)였던 대구지역 10개 면의 호구가 170년 후인 철종 9년(1858)에는 2,985호로 오히려 5.4퍼센트가 감소하여 전체 인구는 줄어들었다. 그런데 같은 기간 동안 양반호는 당초의 290호에서 2,099호로 무려 6.2배 이상이나 격증하였다. 이에 비해 상민호(常民戶)는 1,694호에서 842호로 반감(半減)하고 노비호는 1,172호에서 44호로 무려 96퍼센트나 감소하였다. 이 연구 결과는 당초 전체 호수의 9.2퍼센트에 지나지 않았던 양반호가 전체의 70.3퍼센트로 격증하였고 상민호는 53.7퍼센트에서 28.2퍼센트로, 그리고 노비호는 37퍼센트에서 1.5퍼센트로 각각 크게 감소되었음을 의미하는 것이다. 이런 현상은 양반이 상민 또는 그 아래의 신분으로 전락한 반면 상민은 양반으로, 천민은 상민 또는 양반으로 상승한 결과이다. 그리하여 조선 후기인 18, 19세기에는 양반층이 급격히 증가하였다는 결론이 자연히 도출된다.

사방박의 주장은 해방 후 많은 국내외 학자들의 연구에 의해서 거듭 확인되었는데, 이들 연구의 결과 역시 비슷하다. 즉 임진왜란을 계기로 양반 가운데 많은 사람들이 몰락한 반면 대조적으로 종래 양반이 아니었던 사람들이 군공(軍功)·납속(納粟) 등 합법적인 절차에 의해, 또는 유학 모칭(幼學冒稱)·족보 위조 등 불법적인 방법을 통해서 양반으로 상승하였다는 것이다. 그리고 그 상승폭은 오히려 사방박의 연구 결과보다 높았다. 이런 견해는 정설로 인정되어 현 중·고등학교의 국정교과서나 각 대학에서 교재로 사용하는 한국사 개설서들에도 그대

포항시 기계에 있는 옛 사대부가.

로 반영되어 있다.

유학과 품관은 과연 양반이었을까?

그런데 이들의 연구 결론은 유학을 양반호로 확정한 전제 아래 나왔다는 문제점을 안고 있다. 철종 9년(1858) 대구 호적의 경우 양반호 가운데 유학(幼學)이 차지하는 비율은 무려 89.8퍼센트였다. 다른 연구자들이 분석대상으로 삼았던 다른 호적들 역시 양반호에서 유학이 차지하는 비율은 비슷하다. 이들은 모두 '유학＝양반' 이라는 전제 아래 그 결과를 분석했던 것이다. 과연 이런 전제는 타당한 것일까?

조선시대에는 과거 출신자나 전·현직 관리가 아닌 경우, 또한 통덕랑(通德郞)이나 승의랑(承議郞) 같은 일정한 품계(品階)의 소지자가 아닌 경우, 호적이나 향안(鄕案) 같은 데에 보통 유학이라 칭하는 것은 원래 규정이자 관례였다. 이런 사람은 나이가 60이 되고 70이 되어도 역시 유학이었다. 그런데 문제는 유학이라 칭할 수 있는 사람들이 모두 양반신분이 아니라는 데 있다. 즉 '유학=양반'의 등식이 무너진다면 조선 후기에 양반층이 급격히 증가했다는 주장은 그 결정적인 근거를 상실할 수밖에 없다.

현재 국사학계에서는 일반적으로 '양반에는 품관양반(品官兩班)과 유학양반이 있는데 전자는 상층양반이고 후자는 하층양반이다'라고 이해하고 있다. 하지만 유학보다 상위계층인 품관양반으로 간주된 사람들도 조선시대의 엄격한 신분 구분으로 따질 때는 양반신분이 아닐 수도 있었다. 품관은 대개 수령을 보좌하는 향청(鄕廳)의 좌수(座首), 때론 좌수와 별감(別監)을 뜻하는 말로 사용되었다. 지금껏 이들 품관들을 별다른 이의없이 양반으로 간주해 왔는데 이런 인식도 문제의 소지가 있다. 조선의 실제 양반들은 자신들과 이들 품관을 차별해 같은 양반으로 간주하지 않았기 때문이다. 남원출신 이문재(李文載 : 1615~1689)의《석동유고(石洞遺稿)》기록에서 양반들의 이런 인식을 확인할 수 있는데, 그 내용은 이렇다.

"본 남원부는 비록 백리지국(百理之國)이라고 하지만 사류(士類)가 극히 적고 품관이 무려 500호나 되어 중과부적(衆寡不敵)이다. 따라서 이 지방에서는 사론(士論)이 서지 않고 공의(公議)가 행해지지 못하며 조세와 요역(徭役)에 관한 처리가 제때에 이루어지지 않고 누적되기만 한다. 더욱이 이 고을 아전들은 간교하기가 극심하여 백 가지로 백성을 괴롭힌다. 만일 저들 품관이 이 고을 기강을 바로잡을 실무 책임자로서 사론과 공의를 잘 반영하고 아전들의 못된 짓을 단속하며 백성들의 괴로움을 풀어 주어 태수(太守)로 하여금 힘들이지 않고 다스릴 수 있도록 한다면 그들도 사류임에 틀림없다. 어찌 그들을 품관이라는 이유로 업신여기겠는가."

자신들은 진짜 양반이지만 품관들은 그렇지 않다는 것인데, 품관의 숫자가 자신들보다 많아 중과부적이라는 데서 대결적인 구분 의식을 엿볼 수 있다. 품관을 양반으로 인정하지 않는 더한 기록은 《정조병오소회등록(正祖丙午所懷謄錄)》에 수록된 별군직(別軍職) 손상룡의 기록이다.

"아무리 양반일지라도 일단 향족(鄕族 : 좌수나 별감직을 맡은 품관)으로 격하되거나, 또는 결혼에 있어 상대를 잘못 택하면 한 집안에서도 상대를 하지 않았다."

이는 조선의 진짜 양반들이 현재 상층양반으로 이해하고 있는 품관까지도 양반신분으로 대우하지 않고 차별하였음을 말해 준다. 품관도 양반으로 인정하지 않는 형편에 그들보다 하급인 것이 분명한 유학까지 모두 양반으로 파악하여 조선 후기에 양반층이 격증하였다고 인식하는 통설은 사실을 정확히 반영했다고 볼 수 없다.

서로가 서로를 잘 아는 양반들

오히려 조선 후기에 오면 양반층은 늘어나는 것이 아니라 줄어든다. 위 문헌에 실려 있는 손상룡의 기록을 다시 보자.

"대저(경상도) 71주(州) 가운데 옛부터 양반이 없는 읍은 7곳인데, 이는 대개 해변의 7읍으로 (이곳에는) 본래부터 사족(士族)이 없었고 향족(鄕族)만 있었다. 그러므로 (경상도에서) 양반이 없는 읍은 단지 7읍뿐이었으나, (조선) 중기 이래로 과거 출신자가 없고, 또한 (양반) 가문과 결혼에 실패하여 차츰 향족만 있는 읍이 늘어났다. 이로 인해 양반이 없는 읍이 지금(정조 10 : 1786년경)에는 15읍이 되었다."

이는 경상도 지역에서는 조선 후기 들어 양반층이 오히려 줄어든 상황을 보여 준다. 여기에는 인조반정 이후 충청 · 전라도를 기반으로 하는 서인이 계속 집권하면서 영남을 기반으로 하는 남인들의 급제가 저조했던 상황도 한몫을 했다. 이 기록은 조선 양반의 지속 요건으로 '과

거'와 양반과의 '결혼'이란 제한된 조건을 들고 있다. 호적에 기재된 유학 따위는 애당초 고려 대상도 못 되는 것이다.

그러면 호적에 기재된 유학을 어떻게 이해해야 할까. 이 문제를 검토하기에 앞서 조선시대에 양반신분을 조작한다는 것은 지극히 어려운 일임을 먼저 지적해야 할 것 같다. 손상룡은 "경상도 50여 고을에 사는 양반들은 서로가 서로의 가문 내력을 너무도 잘 알고 있다"고 말하고 있는데, 이런 상황에서 양반 신분을 몰래 조작한다는 것은 불가능에 가까운 일이었을 것이다.

정약용도 그의 〈발택리지(跋擇里誌)〉에서 "양반이란 당연히 어느 한 곳에 터를 잡아 그곳에서 대대로 눌러 살아야 하며 그렇지 않을 경우 마치 망국자(亡國者)와 같은 처지가 되어 버린다"고 말하면서, 그 역시

경북 안동에 있는 사대부가. 옆의 전탑이 옛 절터였음을 말해 주고 있다.

자기 고향 초천(苕川)이 홍수가 잦고 농사가 안 되며 풍속이 좋지 않아서 살기에 매우 좋지 못한 환경이지만 떠나지 못한다고 하였다. 이는 서로의 내력을 너무 잘 아는 진짜 양반들을 피해 다른 지역으로 이주해 양반노릇을 할 수도 없는 상황을 말해 주는 것이다.

또한 조선시대에는 어느 지역이든 유림집단이 있었다. 그들은 향교나 서원을 근거지로 하거나 향안(鄕案)·향약(鄕約) 조직을 통하여 그 지역 내의 정치, 사회, 교화 기타 모든 영역에서 지배적인 역할을 하였는데, 이들 집단이 지니는 특징의 하나는 배타성이었다. 이들 유림의 배타성은 단순히 다른 계급의 사람에게뿐만 아니라 유학자 특유의 결벽성까지 작용하여, 씨족간 또는 씨족 내의 각파간에 존재하였던 배타성보다도 더욱 강하였다. 이러한 상황에서 다른 신분 출신들이 양반신분을 조작하여 유림집단에 속한다는 것은 불가능에 가까운 일이었다. 이렇듯 조선시대에 다른 신분 사람들이 양반신분을 사칭한다거나 조작한다는 것은 극히 어려웠다.

군역을 피하기 위해 밀려드는 사람들

그러면 호적상의 유생은 어떻게 이해해야 하는가. 유생은 관리가 되기 위하여 공부를 하는 학생들이므로 국가 차원에서 군역(軍役)을 면제해 주었다. 조선 후기에 양반신분이 아닌 사람들이 유생을 모칭한 것은 대부분 군역을 면제 받기 위한 것이었다. 이들은 향리들에게 뇌물을 주는 등 여러 가지 방법으로 유생 명부에 이름을 올려 군역을 면제 받았던 것이다. 당시 조정이나 학자들이 군역 개혁이 논의될 경우 가장 시급하고도 중요한 사안이 바로 유학을 모칭하는 것을 막아야 한다는 것일 정도로 이는 커다란 사회문제였다.

정약용은 그의 저서《목민심서(牧民心書)》호적조(戶籍條)에서 "공사천(公私賤)까지 유학을 모칭하게 되니 온나라 백성들이 모두 유학이 될 것이다'라고 개탄하면서, "나는 (지방관으로 있을 때) '모칭유학'은 엄금해야 한다고 하였으나 내가 떠난 후에 '모칭유학'에서 환원(還元)된 자가 반드시 적리(籍吏)에게 뇌물을 주고 전과 같이 모칭할 것이다'라고 우려하였다. 이렇듯 양반 아닌 부류들, 심지어는 노비들까지도 유학을 모칭한 것은 국역을 면제받기 위해서였다. 따라서 과장된 표현이긴 하지만 온나라 백성들이 모두 유학이 될 정도로 극도로 문란한 제도 때문에 야기된 호적상 유학의 급증 사례를 가지고 양반층 급증의 결정적 근거로 삼은 설은 오류이다. 유생 중에는 양반보다 양반이 아닌 사람들이 더 많았던 것이다.

양반의 조건

마지막으로 조선시대 양반은 어떤 집단이기에 그 신분을 위조하는 것이 거의 불가능에 가까웠을까? 조선시대의 특권층이었던 양반의 개념을 정확하게 규정하는 것은 매우 어려운 작업이다. 그것은 양반의 기준에 대한 성문화된 규정이 없기 때문이다. 한때 국사학계에서 양반의 존재에 대해 논쟁이 되었던 것도 이 때문이다. 조선시대 신분에 관한 이 논쟁 중 양반이 따로 존재하지 않으며 양인(良人)과 천인의 신분만 존재한다는 양천제(良賤制)는《경국대전》등 어떤 법전에도 양반에 대한 명문규정이 없다는 점에 착안한 것이었다. 그러나 이는 당시의 양반이란 신분이 법제적인 절차로 제정된 계층이 아니라 사회 관습을 통해서 형성된 계층이라는 점을 간과한 주장이었다. 즉 조선의 양반은《경국대전》에 그 특권적 지위가 규정되지는 않았지만, 실제적으로는 많은 특권을 누리고 있었고 이런 특권은 국가 권력은 물론 일반 백성들의 의식 속에서도 용인되고 있었다.

정약용은 조선시대 양반의 존재형태를 그의 〈발택리지〉에서 이렇게 기술했다.

"가문(家門)마다 공통의 현조(顯祖)를 떠받들고 한 곳을 차지하여 씨족이 모여 거주한다. (따라서) 공고하게 유지하기에 (가문의) 근본이 뽑히지 않았다. 가령 이씨는 퇴계(退溪)를 (공통의 현조로) 떠받들며 도산(陶山)을 차지하고, 유씨는 서애(西厓)를 떠받들고 하회(河回)를 차지하였다…."

정약용의 이 글은 양반이 되기 위한 두 가지 조건을 말해 준다. 하나는 과거급제자나 당대를 대표하는 저명한 성리학자, 즉 현조를 조상으로 모셔야 한다는 것이다. 이는 물론 그 조상으로부터 자신에 이르는 계보 관계가 명확해야 한다는 것을 전제한다. 다른 하나는 여러 대에 걸쳐 특정한 행정구역 내의 부락 또는 몇 개의 부락에 집단적으로 거주해야 한다는 것이다. 앞에 인용한 것처럼 다산 정약용이 살기에 불편한 고향을 떠나지 못하는 이유는 이것이 양반의 조건 중의 하나이기 때문이다. 이처럼 특정 가문이 대대로 거주한 곳을 세거지(世居地)라고 하는데, 이곳에서는 양반 가문이 동족 집락(集落)을 이루며 그 지역을 지배하고 있는 것이 일반적이다.

이런 전통 양반들은 앞에서 인용한 손상룡의 말처럼 양반 이외의 신분층과 혼인관계를 맺을 경우 양반으로 대우하지 않았다. 즉 양반 대우를 계속 받으려면 결혼 상대도 같은 양반집단에서 골라야 했다. 그리고 연암 박지원이 《양반전》에서 보여 준 것처럼 대단히 복잡하고 때로는 힘든 양반의 생활 양식과 예법을 지켜야 했다. 양반의 생활 양식과 예법이란 봉제사접빈객(奉祭祀接賓客 : 조상 제사와 손님에 대한 접대를 정중히 행하는 것)과 동시에 성현들의 학문에 힘쓰면서 이를 자기 것으로 만들기 위해 자기 수양을 쌓는 것을 말한다. 조선의 양반들은 이처럼 여러 조건을 충족시켜야 양반으로 인정받을 수 있었던 것이다. 뇌물을 주어 호적에 유생으로 올리거나 족보를 적당히 위조한다고 하여, 물론 그것도 거의 불가능했지만, 양반 대접을 받는 것이 아니었다. 물론 조선 후기 들어 양반의 법제적 특권인 군역 면제가 문란하게 운영되면서 정확하게 양반과 다른 신분의 사람들을 구분하기 어려워진 것은 사실이다. 그러나 이는 군역 제도가 문란하게 운영되었기 때문이지 다른 신분 사람들이 양반으로 신분 상승했기 때문은 아니다. 이는 다만 양반이란 신분이 지닌 특권들이 시대의 변화에 따라 모호하게 되었음을 의미할 뿐이다.

족보는 조선 후기에 대부분 위조되었는가

소수의 특권 문서에서 다수 문중의
세력을 과시하는 것으로 변한 족보사

족보천국 대한민국

오늘날 대한민국에서 길 가는 사람 누구를 잡고 물어보아도 자신의 조상은 양반이었다고 주장할 것이다. 그리고 그 증거로 내세우는 가장 중요한 근거는 족보(族譜)일 것이다. 실로 우리나라는 족보 천국이라 할 정도로 족보가 성행하고 있다. 그러나 족보는 과연 거기에 실린 사람들이 양반임을 입증해 주는 증거로 부족함이 없는 것일까?

족보란 특정 성씨의 시조부터 편찬 당대인에 이르기까지의 계보(系譜)를 기록한 것으로 흔히 세보(世譜)라고도 한다. 족보는 어느 한 개인 또는 그의 가족을 중심으로 하는 계보가 아니라 그 개인이 속하는 씨족(氏族)집단 전체 또는 그 씨족 내 파(派)의 합동계보이다.

오늘날 우리가 접하거나 알고 있는 족보에서는 수록된 개개인에 대하여 본손(本孫)인 경우 이름 외에도 자(字)··호(號)·시호(諡號), 출생과 사망 연월일, 과거급제와 그후 관직을 중심으로 하는 이력, 묘지의 위치 및 배우자에 관한 제사항 즉, 배우자의 출생 사망 연월일과 소속 씨족, 그의 부·조부·증조부의 이름과 직위, 외조부의 성명과 본

우리 역사의 수수께끼 2

관 및 직위 등을 밝히고 있으며 사위인 경우에는 성명과 본관을 적고 있다.

오늘날 하도 여러 종류의 족보가 성행하기에 우리들은 자신의 가계 기록(家系記錄)이라 하면 먼저 족보를 떠올린다. 하지만 과거에 가계 기록의 보존에 관심을 가진 사람들이 그 기록 보존의 수단으로 처음부터 족보라는 합동계보의 방식을 취한 것은 아니었다. 조선 초기만 해도 개별적으로 각자의 가계를 기록 보존하는 것이 족보보다 더 일반적이었다.

조선시대 이런 개별적인 가계 기록에는 다양한 종류가 있었다. 우선 〈가승(家乘)〉은 자기 부계(父系)의 직계 조상을 기록한 것으로 가장 단순한 계보 기록이다. 다음으로 〈내외보(內外譜)〉라는 것이 있는데 이것은 부계의 직계 조상과 각 조상의 배우자의 부계 직계 조상을 기록한 것이다. 또한 〈8고조도(八高祖圖)〉라는 것이 있는데 이는 자기 부친의 조상을 4세대 앞인 8고조부모까지 기록한 것이다. 그런데 부친뿐만 아니라 모친에 대해서도 작성해서 양친의 8고조부모까지 수록하면 자연히 〈16고조도〉가 된다.

그런데 이런 개별적인 가계 기록은 그 성격상 대부분 필사본(筆寫本)으로 남을 수밖에 없었다. 족보와 같은 합동계보의 성격을 띤 것이 아니라 개별적인 가계만 기록했기 때문에 인쇄할 필요가 없었던 것이다. 따라서 오늘날까지 전해진 개별적인 가계 기록은 극히 드물기 때문에 오늘날은 족보가 계보 기록의 유일한 것으로 받아들여지게 되었던 것이다.

그런데 위에서 설명한 여러 형식의 가계 기록 가운데 가승을 제외한 다른 세 가지, 특히 8고조도와 16고조도는 아버지뿐만 아니라 어머니 쪽 혹은 할머니 쪽의 계보도 기록한 점이 특색이다. 즉 8고조도나 16고조도는 아버지 쪽과 어머니 쪽을 구별하지 않고 남녀 조상들을 모두 기록하였던 것이다. 이는 모계(母系)는 무시한 채 부계 중심으로만 편찬되어 있는 족보와는 그 성격이 다르다.

남녀 차별 없이 수록했던 조선 초의 가계 기록들

유교적인 가치관의 신봉자로 자처하였던 조선의 유학자들에 의해서 남녀를 평등하게 수록한 가계 기록이 만들어졌다는 사실은 조선을 보통 부계 중심의 유교적인 가치관이 지배한 사회로 이해하고 있는 우리의 통념과는 반대되는 것이다. 조선 초의 이런 가계 기록은 족보에도 영향을 미쳐 17세기 중엽까지의 초기 족보들은 자녀를 남녀 구분 없이 출생순으로 수록하거나 외손(外孫)들까지도 세대나 범위의 제한 없이 수록하였던 것이다. 이 또한 조선 초기 남녀가 평등하게 재산을 상속받았음을 증명해 주는 〈분재문기(分財文記)〉처럼 초기의 족보들은 남녀가 평등한 대우를 받았음을 말해 주는 것이다. 나아가 이는 조선 사회

영순 태씨 족보.

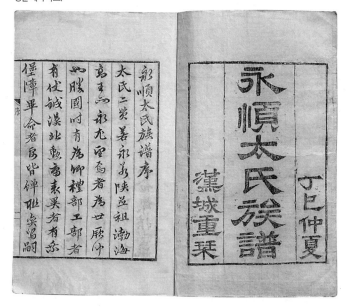

우리 역사의 수수께끼 2

에서 여성의 지위에 대한 우리들의 고정관념이 현실과는 다름을 증언해 주고 있다.

〈가승〉·〈내외보〉·〈8고조도〉·〈16고조도〉라는 네 종류의 가계 기록이 모두 자신을 중심으로 하여 그 조상들을 기록한 문서인 데 비하여, 족보는 역으로 과거의 한 인물을 공통의 조상으로 하여 자손들을 기록한 것이다.

또한 각자의 가계를 족보로 취합해 합동으로 기록 보존하기 시작한 것이 보통 조선 초기인 15세기 중엽으로 알고 있지만 사실은 대체로 17세기 후반에 작성되기 시작한 것이다. 즉 15세기 중엽부터 17세기 중엽에 이르는 약 2세기 동안에 나타나는 초기 족보들은 실상 오늘날 우리가 알고 있는 족보와는 그 성격이 달랐다. 그것은 어느 한 개인이 자기의 가승을 주축으로 확대한 것에 지나지 않았던 것이다. 이런 초기 족보에 그 편찬자의 직계조상들에 관해서는 상당한 분량의 기사가 실려 있지만, 그밖의 사람들에 대해서는 대부분 이름뿐인 것은 이 때문이다. 또한 이런 초기 족보에는 대체로 딸의 자손들, 즉 외손(外孫)도 본손(本孫)과 마찬가지로 세대의 제한 없이 족보 편찬 당시의 인원까지 수록하고 있었다.

현존하는 가장 오래 된 족보인 《안동권씨 성화보(安東權氏成化譜)》〔성종 7년(1476) 명나라 성화 12년〕에 등장하는 인물 약 8,000명 중에서 안동 권씨의 남자는 380명에 지나지 않는다. 나머지는 대부분 여자 쪽의 자손이다. 이와 같은 편찬 방식은 《성화보》 다음으로 오래 된 족보인 《문화유씨 가정보(文化柳氏嘉靖譜)》〔명종 20년(1565), 명나라 가정 44년〕에서도 볼 수 있다. 여기에 기재된 총 3,800명의 인물 가운데 문화유씨는 1,400명에 지나지 않는다.

족보가 유행한 까닭

그러면 족보가 유행한 까닭은 무엇인가. 족보는 출현 당시부터 단순한 가계기록의 보존수단뿐 아니라 사회적 기능까지도 지니고 있었다. 사회적 기능은 처음에는 동일 씨족원 사이의 각별한 유대관계를 강조하는 이념적인 것이었지만 문벌(門閥)숭상의 사회풍조가 발전함에 따라 점차 현실적인 성격을 띠게 되었다.

문벌숭상 풍조는 기본적으로 사람을 독립된 한 개인으로서가 아니라 그 사람이 어느 씨족의 어느 파에 속하는 누구의 자손이며 또 누구의 외손인가로 이해하려는 사회관습의 소산이었다. 보다 직접적으로는 사람들의 사회 · 정치 생활에서의 활동과 성공은 개인적인 능력이나 인격보다는 그들의 가문이나 배경에 의해서 좌우되었던 조류의 반영이었다. 이런 사회풍조가 우리 역사상 어느 시기부터 나타나기 시작하였으며 또 어느 시기부터 발달하였는가는 정확히 알 수 없다. 다만 조선 후기 학자들인 유형원(柳馨遠), 이익(李瀷), 정약용(丁若鏞) 등은 우리나라는 근세 이후로 문벌사상이 발달하여 그 폐단이 매우 심하다고 공통적으로 개탄하고 있는데, 그들이 말하는 '근세'란 대체로 16~17세기 이후를 가리킨다는 점에서 그 시기를 추측할 수 있을 것이다.

많은 사람들은 이런 시대적 분위기 아래에서 우선은 자신들을 위해서, 둘째는 후손들을 위해서 자신들 가계의 배경을 널리 알려 그것이 사회적으로도 인정받기를 희망했고 그렇게 해야 할 필요성을 느꼈다. 그와 같은 희망과 필요성을 충족시킬 수 있는 가장 효율적인 수단이 바로 족보였던 것이다. 특히 족보를 통해서 가계를 확실하게 밝혀 놓지 않을 경우 현재의 사회적 신분을 현상 유지하기 어려울 뿐만 아니라 언젠가는 현 수준 이하로 전락할 수 있는 사람들, 말하자면 양반계층의 최하단 언저리에 있는 사람들에게는 더욱더 큰 관심거리였던 것이다.

우리 역사의 수수께끼 2

여기에 신분제도와 관련해 운영되었던 군역(軍役)문제는 경쟁적인 족보 편찬에 불을 붙였다. 조선 중종 때 확립된 군적수포제는 군역 수행을 포(布)나 돈으로 대신하게 한 제도였는데 양반은 징수 대상에서 면제함으로써 군역 면제를 원하는 양반들이 족보를 경쟁적으로 편찬했던 것이다. 족보가 군역 면제의 한 증거로 이용된 결과 족보에 대한 일반의 관심이 더 한층 커진 것은 당연했다. 이런 사정은 헌종 12년 (1846)에 간행된《한산이씨(韓山李氏) 제3수보(修譜)》발문에서 확인할 수 있다. 이 수정족보의 편찬자 이희갑(李羲甲)은 발문에서 자신이 3수보의 편찬 주역을 맡게 된 경위를 한산에 사는 일가(一家) 이인적 (李寅迪) 노인의 간곡한 부탁 때문이었다고 적고 있다. 그 노인의 족보 중간(重刊) 부탁을 거부하였지만 5년간 계속해서 찾아와 부탁을 하였으며 다시 찾아올 때마다 그 말이 더욱 간곡하여졌고 심지어는 눈물을 떨어뜨려 가면서 이렇게 말했다는 것이다.

"저 궁벽한 시골에 사는 우리 일가로서 과거나 벼슬길이 끊어진 채 여러 세대가 지나 이제 그 자손들의 이름이 군안(軍案 : 군역대상자 명부)에 오를 형편에 처했으나 달리 손을 쓸 방도가 없게 되었습니다. 그러니 어찌 불쌍한 생각이 들지 않겠습니까."

이런 간청 때문에 그는 영조 16년(1740)에 만들어진 족보를 107년 지난 이때에 다시 중간하게 되었다고 적고 있는 것이다. 위 예에서 보듯이 당시 족보의 개수(改修)를 추진한 사람들은 절박한 필요성의 하나로 으레 군역문제를 지적하였다.

실제 조선 후기에는 이른바 '탈역소지(頉役所志)' 라고 하는 탄원서를 관(官)에 제출하여 군안에서 이름을 삭제하여 줄 것을 호소하는 사람들이 많았는데, 그때 탄원 정당성의 입증자료로 반드시 족보를 제시하였다. 탄원서를 접수한 관에서도 으레 족보에 나타난 가계에 근거하여 결정을 내렸다.《유서필지(儒胥必知)》는 조선시대에 널리 사용된 일종의 서식대전(書式大典)인데, 이 책 중에 수록된 〈외읍인유반맥자탈역단자(外邑人有班脈者頉役單子)〉에는 탄원서를 접수한 수령이 내릴 수 있는 결재문의 한 본보기를 이렇게 적고 있다.

"족보를 검토하고 가승을 참조하니 그의 가문이 양반임이 명명백백하다. 따라서 그에 대하여 특별히 군역면제의 조치를 취하도록 할 것이다."

이 결재문은 조선 후기에 족보가 왜 그렇게 성행했는지를 웅변해 준다. 족보가 바로 군역면제 여부의 결정적인 입증자료였던 것이다. 18세기부터 전개되는 족보의 전성시대는 이렇게 도래한 것이다.

조선 후기 족보는 대부분 위조되었는가

흔히 알려진 것처럼 과연 조선 후기에 대부분의 족보는 위조되었는가. 당시 족보를 조작할 의사를 지닌 사람들은 두 집단이었을 것이다. 한 집단은 조상의 관직이나 과거에 관한 기사를 과장되게 표현하여 자기 가문의 위신을 높이려는 집단이다. 다른 한 집단은 특정한 목적, 예를 들면 그 당시 심각한 문제로 등장하였던 군역을 면제받기 위하여 계파 자체를 전혀 엉뚱한 데에 연결시켜 이른바 아버지를 바꾸고 할아버지를 바꾸는 '역부환조(易父換祖)'를 하는 원래 양반신분이 아닌 부류들이다. 그밖의 사항들, 즉 이름이나 출생과 사망 생년월일, 묘지의 소재지, 배우자의 소속 씨족과 그 아버지의 이름 등은 혹 몰라서 잘못 기술하는 경우는 있을 수 있어도 고의적으로 조작하지는 않았다고 생각된다. 이런 사항들은 가문의 위신과 관련이 없기 때문에 의도적으로 조작할 필요가 없었다.

그런데 문제가 된 경우는 '역부환조' 하는 두 번째 집단이다. 물론 양반신분을 지닌 사람들이 자기 가문의 위상을 높이기 위하여 족보를 조작하였다면 이 역시 큰 사회적 문제가 되었겠지만 당시 문헌들은 이런 경우를 크게 다루지 않았다. 양반 신분을 조작한 것은 아니기 때문일 것이다. 문제는 군역을 면제받기 위해 양반신분으로 족보를 위조하는 경우이다. 과연 조선 후기에 군역면제를 받기 위한 족보위조가 광범위하게 일어날 수 있었을까.

《조선왕조실록》을 보면 족보위조 사건은 18세기 후반부터 등장한다. 그 가운데 순조 7년(1807)에는 위조에 관련된 죄인만도 16명이나 되며 위조 족보를 사들인 사람도 166인이나 되는 사상 최대의 족보위조 사건이 있었다. 이는 상당히 큰 규모의 사건이지만 그외에 18세기 후반 이후 발생하는 크고 작은 족보위조 사건의 그 관련자 총수는 합쳐야 500명도 채 되지 않는다. 족보위조나 위조 족보를 사들이는 사람들의 목적은 군역을 면제받기 위한 것이었다. 그러나 19세기 후반 이후 족보위조와 관련된 사람의 총수가 500명이 채 되지 않는다는 사실은 이 시기 족보위조가 광범위하게 이루어졌다는 통설이 거의 설득력을 지니지 못함을 말해 준다. 18세기 후반부터 조선왕조가 망할 때까지 이처럼 소규모로 이루어진 족보위조라는 불법적인 방법을 통해서는 도저히 거의 모든 조선인이 족보에 등재될 수 없었던 것이다. 그 이전인 17세기까지는 양반의 권력과 특권의 상징이었던 족보를 위조하는 것은 거의 불가능에 가까웠기 때문에 더 말할 나위가 없다.

한국인 대다수가 족보에 기록될 수 있었던 이유

그렇다면 오늘날 대부분의 한국인이 어떻게 족보에 기재될 수 있었을까. 이는 18세기 후반부터 족보 편찬에 있어 아주 중요한 변화가 일어났던 데 기인한다. 가계의 연결 관계가 불분명한 사람들을 이른바 별보(別譜) 또는 별파(別派)라는 별도의 족보에 기재하기 시작한 것이다.

《규장각한국본도서해제》4에 따르면 영조 36년(1760) 편찬된 풍양 조씨의 족보 30권 가운데 계보를 기록한 부분은 모두 28책이었다. 그 중 제28책에는 17개파가 별보 형식으로 수록되어 있다. 이곳에 기재된 전체 인원의 4퍼센트는 풍양 조씨와의 혈연관계가 명확하게 입증되지 못한 사람들이었다. 이들이 족보에 실리게 되었던 것은 당사자들이 풍양 조씨에 속한다고 강력히 주장하면서 수록을 요구하였기 때문이다. 그리고 순조 26년(1826)년에 간행된 풍양 조씨 족보는 모두 35권으로 되어 있는데 그중 계보를 기록한 것은 33권이다. 여기서 32권, 33권은 별보로서 전체 분량의 6퍼센트이다. 그런데 1900년에 간행된 같은 가문의 족보는 80권인데, 그 가운데 계보를 수록한 것이 78권으로 그중 별보는 1권으로 줄었다. 이는 19세기까지 별보에 기재된 인물 다수가 본래의 여러 파에 흡수되어 기록되었기 때문이다.

여기서 주목해야 할 점은 1900년의 풍양 조씨 족보는 그보다 74년 전에 간행된 족보에 비하여 분량이 두 배 이상 증가했다는 사실이다. 같은 기간 인구증가율을 20퍼센트로 추정했을 경우(Michell, Toni의 연구결과에 따름) 이 기간 동안 풍양 조씨의 구성원은 세 배 이상 증가했음을 의미한다. 즉 족보에 수록된 인원의 최대 80~90퍼센트에 해당하는 인원이 별보에 기록되는 형식으로 풍양 조씨의 구성원이 된 것이다.

이런 현상은 비단 풍양 조씨만의 특이한 현상이 아니었다. 다른 가문에서도 이와 비슷한 과정을 통해서 족보를 지닌 인구가 폭발적으로 증가하였던 것이다. 더구나 20세기에 이르러서는 그 동안 족보에서 배제되었던 황해도 재령 이북지역과 제주를 비롯한 섬 지방의 거주자들에게도 족보의 문호가 개방되었다. 이런 경로를 통해 20세기 후반에는 대다수의 한국인들이 해당 씨족의 족보 구성원이 되었다.

요컨대 오늘날 우리 국민 모두가 족보의 구성원이 된 본격적인 시기

우리 역사의 수수께끼 2

는 조선 후기가 아니라 20세기 전반이었다. 그것도 족보를 위조하는 불법적인 방법을 통해서가 아니라 당사자들의 요구에 의한 합법적인 방법을 통해서였다. 이런 현상이 가능했던 것은 조선 왕조의 멸망과 함께 족보가 특권을 보장하는 공적인 성격을 상실하고 단순한 사적인 문서로 취급되었기 때문이었던 것이다. 과거에는 양반이라는 소수의 특권층이 배타적인 권익을 누리기 위해 족보를 만들었다면, 그런 법적인 특권이 상실된 근대 이후에는 오히려 가문구성원이 다수인 것이 세력을 확장하기에 유리했기 때문에 별다른 거부감 없이 족보의 문호를 개방한 것이다.

대원군은 과연

민비 일파의 음모에 의해 물러났는가

부자지간에도 나눌 수 없는 비정한 권력의 생리

대원군 몰락에 관한 여러 설명들

우리는 현재와 과거를 막론하고 역사를 소수의 음모에 의한 것으로 설명하고 이해하는 데 익숙해 있다. 어떤 사건이 일어나면 어김없이 '음모론'이 뒤를 잇는 것이 이런 현상을 설명해 준다. 여기에는 우리의 모든 역사를 부정적으로 설명하고자 했던 일제 식민사학자들의 의도적 폄하가 끼친 영향이 자리잡고 있다. 그 위에 실제로 우리 사회에 아직도 밝고 떳떳하지 못한 부분이 엄존해 있는 것이 이런 음모론을 사실로 믿게 만드는 것도 사실이다.

한말의 풍운아 흥선대원군(興宣大院君)의 실각도 지금껏 이런 음모론적 시각에서 다루어져 왔다. 대원군의 실각을 설명하는 음모론의 주역은 명성황후 민씨이다. 민비가 여자이니만큼 여기에는 우리나라 왕궁비사 특유의 질투가 등장하는데 그 상대역은 고종이 총애하던 궁녀 이씨이다. 고종 5년(1868)에 이씨가 왕자 완화궁(完和宮)을 낳았는데, 대원군이 완화군을 지극히 사랑하자 민비는 그가 혹시 왕위를 계승할지도 모른다고 우려하였다는 것이다. 이때부터 민비는 시아버지를 원망하게 되었고, 남편 고종에게 대원군에게서 벗어나 친정(親政)을 행할 것을 권유하였다고 한다.

또한 이 음모론에는 궁궐 내의 세력다툼도 가세한다. 이 음모론에 등장하는 소외당한 정치세력은 섭정 조대비의 조카 조성하(趙成夏)·녕하(寧夏) 등의 풍양 조씨와 대원군의 친형 이최응(李最應) 등이다. 대원군과 조대비의 밀약에 따라 고종이 즉위했음에도 높은 관직을 보장받지 못한 조대비의 조카들과 역시 권력에서 소외된 대원군의 친형 등을 반대원군 세력으로 끌어들였다는 것이다.

마침내 이들은 명망 있던 유학자 최익현에게 대원군을 탄핵하는 상소를 올리도록 공작을 벌여 성공했다고 한다. 이 상소문이 실제 대원군이 몰락하는 직접적인 계기가 된 것이 이 음모론을 사실로 믿게 하는 데 결정적인 근거가 되었다. 그러나 이 음모론이 지닌 결정적인 문제점은 민씨 척족들이 정권을 장악한 것은 대원군이 하야한 고종 10년(1873) 직후가 아니라는 사실이다. 이들이 정권을 잡은 것은 대원군이 하야한 지 3년 후 강화도조약이 체결된 이후였던 것이다. 민비 일파의 음모에 의해 대원군이 실각했다면 이들은 왜 즉각 권력을 장악하지 못했을까?

대원군의 실각을 경복궁 중건에 따른 민심 이반으로 설명하는 것도 마찬가지이다. 대원군이 경복궁 중건에 쓸 비용을 마련하기 위하여 당백전을 발행하고 원납전을 강제로 징수하다가 민심을 잃어 권력을 상실하였다는 것이 이 설명의 주된 논리이다.

대원군이 안동 김씨로 대변되는 외척들에게 억눌렸던 왕실의 권위를 회복하기 위해 왕권의 상징인 경복궁을 중건한 것은 사실이다. 임진왜란 때 불타버린 경복궁은 그후 여러 차례 중건하려 했지만 재정확보가 어려워 계속 미루어지다가 대원군이 중건을 강행한 것이었다. 왕조 초기 경복궁을 짓는 데는 약 40여 년의 세월이 걸렸다. 이에 비해 대원군은 불과 40개월 만에 중건을 완성했으니 그 시기만으로 따져도 상당히 무리한 공사였다. 때문에 이를 대원군의 직접적인 몰락 원인으로 들어 왔다.

하지만 경복궁 중건은 왕실 권위의 회복이라는 차원에서 백성들의 지지와 자발적인 참여 속에 이루어졌던 대역사였다. 외척들의 세도정

치의 전횡에 시달리던 백성들은 대원군의 각종 개혁정책을 지지했으며 경복궁 중건 또한 외척에 맞서 강력한 왕실을 만드는 방안의 하나라는 점에서 지지했다. 그리고 이 시기는 대원군이 강력한 권력기반이었던 삼군부(三軍府)를 다시 설치하는 등 오히려 대원군의 정권 기반이

남양주시 화도읍 창현리에 있는 대원군의 무덤. 무성한 잡풀이 권력무상을 말해 준다.

강화되어 가던 상황이기 때문에 경복궁 중건이 실각의 원인이라는 것도 무리한 추정이다.

한말 풍운의 정치가 대원군

대원군은 재야 시절 천하장안(千河張安)이라 불리는 무뢰배를 거느리고 다녔다. 천희연·하정일·장순규·안필주 등의 성(姓)을 따서 부르는 이름이 천하장안이었는데 이는 안동 김씨에게 궁도령(宮道令)이란 수모를 받으면서도 미래에 대한 꿈을 버리지 않은 그의 성품을 상징한다.

대원군은 안동 김씨의 전횡에 불만을 지닌 조대비와 손잡고 드디어 1864년 12세이던 둘째 아들 명복(命福)을 즉위시키는 데 성공하면서 정권을 장악하게 된다. 이후 그는 대비로부터 섭정의 대권을 위임받아 10년 동안 어린 국왕을 대신해서 정사를 도맡아 처리하였다.

그는 집권하자마자 과감한 대외 정책과 국내 개혁을 추진하였는데 이런 정책의 최종적 목표는 '왕권 강화'였다. 이 가운데 외교정책은 대원군 체제에 대한 지지를 확보하는 데 결정적으로 기여하였다. 그의 외교정책은 단순하고 직선적이었다. 당시 동양으로 거세게 밀려오고 있던 서구와의 어떤 타협도 그는 거부했다. 국가간의 조약은 물론 경제적인 교역, 그리고 종교적인 선교 등 그 어느 것도 그는 거부했으며, 이미 문호를 개방한 일본과의 관계 재정립도 거부했다. 일본은 물론 청나라까지 문호를 개방한 상황에서 이는 위험하고 무모한 정책으로 보였으나 고종 3년(1866)에는 프랑스군을 물리쳤을 뿐만 아니라 고종 8년(1871)에는 미국군마저 물리침으로써 자신의 외교정책이 정당함을 내외에 입증했다. 당시 백성들과 특히 유생들은 그의 용기와 지도력에 고무되었다.

대원군의 국내 정책은 '개혁'이란 한 마디로 정리할 수 있다. 대원군이 집권했을 때 조선은 대내적으로 커다란 위기에 직면해 있었다. 대원군 집권 1년 전인 철종 13년(1862)에 삼남지방을 중심으로 일어난 농민봉기는 조선 왕조 자체를 위협했다. 그러나 당시 벼슬아치들은 이런 상황에 적절히 대응할 능력도 없었고, 더구나 문제 해결을 위해 자신들의 기득권을 일부라도 양보할 의사가 전혀 없었다. 이런 집권층과 백성들의 왕조의 명운을 건 한판 승부가 다가오고 있었던 것이다. 이 충돌을 막는 유일한 방법은 개혁밖에 없었는데 이때 등장한 인물이 개혁정치가 대원군이었다.

대원군은 세도정치기에 각종 부정과 비리를 저지른 관리들을 퇴출시키고 이들이 부정축재한 재산을 국고에 환속시켰다. 또한 양반 토호들의 온상으로 백성을 괴롭히던 서원을, 47개소를 제외하고는 모두 철폐시켰으며, 토호들의 불법행위를 엄히 금지시켰다. 그리고 그간 양반들은 면제되어 있던 군포(軍布)를 호포(戶布)란 이름으로 바꾸어 양반들에게도 징수하는 등 공평과세를 위해 노력했다. 이런 정책들은 나라의 근간이던 농민들의 지지를 획득했고, 따라서 대원군 집권 시기는 그 전후 시기와 비교해 상대적으로 안정되었다.

또한 대원군은 그 동안 권력에서 소외된 남인과 북인 그리고 무신들을 중용했다. 특히 그는 오랜 세월 동안 장기집권한 노론과 세도정치에 맞서기 위해 종성(宗姓)인 전주 이씨를 정치 세력화하였다. 전주 이씨만을 대상으로 한 과거를 자주 시행한 것은 이런 이유 때문인데 그 결과 집권 후반기에는 고위 문신들 가운데 숫자상으로도 안동 김씨에 필적하게 되었다. 또한 자신의 무력기반을 강화하기 위한 조치로 삼군부를 다시 설치하였다. 이런 여러 정책의 결과 집권 후반기에 대원군의 권력기반은 더욱 공고해졌다.

기득권을 지키기 위한 유학자들의 도전

　대원군의 정치인생이 역설적인 것은 그의 권력기반이 최고조에 달했을 때 권력을 잃어버렸다는 점이다. 대원군의 정책에 반대하는 첫 조짐이 그의 강력한 지지자들로부터 나왔다는 점에서 역설은 점증한다. 고종 3년(1866)에 저명한 유학자 이항로(李恒老)가 대원군의 외교정책은 지지하지만, 그의 국내 정책은 반대한다는 내용의 상소문을 올린 것이 첫 조짐이었다. 이항로는 이어서 대원군이 한 해 전에 철폐한 만동묘(萬東廟)를 다시 세우자고 요청하였다. 이항로는 비록 소중화사상에 젖은 보수주의자였지만 높은 학문과 강직성 그리고 원칙적인 태도로 명성을 얻고 있던 유학자였다.

　이항로의 상소는 유교적 통치 이념으로 의식화된 젊은 고종에게 큰 영향력을 발휘하였다. 당시는 대원군의 권력이 막강했기에 조정에서는 이항로의 상소에 그다지 신경을 쓰지 않았다. 하지만 이항로의 상소는 대원군의 지지 대오가 처음으로 분열되고 있음을 뜻한다는 점에서 그 의미는 작지 않았다. 이항로의 뒤를 이어 대원군에게 도전한 인물은 그의 제자 최익현(崔益鉉)이었다. 고종 5년(1868)에 주로 대원군의 내정개혁을 비판하는 내용의 상소를 올렸다. 경복궁 중건과 과도한 세금 징수를 중지하고 당백전(當百錢)을 없애며 서울에 출입할 때 내는 도성세(都城稅)를 즉각 없애라는 등의 내용이었다.

　이때 주목해야 할 점이 고종의 반응이었다. 고종은 대원군의 정책을 비판하고 나선 그의 상소를 국가에 대한 애정과 백성에 대한 관심이 담긴 것이라며 칭찬했다. 며칠 후 최익현을 탄핵하는 상소문이 올라오자 고종은 최익현이 무지한 사람이기 때문에 이런 일을 저질렀다며 변호하고 나섰던 것이다. 이는 17세의 고종이 대원군의 정책에 불만을 지니고 있음을 말해 주는 것이었다. 고종의 의중은 일시 파면했던 그를 곧이어 돈녕부(敦寧府) 도정(都正)에 임명한 데서 분명히 드러난다. 이는 분명 아버지 대원군에 대한 간접적인 도전이었다.

드디어 고종 10년(1873) 최익현은 대원군에게 정면 도전하기로 하였다. 동부승지(同副承旨)에 임명된 최익현은 불과 2주일 후인 그해 11월 14일에 이른바 〈계유상소(癸酉上疏)〉로 불리는 과격한 내용의 상소를 올렸다. 최익현은 이 상소문에서 조정의 모든 고위 관리들을 통렬히 비판하면서 조정과 도덕, 자연이 모두 정상 상태에서 어긋났다며 조선은 국왕의 미덕으로 다스려지는 국가가 아니라는 의문을 제기했다. 그런데 고종은 이 상소문을 왕이 아닌 대원군이 다스리는 비정상적인 정치상황에 대한 공격으로 해석하고 흡족하게 여겼다.

고종이 이 상소문을 "마음 깊은 곳에서 우러난 것"이라고 칭찬하면서 조정 관리들이 이 상소문의 지적을 참작해야 한다고 역설했는데, 그 결과 그 다음 주에 고위 관리 중 여덟 명이 사직서를 제출했고, 승지(承旨) 대부분과 대간(臺諫) 세 명이 직책에서 떠났을 뿐만 아니라, 두 명의 관리가 최익현의 상소문을 규탄했다는 이유로 유배되었다. 이는 대원군에 대한 고종의 명백한 도전행위였다. 고종은 대원군을 축출하기 위해 대원군의 개혁정책으로 피해를 본 양반 사대부들을 이용한 것이다.

대원군 반대자의 편을 드는 고종

최익현은 이에 그치지 않고 그해 11월 재차 상소문을 올렸다. 이 상소문에서 그는 우리나라가 중국 상나라 시대에 야만적인 관습을 바꿨으며, 그 이후 성인(聖人) 군주와 현명한 신하들이 이어져 도덕적 질서를 보전해 왔다고 주장하였다. 그가 이런 비유를 한 것은 이렇게 지켜온 도덕적 질서가 대원군에 의해 무너져 갔다는 점을 말하기 위함이었다. 그는 간접적으로 대원군을 지목하면서 대원군의 정책에 대한 비판

가깝고도 진실한 조선 나라의

을 쏟아 놓았다. 원납전 강요, 만동묘와 서원 철폐 등 기득권층인 양반의 자리에서 대원군을 비판할 거리는 적지 않았다. 그는 또한 대원군이 왕실족보인 《선원계보(璿源系譜)》에 단절된 왕실 가계를 채워 넣도록 부당하게 관여했으며, 과거 역적으로 몰렸던 관리들을 신원하거나 관직을 사후 추증(死後追贈)함으로써 과거 정부의 시책을 부정했고, 청나라 돈을 수입했다고 비판했다. 한마디로 대원군의 정책에 대한 총체적 부정이었다. 물론 그 부정은 일반 백성의 자리에서가 아니라 양반 사대부의 자리에서 바라본 것이었다. 최익현은 정부의 공식적인 관료 구조가 1864년 대원군이 집권한 이후 대원군에 의해 대체되어 왔다고 비판하면서 대원군은 국왕이나 관리가 아니기 때문에 대원군이 담당해야 할 합당한 자리가 없으며, 따라서 정부 업무에 관여하지 못하도록 배제해야 한다고 주장했다.

이처럼 대원군에 대한 반대는 자신의 집권 기반이었던 유학자들 가

숭례문 상가 앞의 선혜청터. 임오군란 때 군졸들은 선혜청 당상 민겸호를 살해했다.

운데 일부 유교 근본주의자로부터 제기되었다. 이들은 특히 대원군이 추진한 서원 철폐와 양반에 대한 호포세(戶布稅) 징수가 사회 질서뿐만 아니라 도덕 질서까지도 파괴한 것이라고 주장했다. 이들은 명나라 황제들을 모신 만동묘를 궁궐로 옮기는 것은 과거의 은인들에 대하여 충성을 표해야 하는 각 개인의 도덕적 의무를 수행하지 못하게 한다는 이유로 비난했다. 이들이 특히 분개한 것은 양반들에게도 세금을 받는 호포세였다. 호포세는 도덕 제도의 근본인 귀인과 천인 사이의 정당한 구분을 무너뜨린다는 것이 이들의 주장이었다.

많은 보수주의적 유학자들은 정부의 세 가지 기본 원칙, 즉 군주와 정부의 근검 절약과 농민 복지에 대한 관심, 그리고 명분의 유지를 바랐다. 이들은 대원군이 이런 원칙을 위반했다고 여겼다. 이런 견지에서 왕실의 위엄을 높이기 위한 경복궁 중건을 격렬하게 반대하면서 양반과 농민의 이익을 위해 국왕 자신의 이익을 희생하고 세입을 최소한도로 줄일 것을 요구했다.

이들 유교 근본주의자들은 대원군의 재정정책에 대해서도 반대하였다. 이들은 평가 절하된 화폐 때문에 야기된 물가상승을 개탄하면서 상업이 아니라 농업만이 평민들에게 합당한 직업이라고 주장했다. 그래서 이들은 새로 채택한 당백전을 폐지하고 이어 평가 절상된 청전을 폐지할 것을 요구하면서 이윤 동기에 의해 더럽혀지지 않는 자연 경제로 돌아가야 한다고 주장했다.

이들은 여러 명목을 들어 반발했지만 그 내면은 양반의 계급적 · 경제적 특권을 지키는 데 있었다. 물론 이들은 유교의 근본 이념을 지켜야 한다고 주장했지만 그 이면에는 유교통치 체제 내에서 법적으로 보장되던 양반의 계급적 특권을 계속 유지하려는 목적이 있었다. 그러나 이런 반발은 유학자들 중 근본주의자 소수였기 때문에 대원군을 실각시킬 만큼 충분하지 못했다.

조선의 가깝고도 먼 나라

대원군이 실각하는 데 있어서 결정적으로 중요한 역할을 한 인물은 국왕 고종이었다. 사실 대원군은 권력을 행사할 수 있는 어떠한 직책도 가지고 있지 못했다. 흔히 대원군이 어린 국왕을 대신해서 정사를 수행하는 '섭정(攝政)'을 했다고 말하지만 실제로 조선시대에는 그런 정치 용어가 존재하지 않았다. 우리 역사에서 그러한 예는 어린 국왕이 즉위하였을 때에 대왕대비가 수렴청정(垂簾聽政)하는 것이 이에 해당할 것이다. 수렴청정하는 동안 대왕대비가 내린 명령은 국왕의 명령과 같은 것이다. 대원군이 집권하는 동안 그가 권력을 행사할 수 있는 합법성의 원천은 수렴청정의 권한이 있는 대왕대비 조씨가 그 권한을 위임한 것이었다. 그 외에 국왕의 부친이라는 점은 정사에 관여할 아무런 법적 근거도 되지 못했다. 따라서 그의 권력은 그에게 섭정을 위임했던 조대비가 고종 3년(1866) 2월 수렴청정에서 물러난 이후 아무런 법적 장치 없이 행해진 것이었다. 대원군에 대한 최초의 비판인 이항로의 상소가 고종 3년에 올라왔던 것은 이런 상황을 반영하는 것이었다.

고종이 성인이 됨에 따라 대원군이 권좌에 있는 명분은 더욱 궁색해졌다. 반대원군 공세의 선봉에 선 유교 근본주의자들이 고종 10년(1873)을 공세 시점으로 삼은 것도 이제 고종의 나이가 성년인 스물 한 살에 달했음을 감안한 것이었다. 유교 근본주의자들은 고종에게 부친의 일부 정책이 잘못이었음을 거듭 확신시키는 방식으로 부자 사이의 갈등을 부추겼다.

사실 고종이 친정을 결심할 경우 대원군으로서는 이를 막을 아무런 장치가 없었다. 고종은 어린 시절 개똥이라 불리던 자신을 왕으로 만들어 준 아버지를 버리기로 결심했다. 고종은 재위 10년(1873) 11월 3일 저녁 주요 관리들에게 다음날 아침 조보(朝報)를 통해 자신의 친정(親政) 사실을 선포하겠다고 통보했다. 그러나 이는 법적인 문제가 있었다. 1866년 섭정 조대비가 물러난 이후 법적으로는 고종의 친정상태에 있었기 때문이다. 다음날 아침 고위 관리들의 조정회의석상에서 한계원(韓啓源)이 "조대비께서 물러나신 후 나라 사람들은 모든 국정을 전하께서 수행하고 있다고 알고 있으므로, 이를 다시 반포할 필요가 없습니다"라고 건의한 것은 이 때문이었다. 고종은 모든 대신들이 동의한다면 전날의 선포를 발표하지 않겠다고 대답했다. 이렇듯 이날 고종은 대신들에게 자신이 앞으로 친히 국정을 총괄하겠다고 선언하였던 것이다. 그러고는 대원군이 전용하던 창덕궁의 전용문을 아무런 사전통보 없이 왕명으로 폐쇄했다.

이때 대원군에게는 두 가지 길이 있었다. 하나는 자신이 장악한 삼군부 등 실질적인 권력을 이용해 고종을 축출하거나 무력화시키는 길이었고, 다른 하나는 스스로 하야하는 길이었다. 대원군은 일단 아들과의 권력투쟁을 포기하고 물러나는 길을 택해 경기도 양주의 곧은골〔直谷〕로 은거했다.

그러나 아들에 대한 배신감을 극복하지 못한 그는 고종 18년(1881)

대원군 묘 전경. 석등 앞의 난초가 대원군을 위로하고 있는 듯하다.

《조선책략(朝鮮策略)》의 유포를 계기로 전국 유림들이 들끓자 고종을 폐위시키고 서장자 이재선(李載先)을 즉위시키려 했으나 실패했고, 다시 다음해 임오군란(壬午軍亂)을 계기로 일시 권력을 장악했으나 청군의 개입으로 역시 실패하고 말았다. 고종 36년(1898) 그가 사망했을 때 고종은 직접 문상을 거부함으로써 자신의 권력을 빼앗으려 한 아버지와 마지막 화해를 거부하기도 했다.

4부

근·현대

망국과 분단,
통일과 만주를 생각하며

강화도조약은 개화를 목적으로 체결되었는가

개화파들의 비극적 역사 인식이 남긴 유산

동양 사회의 세 가지 길

서구 사회가 자본주의 체제에 접어들면서 서양에 대한 동양의 오랜 우위는 끝을 보게 되었다. 서구 자본주의 체제는 끝없이 팽창해야 하는 특성 때문에 유럽이란 지역적 한계를 넘어 전세계를 자본주의 시장체제로 편입시키려 하였다. 이들은 때로 상품을 매개로 시장을 확대하기도 했으나 여의치 않으면 무력 사용도 서슴지 않았다. 서구 자본주의는 원료 및 노동력의 착취처이자 상품의 판매처로 식민지를 요구했는데 전통시대에 머물러 있던 동양 사회는 이들의 좋은 먹이였다.

'서세동점(西勢東漸)' 이란 말로 미화되는 서구 사회의 침략위협 앞에서 동양 사회는 대책 수립에 부심했다. 당시 동양 사회 앞에는 세 가지 길이 놓여 있었다. 첫 번째는 일본처럼 서구 사회에 무릎 꿇고 문호를 완전 개방하는 길이며, 두 번째는 아편전쟁에서 패배한 중국이 양무운동(洋務運動)을 전개했던 것처럼 고유의 전통을 살리면서 부분적으로 서양 문물을 받아들이는 길이었다. 그리고 세 번째는 조선의 대원군이 그랬던 것처럼 전쟁을 불사하더라도 문호를 닫는 길이었다.

결과적으로 이 세 가지 길 중에 일본이 선택한 완전개방만이 근대화를 이루면서 성공으로 가는 유일한 길처럼 평가되어 왔다. 그런데 일본의 선택이 옳았다는 이런 평가가 한국사에도 무비판적으로 적용되면서 개화파만이 올바른 노선을 걸었던 것처럼 말해지기도 한다. 그리고 북학(北學)과 서학(西學)의 영향을 받은 이들 개화파는 대원군이 쇄국정책을 강력히 추진하던 시기에도 대외 개방의식을 가지고 개화를 위해 나름대로 준비를 해 왔다고 주장되어 왔다. 개화파의 리더인 박규수(朴珪壽), 오경석(吳慶錫) 등이 고종 13년(1876) 일본과 강화도조약 체결을 주도한 것은 개화, 즉 근대화를 위해서였다는 것이다.

과연 강화도조약은 개화를 위해서 체결했던 것일까?

전쟁 방지를 위한 개화 주장

미국의 페리 제독이 이끄는 네 척의 흑선(黑船)에 놀란 일본이 문호를 개방한 것은 조선보다 22년 앞선 1854년이었다. 그로부터 약 10년 후인 1865년에 일본은 명치유신(明治維新)을 단행해 천왕친정체제를 수립하면서 근대국가로 발전하려 하였다. 체제를 정비한 일본은 조선과 새로운 외교관계를 맺고자 하였으나 체제 변화는 일본의 사정이라고 생각한 대원군은 일본이 외교문서에 중국만이 쓸 수 있는 황제라는 표현을 쓰고, 대마도주 소씨(宗氏)의 직함을 다르게 쓰는 등 이전의 국서(國書)와 다르다고 하여 문서 접수를 거부하였다.

이런 서계(書契) 문제가 얽혀 국교 교섭이 난항에 빠져 있는 동안 고종과 유교 근본주의자들의 공세에 밀린 대원군이 고종 10년(1873) 하야함에 따라 상황은 새로운 전기를 맞게 되었다. 바로 그 다음해인 고종 11년(1874) 조선에 충격적인 소식이 전해졌다. 청나라에 갔던 사신들이 돌아와 베트남이 프랑스의 침략으로 위기에 처했다는 소식을 전해 주었기 때문이다. 또한 청나라 예부(禮部)에서도 같은 해 8월에 일본이 대만을 정복했다는 사실을 조선에 전해 주었다. 나아가 예부에서는 일본이 한국 원정을 위해 대만에 주둔한 5,000의 군대를 출동시킬지도 모른다는 소문까지 전했다. 이때 청나라는 일본의 침략을 막을 수 있는 방법은 미국 및 프랑스와 조약을 맺는 것이라고 충고했다.

이런 내용들은 고종을 비롯한 위정자들에게 큰 충격으로 다가왔다.

하지만 이들은 서구와 조약을 맺으라는 청의 권고를 거부하였다. 고종과 당시 위정자들은 서양과 천주교의 진출을 전통적인 유교질서 체제에 대한 주된 위협으로 판단했기 때문이다. 당시 조정은 미국 및 프랑스와 조약을 맺으라는 중국의 권고를 거부하였지만, 어떤 형태로든 일본과 친선을 도모함으로써 일본의 침략 가능성을 줄이려고 하였다.

이보다 앞서 박규수는 일본과 친선관계를 맺을 것을 주장했는데 그

강화도 갑곶 돈대.

이유는 우리가 흔히 알고 있듯이 개화를 위해서가 아니라 전쟁을 사전에 방지하기 위해서였다. 이런 사정은 그의 문집인《헌재집(獻齋集)》에 실려 있는 대원군에게 보낸 편지 내용을 통해 알 수 있다.

"혹자는 예로부터 국가를 위태롭게 해 온 것은 평화, 즉 유화정책이라고 말한 바 있습니다. 저는 어떠한 사례에서 이런 결론을 추출해 냈는지 모르겠습니다. 과거를 통틀어 평화가 국가의 황폐를 초래한 유일한 사례는 진회(秦檜)가 송나라의 파멸을 초래했던 때뿐입니다. …송나라가 자신들의 적이 누구인지를 망각한 채 원나라와 화해했던 것은 지나간 모든 시대를 통틀어도 결코 일어난 적이 없는 일입니다. 그런데 이것을 이웃(일본)과 화해하는 문제와 유사하다고 쉽게 간주할 수 있겠습니까."

박규수의 주장은 전쟁을 방지하기 위해서는 일본의 국서를 받아들여 우호적인 외교관계를 맺어야 한다는 것이었다. 이후 8월 의정부회의에서 영의정 이유원(李裕元)도 일본의 국서를 수령하자고 주장하였다.

조선 조정의 변화된 분위기를 감지한 일본은 1875년 2월에 모리야마(森山茂)를 통해 국서를 보내 왔다. 하지만 이때에도 조선 정부는 혼재된 한자와 일본어 문체의 사용을 이유로 국서를 받아들이기를 거부하였다. 당시 조선은 변화된 국제정세에 따라 일본과 새로운 외교관계를 맺으려는 어떠한 준비도 되어 있지 않았다.

모리야마는 조대비의 사촌인 조영하(趙寧夏)의 사신(私信)을 통해 조선이 일본과 우호관계를 회복하려 하고 있다는 정보를 입수하였다. 그는 고종 정부의 대일 유화정책을 파악하고, 대원군이 다시 집권하기 전에 한국에 압력을 가할 구실을 찾으라고 일본 정부에 건의하였다. 이런 건의에 따라 일본은 조선을 강제로 개항(開港)시키는 정책을 추진하였다. 이런 계획하에 일본은 1875년 9월 운양호(雲揚號) 사건을 일

〈강화도조약 체결 축하연회도〉. 안중식의 그림으로 숭실대학교 박물관에 보관되어 있다.

으켰다. 군함 운양호가 강화도에 접근해 오자 조선의 강화도 초지진(草芝鎭) 수비대가 위협 포격을 가하였는데, 이는 일본이 예견한 것이었다. 일본은 이를 빌미로 이듬해 구로다〔黑田淸隆〕를 특명전권대신(特命全權大臣)으로 삼아, 군함 6척과 400여 명의 군인을 강화도에 보내 위협 시위를 하면서 조선 정부에 사과와 함께 조약체결 및 통상협상을 요구하였다.

무작정 나선 대일협상과 불평등조약

이때까지도 조선 정부는 여전히 일본과 평화를 유지하고 화해정책을 계속 유지한다는 것 외에는 구체적인 대일정책이 없었다. 고종 13년(1876) 2월 14일에 협상에 대비하기 위한 조정회의가 열렸는데 이 회의에서 어느 누구도 일본과의 협상을 위한 어떠한 구체적인 제안도 하지 않았다. 단지 협상대표로 임명받은 신헌(申櫶)에게 일본 대표 구로다에 맞서 최선의 대책을 수립하라며 모든 책임을 일임하였을 뿐이다. 구체적인 전략 없이 사상초유의 협상에 나선 조선이 자국의 이익을 지킬 수 있을 리는 만무했다. 이때 체결한 여러 조항들 중에는 일본으로서도 바라지 않던 망외의 소득이 있었을 것이다. 거의 10여 년 동안 일본의 수교 요구를 둘러싼 조정 내의 논쟁은 일본이 강화도에 병력을 상륙시킨 지 며칠 만에 아무런 쓸모 없는 논쟁으로 변해 버렸다.

이른바 강화도조약의 핵심 내용인 부산과 그밖의 두 개 항구의 개방, 연해측량(沿海測量)의 자유, 치외법권(治外法權) 등은 조선에 일방적으로 불리한 내용들로서 그 이후 일본이 정치·경제·사회적으로 조선을 침략하는 발판이 된 것이었다. 제1조에 조선을 '자주국'이라고 규정한 것은 조선과 청의 전통적인 사대관계를 부정함으로써 조선에 대한 청의 간섭을 배제하려는 목적이었다.

조선이 일본의 굴욕적인 요구를 그대로 받아들인 대가는 일본의 침략과 전쟁을 일시적으로 연기시킨 것뿐이었다. 사실 일본과의 전쟁을 막는 것은 고종을 비롯한 정부 내 강화론자들의 본질적인 희망이기도

강화읍 관청리 강화읍성 서문 옆에 있는 연무당 터.

우리 역사의 수수께끼 2

하였다. 물론 일본과의 협상에서 조선은 사소한 요구조건들 몇 개를 관철하기도 하였다. 즉 서양인이 일본인을 가장하여 조선에 들어오는 것이나 아편이나 천주교 서적 반입을 금지하는 것 등이 그런 것들이다.

곧바로 일본과 강화를 반대하는 여론이 일어난 것은 당연했다. 이를 주도한 집단은 역설적이게도 쇄국론자 대원군을 하야시킨 보수적인 유학자들이었다. 《일성록(日省錄)》고종 13년 2월 17일조에는 대표적인 강화 반대론자 최익현의 상소문이 실려 있는데 이 글에는 보수주의자들의 반대 이유가 정리되어 있다. 그 요지는 이렇다.

아무런 전쟁 준비 없이 단지 두려움 때문에 평화를 모색하는 것은 일본의 침략을 일시적으로만 저지할 뿐이며, 또한 조선은 한정적인 생활 필수품만 생산해 왔는데, 무역을 허락하면 백성들이 희한한 노리개에 불과한 무한한 사치품과 교환하는 데에 빠져들 것이기 때문에 무역개방을 하지 말아야 한다. 그리고 일본인은 서양인과 똑같기 때문에, 이들과 조약을 체결하면 조선인은 이단, 즉 천주교의 가르침에 빠져들어 금수로 변할 것이라는 것이 반대논리였다.

강화도조약을 계기로 각 정치세력이 분열되었다. 대다수 보수 유학자들은 고종의 영도력 부족과 그의 외교정책에 실망하여 국왕의 반대편에 서게 되었다. 심지어 고종의 강화정책을 지지한 박규수조차 고종의 영도력을 거의 신뢰하지 않았기 때문에, 자신과 반대 견해를 지닌 대원군에게 편지를 보내 정책의 주도권을 장악하기를 간청했을 정도였다.

상황이 이렇게 되자 고종은 민비의 척족 및 온건주의자들과 결탁하여 중앙정치를 이끌어 갔다. 개화정권을 표방하면서도 김옥균 같은 급진적 개화론자들에게까지 공격받은 이유는 개항 이후 고종 정권의 이런 속성에 있었다.

이 시기는 우리 역사상 가장 어려웠던 시기임에도 불구하고 국론(國

295

통일과 만주를, 생각하며

망국과 분단,

論)을 조정, 통일해야 할 책무가 있는 고종은 단지 한 당파의 우두머리일 뿐이었다. 이는 대일정책을 둘러싼 각 당파간의 논쟁을 적절하게 조정, 통합하지 못한 결과였다.

끝으로 강화도조약 협상 때 통역관이었던 오경석의 역할을 주목할 필요가 있다. 흔히 오경석은 박규수처럼, 개화를 위하여 강화도조약의 체결을 막후에서 주도한 것으로 알려져 왔다. 그런데 조선과의 협상과정을 기록한 〈일본외교문서(日本外交文書)〉에 따르면 그는 일본에 조선의 기밀을 누설하는 역할을 수행한 인물이었다. 그는 모리야마에게, 영의정 이최응(李最應)과 이조판서 민규호(閔奎鎬)는 강화를 찬성하지만, 대원군과 그 지지자들의 반대에 부딪쳤다고 알려 주었다. 심지어 그는 협상대표인 신헌이 대원군의 견해를 지지한다는 중대한 비밀사실까지 누설하였다. 나아가 그는 대원군이 다시 권력을 잡기 전에 협상을 타결해야 한다고 충고까지 하였던 것이다.

아마도 오경석은 일본에게 정보를 누설해 개항하는 것이 조선을 위하는 길이라고 믿었을지도 모른다. 그러나 일본이 협상에 나선 이유는 조선을 위해서가 아니라 일본을 위해서라는 사실은 그는 몰랐던 것 같다. 더구나 일본은 비단 오경석이 그런 정보를 주지 않더라도 자신들의 이익을 관철시킬 수 있는 의지와 힘을 지니고 있었다. 그런 힘을 지니지 못한 나라는 일본이 아니라 조선이었다. 이후 조선의 개화파들이 걸었던 비극적 갈지자[之] 걸음은 바로 이런 간단한 국제관계의 냉혹한 법칙조차 알지 못한 채 개화를 주장했던 우매함에 따르는 냉혹한 대가였다.

폐정개혁과 근대국가 수립 사이의 멀고 먼 거리

역성혁명은 입에 담을 수도 없는 말?

새야 새야 파랑새야/녹두밭에 앉지 마라
녹두꽃이 떨어지면/청포장수 울고 간다

어린 시절 누구나 한두 번은 불러 본 적이 있었을 이 노래의 주인공은 고종 31년(1894) 농민봉기의 주인공 전봉준(全琫準)이다. 여기에서 파랑새는 청나라 군사를, 녹두밭은 농민의 대변자를 의미한다. 이 노래의 주인공 전봉준은 비록 형장의 이슬로 사라졌지만 그와 당시의 농민군들이 남긴 유산에 대한 평가는 오늘도 계속되고 있다.

현재 학계에서는 고종 31년(1894)에 일어난 농민봉기를 '동학혁명', '동학농민전쟁', '갑오농민전쟁' 등으로 다양하게 부르고 있다. '동학혁명'으로 부르는 학자들은 이 사건을 근대적인 운동으로 규정하는 전제가 깔려 있다. 또한 '농민전쟁'이라고 규정한 학자들 역시 이 사건을 반봉건적인 성격을 지닌 운동으로 평가하는 데서 비롯된 것이다. 이들이 이 사건의 성격을 규정하는 전쟁이라는 용어는 내전(內戰:

망국과 분단, 통일과 민주를 생각하며

Civil War)이라는 개념으로 사용하고 있는데, 여기에서 말하는 내전이란 바로 봉건세력과 반봉건세력 간의 계급전쟁을 뜻한다. 봉건체제를 유지하기 위한 봉건세력과 이를 타도하기 위한 계급전쟁이 1894년 농민봉기의 성격이라는 것이다. 그간 학계에서는 1894년의 농민봉기를 봉건체제를 타도하기 위한 전쟁으로 규정하는 움직임이 대세를 이루어 왔다.

그런데 '1894년 농민봉기'는 과연 반봉건투쟁이었을까?

전북 정읍시 고부면 주산마을에 있는 동학혁명모의탑. 전봉준 등이 봉기를 모의했던 곳이다.

반봉건투쟁이라는 말은 곧 조선왕조 자체를 타도하고 새로운 근대체제를 수립하기 위한 운동이었다는 뜻이다. 그런데 동학농민군의 봉기 목적이 반봉건투쟁이 아니라 조선왕조 체제 내의 개혁이었다는 사실을 보여 주는 것은 다름 아닌 녹두장군 전봉준(全琫準)의 주도하에 그해 3월 20일경 열린 무장집회(茂長集會)에서 채택한 포고문(布告文)이다. 그 포고문에 따르면 현명하고 정직한 신하가 현군(賢君)인 고종을 잘 보좌하면 태평성대를 구가할 수 있는데도 중앙 고위관리로부터 지방관에 이르기까지 부당하게 국가권력을 사유화하여 부정부패를 일삼음으로써 나라가 위기에 처하고 백성이 도탄에 빠졌다는 것이다. 따라서 자신들은 이런 폐단을 개혁하기 위하여 봉기하였다는 것이다.

여기에서 봉건체제의 최고 책임자인 고종을 '현군(賢君)'이라고 부르는 것은 이들의 목적이 봉건체제의 타도에 있지 않음을 보여 주는 것이다. 이뿐만 아니라 전봉준은 정부 책임자인 양호초토사(兩湖招討使) 홍계훈(洪啓薰)과 양호순변사(兩湖巡邊使) 이원회(李元會)에게 보낸 원정서(原情書)에서도 자신들이 봉기한 목적은 조선왕조의 전복이 아니라, 폐정(弊政)을 개혁하여 조선왕조의 위기를 극복하기 위한 것임을 밝혔다.

농민군들이 조선왕조의 타도가 아니라 개혁을 목적했던 이런 사정은 전봉준 같은 농민군 최고 지도자들뿐만 아니라 지역단위의 농민군 지도자들도 마찬가지였다. 강진(康津)지역의 농민군 지도자가 전라좌수사(全羅左水使)에게 보낸 글에서 "일전에 병상(兵相 : 전라좌수사)이 동학교도에게 포고문을 지어 보냈다. (그에 대한 동학교도의) 답장이 왔는데, 그 대의(大義)인즉 '우리들이 의기(義氣)를 발한 것(봉기를 일으킨 것)은 탐관오리를 징려(懲勵)하기 위한 것이었다'고 하였다"라고 한 것도 이를 뒷받침해 주고 있다.

〈대판조일신문(大阪朝日新聞)〉 1894년 6월 3일자 기사에 따르면 농민군은 스스로 자신들을 조선왕조를 전복하려는 역적이 아니라 탐관오리를 제거하기 위하여 봉기한 집단으로 규정하였던 것이다. 동학 남접의 지도자 김개남(金開南) 같은 강경파를 제외한 상당수의 동학 지도자들이 조선왕조의 전복자가 아니라 충성스러운 지지자들이었다는 사실을 단적으로 보여 주는 것은 다름 아닌 전봉준의 진술이다. 그는 일본인 무전범지(武田範之)가 조선이 살아날 수 있는 방안은 역성혁명(易姓革命)이라고 권고하자, 자신은 이런 말을 입에 담을 수조차 없는 조선왕조의 충실한 신하라고 하면서 그를 강하게 질책했던 것이다. 그는 자신들의 목적이 역성혁명, 즉 조선왕조 전복이 아님을 분명히 하였다.

보다 온건했던 최시형(崔時亨)의 영향력하에 있던 북접(北接) 지도자들 역시 1차 봉기 전후에 봉기에 동조했지만, 이들 역시 멸망 위기에 처한 조선왕조를 구하기 위해서는 탐관오리를 제거하는 것을 주된 방법으로 하는 조선왕조 질서 내의 개혁을 주장했던 것이다. 이런 사정은 최시형이 8월경에 발표한 통문의 내용을 통해 확인할 수 있는데, 그는 이 글에서 무덤을 파헤치는 것과 재산 강탈, 그리고 납세 거부 같은 조선왕조의 국법(國法)에 어긋난 행위를 하지 말도록 교도들에게 엄중히 지시하였다.

동학농민군은 국왕의 충성스러운 개혁자들

당시 농민봉기를 목격하였던 영국 여성 이사벨라 비숍(I. B. Bishop)은 그녀의 책《한국과 그 이웃나라들》에서 동학 지도자들을 반란자가 아니라 조선왕조를 개혁하려고 한 국왕의 충성스러운 '무장한 개혁자들'이라는 의미심장한 표현을 사용했다.

"사람들은 동학군이 부패한 관료들과 배반한 밀고자에 대항해 우발

전봉준 생가. 녹두장군의 눈빛이 형형하다.

적으로 봉기한 농민들이라고 말하고 있었다. 그렇지만 왕권에의 확고한 충성을 고백하는 그들의 선언으로 판단해 볼 때, 한국 어딘가에 애국심의 맥박이 있다면 그것은 오로지 농민들의 가슴속뿐이라는 것은 확실해 보였다. …동학군은 너무나 확고하고 이성적인 목적을 가지고 있어서 나는 그들의 지도자들을 '반란자들'이라기보다 차라리 '무장한 개혁자들'이라고 부르고 싶다."

이는 농민군의 지도자들이 반란자가 아니라 체제 내의 개혁자임을 말해 주는 것이다. 그러면 농민군의 지도자들은 조선왕조 체제 내의 개혁을 하기 위하여 어떤 구체적인 구상을 가지고 있었는가. 그것은 1894년 4월 18일경 나주 공형(羅州公兄)에게 보낸 통문에서 보인다.

"우리의 오늘 의거는 위로 국가에 보답하고 아래로 백성을 도탄에서 구하기 위한 것이다. 우리가 지나는 모든 읍(邑)마다 탐관을 징계하고 청렴한 관리는 상을 주어 아전의 폐단과 백성의 병통을 바로잡고 고칠 것이다. … 전하께 아뢰어 국태공(國太公 : 흥선대원군)을 모셔 국정을 돌보게끔 하여 난신적자로 아첨이나 일삼는 자들을 모두 파면시켜 축출하고자 한다."

이 통문은 국정의 파탄 책임자를 국가, 즉 국왕이 아니라 민씨 척족으로 대변되는 집권세력으로 파악하고 있었음을 의미한다. 이들 일부 동학지도자들은 민씨 척족 대신에 한때 개혁정치를 수행했던 대원군을 추대하여 부패한 관리를 제거하는 등 국정(國政)을 쇄신하려는 구상을 지녔던 것이다.

전봉준 등 지도자들이 대원군 추대를 통해서 조선왕조를 개혁하기 위한 구상을 하였다는 것은 4월 19일 함평에서 호남유생등(湖南儒生等)의 명의로 홍계훈에게 보낸 다음과 같은 글에서도 확인된다.

"저희들의 오늘 거사는 부득이한 정경(情境)에서 나온 것으로서 손에 무기를 잡고 오직 살아날 방법을 강구하는 것입니다. 일이 이 지경에 이르렀으니, 억조(億兆)가 마음을 같이 하고 온 나라가 상의하여 위로 국태공을 모시어 부자의 윤리와 군신의 의리를 온전하게 하고, 아래로 백성을 편안하게 하여 종묘사직을 보전하는 것이 지극한 소원입니다."

이 글은 동학농민군의 목적이 조선왕조의 타도가 아니라 '백성을 편안하게 하여 종묘사직을 보전하는 것'이라는 사실을 보여 주고 있다. 동학농민군의 이런 구상은 5월 4일 전주 철수 조건을 협상하는 과정에서 홍계훈에게 보낸 소지(訴志)를 통해 다시 한 번 확인되는데, 이외에도 농민군 지도부가 장성(長城)에서 전라감사 김학진에게 보낸 14개조 개혁안 가운데 "국태공이 국정에 간여해야 한다는 것은 백성들이 모두 바라는 일이다"라는 조항은 이들이 체제 내의 개혁세력임을 말해 주고 있다.

하지만 농민군 지도자들의 궁극적인 목적이 대원군의 집권 그 자체였던 것은 아니다. 이는 일본공사관에서 조사 받는 중에 일본 경부(警部)가 전봉준에게 '네가 서울에 쳐들어온 후에 누구를 추대하려 했는가?'라고 묻자 그는 이렇게 대답한다.

"일본병을 몰아내고 악하고 간사한 관리를 쫓아버려 군왕(君王)의 곁을 깨끗이 한 후에는 몇 사람의 주석(柱石 : 주춧돌)의 사(士 : 선비)를 옹립해서 정치를 하게 하고, 우리 자신들은 바로 시골로 돌아가 상직(常職)인 농업에 종사할 생각이었다. 그러나 국사를 들어 한 사람의 세력가(대원군)에게 맡기는 것은 커다란 폐해가 있음을 알고 있기 때문에 몇 사람의 명사(名士)가 협합(協合 : 협의하여 합의함)하여 합의법(合議法)에 의해 정치를 담당하게 할 생각이었다."

이 대답에서 알 수 있듯이 전봉준 등 농민군 지도자들의 구상은 조선왕조를 개혁하기 위한 정부의 권력구조로, '명망가'들의 합의정치를 구상하였던 것이다. 이들은 원래 한 가문이 권력을 전횡하던 세도정치

에 극히 비판적이었기 때문에 심지어 자신들의 정치적 지주였던 대원
군의 권력독점 내지 세도화에 대해서도 비판적이었다.

이렇듯 일부 동학 지도자는 무장포고문에서 선언하였듯이 명망 있
는 신하들이 현군인 고종을 잘 보필하면 자신들의 봉기 목적인 체제개
혁이 실현될 수 있다고 생각하였다. 따라서 전봉준 등 일부 지도자는
군주와 공론(公論)을 담보하는 신하가 협력하는 조선시대 사림정치의
이상인 군신공치(君臣共治)의 정치운영 구조를 구상하였던 것이다.

새 왕조 건설을 지향했던 농민군들

한편 동학 지도자들 가운데에는 당시 조선 사회의 위기상황을 극복
하기 위해서는 조선왕조를 전복하고 새 왕조를 건설해야 한다고 하는
경우도 있었다. 〈파리 외방전교회연보(外邦傳敎會年報)〉에 따르면 이
세력이 상당한 정도 동학교단 내에 결집되어 있었음을 보여주고 있다.

"오래 전부터 전국에 돌아다니는 소위 예언이라는 것들은 현 왕조가
500년이라는 숙명적인 날짜를 넘기지 못할 것이라고 예고했습니다.
…그들의 불만을 다시 일으키는 불평분자들과 새 왕조의 출현을 예측
해서 미리 기대를 하는 관직 없는 양반들과 끝으로 혼란을 틈타 쉽게 이
득을 취하려는 할 일 없는 사람들(이런 사람의 수가 조선에는 너무나 많습
니다)은 언제나 있는 것입니다. 그러니까 이런 사람들이 모두 요술에
걸린 것처럼 모였고, 또 여기서는 반란자가 되거나 그런 사람으로 간주
되는 것이 위험하므로 자기들의 정체를 더 쉽게 감추기 위해 어떤 교의
적(敎義的) 간판을 내걸었습니다.

이는 새 왕조를 건설하려는 사람들이 종교적 외피를 안전판으로 삼
아 동학교단에 들어왔음을 보여 주고 있다.

〈동경조일신문(東京朝日新聞)〉1894년 5월 23일자 기사는 동학교

단 내에 이런 세력이 이미 5, 6만 명 정도 집결해 있다고 보도하고 있다. 김구(金九)도 그의 회고록《백범일지》에서 접주 오응선 등에게 '동학의 종지(宗旨)는 새로운 나라를 세우는 것이다' 는 말을 듣고 동학에 입도하였다고 회고하였듯이 왕조전복 세력도 상당수 있었던 것이 사실이다.

동학 지도자들 가운데 조선왕조를 전복하려는 집단의 대표적인 지도자로는 김개남(金開南)을 들 수 있다. 강진 유생 박기현(朴冀鉉)의 일기인〈일사(日史)〉에 따르면 김개남은 자신이 남원(南原)에 나라를 세울 것이라고 선언하였다고 한다. 실제로 그는 스스로 '개남국왕(開南國王 : 남조선을 개국한 왕)' 이라고 칭하기도 하였다.

이런 사정은 전주 유생 정석모(鄭碩謨)의 목격담을 통해 확인할 수 있다. 정석모는 9월 이후 몇 개월 동안 김개남에 의해 억류되어 있었다. 이 기간 동안 그는 김개남 등 동학지도자들의 계획을 자세히 파악한 후, 이를 토대로 "전봉준과 같은 자는 동학교도를 토대로 역성혁명을 도모하였다" 라고 규정하였다. 그는 전봉준 같은 동학 지도자들의 봉기 목적이 새 왕조 건설이었다고 나름대로 판단한 것이다. 그러나 이는 정석모가 김개남과 같은 성향을 지닌 지도자들의 봉기 목적을 전봉준 같은 모든 농민군 지도자의 것으로 확대하여 해석한 것이다. 이런 구상을 지닌 일부 지도자 휘하의 농민군은 심지어 '정씨 왕조(鄭氏王朝)' 를 상징하는 깃발을 사용한 사례도 있었다.

또한 조선왕조를 전복하고 새 왕조를 건설하려는 강경파 지도자들은 당시 기록인〈피난록(避亂錄)〉에 "6조장관(六曹長官)과 방백수령을 미리 계산하여 우두머리들에게 분정(分定)하였다. (이들은) 스스로 모대장(某大將) 모판서(某判書)라 칭하였는데, 이는 난역(亂逆)이 아닌가"라고 기록하고 있듯이 스스로 새 왕조의 관직까지 배정하였던 것이다.

이렇듯 새 왕조를 건설하려는 정국 구상을 지닌 일부 동학 지도자는 봉기의 성공을 전제로 실제 관직을 배정하였다. 이에 관한 정보를 알려 주는 당시 기록들은 다수 남아 있다. 그런데 여기에서 명확히 해야 할 점은 이들이 수립하려 했던 새 왕조의 명칭이 '정씨 왕조'였든 '남조선 왕조'였든 근대적인 성격을 지닌 새로운 체제는 아니었다는 사실이다. 이들이 지향한 것은 근대적인 국가체제가 아니라 조선왕조와 같은 왕조체제였던 것이다. 물론 당시의 조선보다는 봉기의 주체인 농민들의 입지가 강화되겠지만 이들이 지향한 것은 이씨 왕조를 정씨 왕조, 또는 남조선 왕조로 만드는 것이었지 근대적인 국가체제는 아니었다.

주한일본공사 정상형(井上馨)이 외무대신 육오종광(陸奥宗光)에게 보낸 서신은 동학농민군 내부의 다양한 노선을 잘 보여 주고 있다.

"지난 가을 9, 10월경부터 전라, 충청 및 황해 각 도에서 봉기한 동학당은 겉모양은 농민봉기와 유사할지라도, 그 종류는 각양각색이어서 원래 동학도라고 하는 가운데에는 일종의 종교와 유사한 유도(儒道)와 불법(佛法)을 혼합한 천도(天道)라고 하는 것이 있습니다. 또 …동학교도의 수령 이하 접주라고 칭하는 각처의 우두머리들은 … 자신들의 세력을 키웠으며 김개남 같은 자에 이르러서는 스스로 개남국왕이라 칭하는 등 곧 그 내부에 (역성)혁명·척왜(斥倭 : 일본을 배척함)·축관(逐官 : 관리를 축출함) 등 각양각색의 목적을 갖고 있는 집합체로서 그들의 당교(黨敎)는 능히 인심을 단결시켜 죽을 힘을 다하게 하는 데 충분할 것 같습니다."

즉 각종 정보를 취합한 결과 정상형은 역성혁명을 지향하는 세력과 탐관오리 축출을 통해 조선왕조 체제 내의 개혁을 지향하는 세력 등 동학교단 내에는 각기 성향이 다른 여러 집단들이 혼재해 있다고 분석한 것이다.

요컨대 전봉준으로 대변되는 일부 지도자들은 민씨 척족세력을 축출하고 대원군을 추대하는 것을 핵심내용으로 하는 정치적 구상을 추진하였다. 하지만 이 집단은 대원군을 추대하여 집권한 후 조선왕조를 개혁하기 위한 이상적인 권력구조로서 몇 사람의 명망가에 의한 합의 정치를 지향하였는데, 이런 구상은 조선시대 사림파가 추구하려는 사림정치의 이상을 실현하기 위한 정치운영 구조인 군신공치와 같은 성격의 것이었다. 김개남 등 일부 지도자는 조선왕조를 전복하고 새 왕조를 건설하려는 구상을 지니고 있었으나, 그 왕조는 근대적인 국가가 아니라 조선왕조와 같은 성격의 전통적 국가였다. 결국 동학농민군의 봉기 목적은 체제 내의 개혁 또는 왕조교체 그 이상도 이하도 아니었던 것이다. 이를 그간 반봉건투쟁으로 인식해 왔던 것은 실학에서 근대성을 찾기 위한 많은 노력이 그랬던 것처럼 우리 역사에서 근대성을 찾기 위해 두었던 무리수 중의 하나일 것이다. 그리고 우리 역사의 발전 법칙을 서구사회의 발전 법칙에 꿰어 맞추려는 도식주의의 한 표출이기도 할 것이다.

이준 열사는 과연 헤이그에서 할복자살했는가

병사와 할복사, 그 애국심의 차이는?

고종의 승부수, 헤이그 밀사 파견

1907년 네덜란드의 수도 헤이그에서 열린 만국평화회의에 참석한 한국 대표는 세 사람이다. 지금 그 셋의 이름을 대라 하면 많은 사람들이 제대로 대지 못하지만 그중 한 명인 이준(李儁) 열사의 이름만은 생생히 기억하고 있을 것이다. 다른 두 사람인 전 의정부 참찬 이상설(李相卨)과 전 러시아 공사관 참서관(參書官) 이위종(李瑋鍾)은 기억하지 못해도 이준만은 기억하는 이유는 그의 죽음이 할복자살로 알려졌기 때문이다. 과연 그는 할복자살한 것일까?

일제는 1904년 2월 러일전쟁을 도발한 후 우리나라를 병합하기 위한 일련의 책동을 벌였다. 그들은 외교활동을 통해 미국, 영국, 독일, 프랑스 등 구미 열강이 한국 침략을 묵인하도록 조처한 후, 1905년 11월에 고종과 대신들을 위협하여 외교권과 통치권을 박탈하는 을사조약을 강제로 체결하였다. 하지만 고종은 헤이그 밀사에게 보낸 공한에서 "일본인들은 황제 폐하의 재가 없이 한일의정서(을사조약)를 체결하였습니다"라고 지적한 대로 이를 인준하지 않고 기회만 있으면 을사조약을 반대하는 내용의 친서를 국외로 내보냈다. 미국인 헐버트에게 전보를 보내 그곳에서 조약 반대운동을 벌이게 한 것이 그 단적인 사례지만 큰 성과를 거두지는 못했다.

이런 상황에서 1906년 6월에 만국평화회의의 주창자인 러시아 황제 니콜라스 2세가 극비리에 고종에게 제2회 만국평화회의의 초청장을 보내 왔다. 고종은 이 회의에 특사를 파견하여 일제의 폭압적 침략을 호소하고 을사조약의 무효를 호소하기로 결심하였다. 고종은 정사(正使) 이상설, 부사(副使) 이준 · 이위종 등 3인을 선정하고 을사조약이 무효임을 주장하는 밀서를 보냈다.

특사 일행은 6월 25일 헤이그에 도착한 즉시 을사조약의 불법성을 폭로하면서 열강의 후원을 얻어 국권을 회복하기 위한 활동을 전개하였다. 특사 일행은 먼저 평화회의에 한국의 공식대표 자격으로 참석하기 위해 의장인 러시아 대표 넬리도프 백작과 네덜란드 외무대신 후온데스를 연달아 방문하여 도움을 청하였다. 하지만 넬리도프는 형식상의 초청국 네덜란드에 그 책임을 미루었고 후온데스는 각국 정부가 이미 을사조약을 승인한 이상 우리 정부의 외교권을 인정할 수 없다며 회의 참석과 발언권을 거부하였다. 이에 특사 일행은 미국 등 각국 대표들에게도 협조를 구했지만 모두 실패하고 말았다.

특사 일행은 이에 굴하지 않고 비공식 경로를 통하여 활동을 재개했다. 이들은 일제의 침략성을 규탄하는 내용을 담은 공고사(控告詞)를 의장과 각국 대표들에게 보냈고, 그 전문을 《평화회의보》에 발표하였다. 한편 특사들은 7월 9일 영국의 저명한 언론인인 스테드가 주관한 각국 신문기자단의 국제협회에 참석하여 발언할 기회를 얻었다. 여기에서 외국어에 능통한 이위종은 세계의 언론인들에게 한국의 비참한 실정을 알리고 주권회복을 도와줄 것을 요청하는 '한국의 호소'란 내용의 연설로 청중의 공감을 얻었다. 즉석에서 한국을 지지하는 결의안

고종의 초상.

이 만장일치로 의결될 정도였다.

할복자결인가 병사인가

이런 와중에 부사인 이준이 7월 14일에 순국하고 말았다. 회의 도중에 이준이 사망하자 국내에서는 일제의 방해공작으로 평화회의의 참석이 봉쇄된 열사가 비분강개하여 할복자결한 것으로 알려지기 시작했다. 이런 내용을 최초로 전한 매체는 〈대한매일신보(大韓每日申報)〉 1907년 7월 18일자의 "의사가 자결"이란 제목의 호외였다.

"전 평리원검사 이준 씨가 이번 만국평화회의에 한국 파견원으로 갔던 일은 세상 사람이 다 알고 있거니와 어제 보내 온 동경전보에 의하면 해씨(該氏 : 이준)가 충분(忠憤)한 마음을 이기지 못하여 이에 자결하여 만국 사신 앞에 피를 뿌려서 만국을 경동케 하였다."

〈대한매일신보〉는 다음날에도 호외로 이런 내용을 전하였다.

당시 신문들뿐만 아니라 연대기 등 각종 기록들은 이준의 자결 소식을 전하고 있다. 황현(黃玹)의《매천야록(梅泉野錄)》, 김윤식(金允植)의《속음청사(續陰晴史)》, 정교(鄭喬)의《대한계년사(大韓季年史)》등이 이를 전하는 대표적인 책들이다. 그런데 이 책들에 나오는 이준 자결설과 관련된 내용의 근거는 대부분 신문 기사나 풍문이었다. 그러나 이런 내용은 일제의 침략에 분개하는 민심과 함께 진실로 받아들여졌던 것이다.

현재까지도 이준과 관련된 대부분 책들은 자결설을 기록하고 있다. 그중 한 책인 일성이준열사 기념사업회가 펴낸《이준과 만국평화회의》의 내용을 보면 다음과 같다.

"각국 위원들은 이준 선생을 비롯한 세 특사에게 많은 동정을 보내면서도 형식상의 구비 여건이 불충하다는 이유를 들어 퇴장을 명하였다. 바로 이때 이준 특사는 의분을 참지 못하여 결연히 일어나 일제의 간계(奸計)와 방해공작을 폭로하고 야만적인 침략을 규탄하고 약소민족의 희생을 묵과하는 강국의 처사를 논박하였다.

일성(一醒 : 이준의 호)은 최후의 비장한 말을 마치자 미리 준비하였던 보검을 주머니에서 꺼내 들었다. 각국 대표들은 희생이란 말에 다소 의심을 하였지만 설마 하고 있었는데 특사 이준이 별안간 칼을 빼어들므로 너무도 의외의 일이요, 갑작스러운 일이라 각국 대표들은 놀라 어리둥절했다.

회의장내 경호원의 손이 미처 가기 전에 일성은 연설대 위에 선 채로 '대한독립 만세! 세계 약소국가 만세!'를 크게 외친 후 단숨에 쥐었던 칼로 배를 갈랐다. 솟구치는 신성한 선혈을 만국 사신 앞에 뿌리고는 쓰러졌다. 이상설과 이위종은 좌석에서 일어나 어찌할 바를 모르고 있다가 이준을 붙들었으나 이미 때는 늦었다. 두 특사는 이준을 붙잡고 대성통곡을 했다. 이 광경을 목격한 각국 사신, 보도기관, 방청하던 인사들은 조용히 이준 특사의 명복을 빌고 있었다."

마치 소설의 한 장면 같은 비장한 모습이다. 과연 이준은 이렇게 자결했을까. 〈대한매일신보〉가 이준의 자결설을 보도한 다음날인 1907년 7월 19일자 〈황성신문(皇城新聞)〉은 보다 신중한 자세를 취하고 있다. '이씨 자설설'이란 제목의 호외이다.

"금번 헤이그 만국평화회의에 이상설, 이준, 이위종 제씨(諸氏)들이 참여하고자 하다가 거절당했다는 것은 본보(本報)에서 보도하였다. 전문(電聞)한 즉 세 사람 중 이준 씨가 격분을 이기지 못하여 자기의 복부를 빼어 자결하였다는 전보가 동우회(同友會) 중에 도착하였다는 설이 있더라."

〈대한매일신보〉가 "자결하여 만국 사신 앞에 피를 뿌려서"라고 보도한 반면 〈황성신문〉은 "설이 있더라"라고 신중한 보도 태도를 보이고 있는 것이다. 그럼 당시 현지인 네덜란드 헤이그의 신문들은 어떻게 보도하고 있었을까? 당시 네덜란드의 유력지인 〈헤트 · 화데란트〉 1907년 7월 15일자를 보자.

"한국에 대한 일본의 잔인한 탄압에 항거하고자 평화회의에 참석하기 위하여 한국대표 이상설, 이위종 두 사람과 함께 온 차석대표 이준 씨가 어제 저녁 서거하였다. 그는 이미 지난 수일 동안 병환 중에 있다가 바겐 슈트라트가에 있는 모 호텔에서 사망한 것이다."

현지 신문의 보도는 할복자결이 아닌 병사였던 것이다. 을사조약이 체결되자 "이날을 목놓아 통곡한다"는 뜻의 "시일야방성대곡(是日也放聲大哭)"이란 글을 〈황성신문〉에 실었던 위암(韋庵) 장지연(張志淵)은 〈이준전〉이란 글에서 이준의 사인을 병사라고 기록하고 있는데 대략 이런 내용이다.

우
리
역
사
의
수
수
께
끼
2

一醒 李儁烈士之墓

서울 수유리에 있는 이준 열사의 무덤과 흉상.
헤이그에 있던 것을 옮겨온 것이다.

이준은 이상설 등과 함께 만국평화회의에서 을사조약의 부당성을 호소하기로 계획하였다. 두 사람은 모스크바에서 이위종과 합류하여 고종의 친서를 가지고 1907년 6월 25일에 헤이그에 도착하였다. 그런데 아프리카나 남미 소국들도 모두 평화회의에 참석할 수 있었는데, 유독 한국만 참석할 수 없었다. 그리하여 특사 일행은 장문의 글을 써서 각국 대표에게 보내고 평화회의 회장과 구미 열강 대표들에게 회의 참석과 발언권을 요청하였지만 거부당하였다. 이준은 계획이 뜻대로 되지 않자 울분으로 인해 병을 얻었다. 마침내 병으로 여러 날 일체 식사조차 못하게 되어 죽음을 맞이했는데, 그날이 바로 7월 14일이다. 그는 임종할 때에도 눈물을 철철 흘리며 비장한 얼굴로 분개하는 말을 그치지 아니하여 곁에 있는 사람들이 목이 메어 말을 하지 못하였을 정도였다는 것이다.

당시 네덜란드 현지 신문의 보도와 장지연의 〈이준전〉 등은 이준 열사의 죽음을 할복자결이 아닌 병사로 기록하고 있다. 만약 이준이 할복자결한 것이라면 네덜란드의 신문들이 병사로 보도했을 리는 없을 것이다.

이준이 자결했거나 병사했거나 그의 죽음이 의로운 열사의 것임은 분명하다. 이준은 만국평화회의 참석이 저지되자 울분을 못 이겨 병석에 눕게 된 것이다. 이른바 '화병'이다. 그리고 끝내 가슴속의 화를 다스리지 못하고 죽고 만 것이다. 그가 병사했다고 해서 지금껏 알려진 자결보다 나라에 대한 애정이나 공헌이 떨어지는 것은 아니다.

여관에서 혼수상태에 빠져 있던 이준은 갑자기 벌떡 일어나, "이 나라를 구해 주소서. 일본이 우리 나라를 강탈하려 합니다"라고 가슴을 쥐어뜯으며 울부짖다가 숨을 거두었다고 한다. 그는 평리원 검사로 있던 1907년 1월 황태자의 가례(嘉禮 : 결혼식)를 기하여 전국의 죄수를 석방할 때 을사조약을 반대하고 을사 오적을 규탄하다가 투옥된 인사들이 석방되지 않자 법부대신 이하영(李夏榮), 평리원 재판장 이윤용(李允用), 형사국장 김낙헌(金洛憲)을 황명(皇命)거역죄로 고발했다가 이윤용이 되레 반소(反訴)를 제기하는 바람에 태형(笞刑) 70대에 처해지기도 했던 비분강개의 인물이었다.

일제 통감부는 그의 만국평화회의 활동에 분개해 궐석재판에서 그에게 종신형을 선고하였다. 조국이 광복된 후 정부는 1962년에 그에게 건국훈장 대한민국장을 추서하였고, 1963년에는 헤이그에 묻힌 유해를 옮겨와 국민장으로 서울 수유리에 안장했다. 그리고 1964년에는 장충단공원에 그의 동상이 건립되어 우리 곁에 영원히 함께 있는 것이다.

통일과 만주를 생각하며 망국과 분단:

김일성은 과연 조국광복회를 조직했는가

성공한 집권자 김일성과 잊혀진 혁명가 오성륜

오늘날 북한의 기록과 당시 일본 기록의 차이점들

한국에서는 '조국광복회' 란 조직이 그리 유명하지 않지만 북한에서는 인민학교에 다니는 어린아이들까지도 잘 알고 있을 정도로 잘 알려진 조직이다. 이 조직이 북한에서 이렇게 유명한 이유는 조국광복회를 창설한 인물이 김일성이라고 설명되고 있기 때문이다. 항일무장투쟁을 정권 정통성의 근본으로 삼는 북한에게 김일성이 창설했다는 조국광복회는 더할 나위 없이 훌륭한 선전자료인 것이다.

그러나 김일성은 정말 북한의 설명처럼 조국광복회를 조직했을까? 먼저 북한의 역사기록들을 보자.

1958년 북한의 과학원 역사연구소에서 발간한 《조선통사》의 제20장은 〈항일무장투쟁의 확대, 조국광복회의 결성, 혁명운동의 대중적 지반의 강화〉라는 제목으로 조국광복회에 대해 기술하고 있다.

"…이와 같은 정세하에서 1935년 조국광복회를 조직하였다. 조국광복회의 회장으로는 김일성 원수가 추대되었다. 조국광복회의 결성은 바로 국제적으로는 인민전선운동의 일부분이며, 국내적으로는 우리

나라의 민족해방운동사상에서 처음으로 되는 광범한 반일민족통일전선체였다. 이것은 우리나라의 견실한 공산주의자들이 그의 실현을 위하여 투쟁하여 온 반일민족통일전선운동의 빛나는 첫 결실이었다. 조국광복회의 창건은 조선인민의 민족해방투쟁의 급속한 발전을 추동하였으며 우리나라 혁명운동을 국제 프롤레타리아 운동과 결부시키면서 식민지 및 반식민지 민족해방운동과의 국제적 연대성을 강화하였다."

그러면서 이 책은 "조국광복회는 자기의 창립선언과 함께 김일성 원수가 작성한 역사적인 10대 강령을 선포하였다. 그 강령 전문은 다음과 같다. (1) 조선민족의 총동원으로 광범한 반일통일전선을 실현함으로써…"라고 하여 김일성이 직접 작성했다는 강령의 전문을 게재하고 있다.

그후 북한은 1979년부터 1982년까지 3년에 걸쳐 총 33권의《조선전사》를 간행했는데 이 책은 북한의 공식 역사관을 대표하는 것이다. 그중 19권이 조국광복회에 대한 기술로서 제2장은 〈조선인민혁명군 주력부대를 튼튼히 꾸리기 위한 투쟁, 조국광복회 창건 준비〉라는 항목이며, 제3장은 〈조국광복회 창건. 조선혁명의 불멸의 기치 조국광복회 10대 강령〉이라는 항목이다. 특히 제3장 3절은 '조국광복회 창건의 역사적 의의'라는 항목으로 김일성이 창건하여 회장을 맡은 조국광복회의 의의를 극대화하고 있다.

그런데 조국광복회에 대한 기록은 일제의 관헌문서에서도 보이는데 북한의 기록과 특이한 점은 '조국광복회'가 아니라 일본 경찰기록인 〈최근의 조선 치안 상황─소화(昭和) 13년(1938)〉에서 보이는 것처럼 '한인조국광복회'나 '재만한인조국광복회'로 기록되고 있다는 점이다. '한인'이나 '재만'이란 한정어가 빠진 것도 의문이지만 그보다 더 큰 의문은 이 조직의 창립선언 발기인에 김일성의 이름이 없다는 점이다. 일제 문서에 따르면 이 조직의 발기인은 오성륜(吳成崙), 엄수명

(嚴洙明), 이상준(李相俊)인데 그중 회장은 김일성이 아니라 오성륜이다. 오성륜은 누구일까?

다나카 대장 저격사건과 일본 영사관 탈출사건

재만한인조국광복회 결성을 주도한 오성륜은 민족주의와 무정부주의, 그리고 공산주의 운동을 통틀어 한국독립운동사상 유명한 인물이다. 1898년 함경북도 온성군 영와면 출신인 오성륜은 함성(咸聲)·전광(全光)·〔오(吳)〕동실(東實)·범철(範喆)·봉환(奉還)·일뢰(一雷) 등 이루 다 헤아릴 수 없을 만큼 많은 가명을 사용했을 정도로 파란만장한 삶을 산 사람이다. 님 웨일즈(Nym Wales)가 쓴 유명한《아리

랑》에는 오성륜에 대한 김산(본명 : 장지락)의 회상이 있어 비밀스런 삶을 살았던 인물의 편린을 보여 준다.

"오성륜은 비밀형의 조용한 사나이이며 공개적인 사람은 아니었다. 그는 전생애를 비밀 속에서 살았다. 심지어 그와 함께 여러 차례 죽음에 직면했던 나마저도 그의 개인 경력을 자세히 알지는 못했다. 그는 절대로 말을 믿지 않고 오직 행동만을 믿었으며 또 사람을 쉽게 믿지 않고 오랫동안 사귄 뒤에야 믿었다. 한 번 마음을 정하면 쉽사리 그것을 바꾸지 않았다."

오성륜을 유명한 인물로 만든 것은 1922년 3월 상해의 황포탄 부두에서 일본 육군대장이자 남작인 다나카 기이치〔田中義一〕를 저격한 사건이었다. 다나카 기이치의 상해 방문은 당시 중국 신문들의 지대한

상해의 황포강. 조국광복회를 만든 오성륜이 다나카 대장을 저격했던 곳이다.

관심사였다. 일본 천황에게 중국침략 계획의 초안을 보고한 것으로 알려진 그의 상해 방문을 당시 중국 신문들은 대륙침략 계획의 일환이라고 추측했기 때문이다. 이처럼 내외의 관심이 집중된 상태에서 배에서 내린 다나카를 기다리고 있던 인물이 바로 오성륜이었다. 그는 서슴없이 권총을 뽑아들고 방아쇠를 당겼다. 그러나 총알은 다나카를 비껴 나가 때마침 앞으로 나선 미국 여성을 맞추어 즉사케 했다. 그러자 제2선에 있던 김익상(金益相)이 자동차에 오르는 다나카를 저격했으나 그의 모자를 맞추는 데 그쳤고, 제3선에 있던 이종암(李鍾岩)이 폭탄을 던졌으나 불행하게도 불발이었다.

3번의 저격 계획이 모두 실패로 끝나자 오성륜은 지나가는 자동차를 빼앗아 타고 상해의 에드워드 7세로까지 도주했으나 다른 자동차와 충돌하는 바람에 체포되어 영국 경찰과 프랑스 조계 경찰을 거쳐 상해의 일본 영사관 경찰에게 인도되었다.

오성륜은 상해의 일본 영사관 3층의 쇠창살이 박힌 감방에 갇혔으나 그해 5월 2일 새벽에 같이 수감되어 있던 일본인 다무라의 부인이 들여보낸 칼로 수갑을 풀고 극적으로 탈출했다. 일본 육군대신을 지내기도 했으며 일본 천황에게 중국정복 계획의 초안을 써 올린 다나카 대장을 저격하고 감옥에서 탈출한 이 사건이 중국 신문에 대서특필된 것은 당연했다. 이 사건은 상해는 물론 중국 전역을 떠들썩하게 만들었다. 바로 그 다음날은 그가 상해에서 국내로 압송되는 날이었으니 그야말로 일촉즉발의 위기에서 탈출한 것이었다. 그때 같이 체포되었던 김익상 의사는 국내로 끌려와 그해 11월 사형이 확정되어 형장의 이슬로 사라졌으니 오성륜 역시 그때 탈출하지 못했다면 사형에 처해졌을 것이 분명하다. 당시 독립운동가들은 이처럼 죽음을 등뒤에 달고 일제와 싸웠던 것이다.

다나카 대장을 저격한 1922년 당시 오성륜은 무정부주의자로서 의

열단에 소속되어 있었다. 1919년 만주 길림성에서 조직된 무정부주의 항일단체인 '의열단'은 단장이 김원봉(金元鳳)으로 이 단체의 선언문인 〈조선혁명선언〉은 단재 신채호가 쓴 유명한 글이기도 하다. 한 해 전인 1921년 9월 조선총독부에 폭탄을 투척하기도 했던 김익상도 바로 일제의 간담을 서늘하게 했던 의열단 단원이었다.

감옥을 탈출한 오성륜은 천진을 거쳐 봉천으로 간 후 모스크바로 가서 동방노동자공산대학을 다니게 된다. 이 시기에 무정부주의에서 공산주의로 전환한 것으로 보이는 오성륜은 1923년 블라디보스톡으로 돌아와 대한민국 임시정부 국무총리인 이동휘를 만나 '고려공산당 집행부대'의 성격을 지닌 '적기단'에 참여한다. 1924년 중국 국민당과 중국 공산당이 결성한 연합전선인 제1차 국공합작 당시 좌우합작으로 황포군관학교가 운영될 때 오성륜은 최용건과 함께 교관으로 활약할 정도로 비중있는 인물이었다.

오성륜은 1927년 4월 장개석의 우익 쿠데타에 의해 국공합작이 붕괴되자 중국 공산당이 일으키는 '8·1 봉기'에 적극 참여해 중국 공산당이 광주를 점령한 광동코뮌에도 적극 가담했으나 광동(廣東)의 소비에트 정부가 3일 만에 수천 명의 희생자를 내고 붕괴하자 김산과 함께 중국 공산당 중앙위원인 팽배(彭湃)가 광동성 해륙풍현에 건설한 해륙풍 소비에트로 퇴각했다. 그는 이곳에 세워진 '동강당학교'에서 함성이란 가명으로 교위를 맡기도 했다.

중국혁명과 한국혁명의 와중에서

그러나 1928년 5월 광동 유일의 소비에트였던 해륙풍 소비에트가 붕괴되자 겨우 탈출에 성공한 오성륜은 1929년에서 1930년 사이 중국 공산당의 지시를 받고 만주의 길림성 반석현에 파견됨으로써 드디어

'재만한인조국광복회'가 결성되는 만주에 발을 내딛게 된다. 오성륜의 평생동지였던 김산은 1937년 중국 공산당 중앙위원회가 있던 섬서성(陝西省) 연안(延安)에서 자신의 일대기《아리랑》을 기록한 님 웨일즈에게 이렇게 말했다.

"1927년 이후 중국에 거주하는 우리 조선인 사이에는 중국 공산당만이 있을 뿐이었다. 조선 공산주의자의 별개 조직은 하나도 없었다. 이제 우리들은 우리 당원들을 독자적인 조선인 조직으로 다시 묶어서 일체의 조선 혁명가들을 그 주위에 모을 수 있도록 하고 민족전선을 준비하기로 의견을 모았다. … 우리는 공동행동을 위하여 한데 모여야 하며 또한 중국만을 위하여 희생될 것이 아니라 직접적으로 조선혁명을 보위(保衛)하지 않으면 안 된다고 결의하였다."

김산의 이런 인식은 만주 한인공산주의 운동의 중요한 전기가 된다. 1930년 코민테른, 즉 제3국제공산당이 만주 내 한인 공산주의 조직을 중국 공산당이 흡수하라고 지시함에 따라 한인 공산주의자들은 만주 내 조직들을 해산하고 중국 공산당에 가입하는데 이후 한인들은 한국혁명이 아니라 중국혁명을 위해서 싸워야 했던 것이다. 한국혁명은 중국혁명이 진행됨에 따라 부수적으로 이루어질 부차적인 목표로 전락했던 것이다. 김산이 님 웨일즈에게 한 회상처럼 오성륜과 김산이 광동에서 싸웠던 것도 직접적으로는 중국혁명을 위해서였다.

오성륜은 1929년에서 30년 사이에 만주로 갔지만 그는 여전히 중국 공산당원으로서 중국혁명을 위해 싸워야 했다. 물론 오성륜은 만주에서 한국혁명에 종사하고 싶어했으나 중국 공산당원으로서 당명에 복종해야 했던 것이다. 길림성 반석현에 파견된 오성륜은 1931년 8월 중국 공산당 만주성위원회 반석현위를 중심 현위로 발전시켜 책임자인 서기가 되었고, 무장투쟁의 선봉장답게 현위 소속 무장기구인 적위대(赤衛隊 : 일명 타구대)를 만들었다. 만주사변 이후 최초의 공산주의 계열 유격대인 타구대는 훗날 김일성이 활동하는 동북항일연군으로 발전하는 모체가 되었다.

그러나 만주에서 오성륜의 민족주의적 공산주의 활동은 중국 공산당에 의해 제동이 걸린다. 당시 만주지역은 일제가 점령하고 있었으므로 만주성위 서기 나등현(羅登賢)이나 오성륜 같은 현실적 지도자들은 만주에서는 중국인 지주들이 아닌 일제와 싸워야 한다는 만주특수론을 제기하지만, 1932년 6월에 열린 중국 공산당의 북방회의는 만주특수론을 거부했으며, 나등현을 서기직에서 해임하는 것으로 문책했던 것이다. 중국 공산당은 여전히 일제가 아니라 중국인 지주와 싸우는 토지혁명, 즉 계급혁명을 추진하는 것이 공식적인 혁명론임을 확인한 것이었다.

오성륜은 당의 결정에 따라 중국인 지주와 투쟁했으나 자체 무장력을 갖고 있는 지주들의 반격을 받아 세력이 급격히 약화되었다. 재만 한인들에게 일제가 아닌 중국인 지주와 싸우라는 요구를 비현실적이라고 판단한 오성륜은 적위대를 노농반일 의용군으로 개칭한 후 항일비적의 하나인 상점대와 연합하는 항일 연합전선을 결성했다. 그런데 이를 두고 유격대 일각에서 상점대와의 연합이 토지혁명을 추진하라는 당의 방침과 어긋난다고 주장하고 나서 분열이 발생했다.

오성륜은 이 문제에 대한 중국 공산당 만주성위의 분명한 방침을 전달해 줄 것을 요구했는데 만주성위는 지도원을 파견해 조사한 결과 '하부에 국한된 문제가 아니므로 지도기관을 개조해야 한다'는 결론을 내리고 1932년 11월 중국인 양정우를 대표로 파견했다. 이후 만주지역 공산주의 계열의 항일무장투쟁을 지도하게 되는 양정우는 반석당 제3차 대표대회를 열어 오성륜을 비판한 후 해임하고 후임에 박문찬을 서기로 임명했다. 오성륜이 비판받은 이유는 유격대와 상점대를 분리하는 것에 반대했기 때문이었다. 이는 오성륜이 일제와 싸우기 위한 항일

통일국가와 만주·몽골을 생각하며

연합전선 결성을 일관되게 주장했음을 보여 준다. 이 대회에서 공개적으로 비판받고 현위 서기직에서 해임된 오성륜은 이후 상당 기간 만주지역에서 이름을 찾아 보기 어렵게 된다.

오성륜은 1934년 11월 7일 러시아 혁명 기념일에 맞추어 남만주의 여러 공산주의 계열 유격대들이 통합해 만든 '동북인민혁명군 제1군'에도 누락되었다가 제2사 정치부 주임으로 뒤늦게 그 모습을 나타내게 된다.

코민테른 제7차 대회와 전술변화, 재만한인조국광복회

오성륜이 만주지역에서 두각을 나타내는 것은 1935년 코민테른이 제7차 대회에서 '계급 대 계급투쟁 노선'을 '반제인민전선 전술', 즉 민족연합전선 전술로 수정하면서부터였다. 반제인민전선 전술은 그간 민족적 공산주의자 오성륜이 줄곧 주장해 오던 노선이기도 했다. 코민테른에서 민족연합전선 결성을 허용하자 오성륜은 즉각 조직 결성에 착수하는데 그 결과 1936년 6월에 만들어진 것이 '재만한인조국광복회'였다. 그가 회장이 된 것은 당연했다. 1936년 6월 10일자로 발표된 〈재만한인조국광복회 선언〉과 〈재만한인조국광복회 목전 10대 강령〉의 발기인은 오성륜, 이상준, 엄수명 세 사람이다. 이중 오성륜의 신원은 밝혀졌고 이상준도 중공 남만성위 조직부장이었던 이동광(李東光)으로 밝혀져 두 사람의 신원은 분명해졌으나 나머지 한 사람 엄수명의 실체는 아직도 명확하지 않다. 일본 학자들은 대체로 엄수명을 동북항일연군 제1군 군수처장이었던 엄필순(嚴弼順)의 가명으로 추측한다. 일부 북한학자들은 사석에서 엄수명이 김일성의 가명이라고 주장하기도 하지만 김일성이 김동명(金東明)이란 가명을 쓴 적은 있어도 엄수명이란 가명을 쓴 적은 없다는 점에서 이 또한 설득력이 약하다.

우리 역사의 수수께끼 2

따라서 김일성은 적어도 재만한인조국광복회 결성 당시의 멤버는 아니라는 추측이 더 설득력을 갖는다. 다만 이후에 이 조직에 상당부분 간여하는 것은 사실이다.

당시 일본 경찰은 전광(全光)이 오성륜의 별명인 것을 모르고, '재만한인조국광복회'의 주도 인물을 각각 전광과 오성륜 두 사람으로 파악하고 있을 정도였으니 그가 얼마나 보안에 철저했는지를 알 수 있을 것이다. 오성륜은 이런 공로를 인정받은 때문인지 동북항일연군 제1로군 군수처장으로 승진하는데 이는 동북항일연군 내의 한인들 중에서 가장 높은 위치 중의 하나였다.

북한이 오성륜의 공적을 가로챌 수 있었던 이유

북한이 이런 인물의 공적을 김일성의 것이라고 주장할 수 있었던 이유는 오성륜의 막판 행적이 혁명가답지 못했기 때문일 것이다.

일제는 '집단부락'을 건설해 일반 민중과 항일유격대의 연결을 끊는 한편 '만주 3개년 치안숙정 계획'에 따라 대규모 토벌전을 전개했다. 특히 겨울에 집중 실시되는 토벌은 유격대를 극도의 어려움에 빠뜨렸다. 김일성이 지휘하는 동북항일연군 제2방면군은 이 토벌을 견디지 못하고 1940년 가을에서 겨울 사이 소련으로 퇴각했으나 소련과 사전 협의 없는 월경이었기 때문에 감금상태에 있다가 동북항일연군 제5군 군장 주보중(周保中)의 보증으로 풀려나기도 했다.

김일성보다 늦게까지 만주에 남았던 오성륜은 일본군에 의해 소련으로 탈출로가 봉쇄되는 상황에 처했다. 그에게 남은 길은 전사 아니면 투항의 두 가지 길뿐이었는데 오성륜은 이 최후의 순간에 전사가 아닌 투항을 택했던 것이다. 1941년 1월, 43세의 나이였다. 투항 후 오성륜은 산본수웅(山本秀雄)이란 일본 이름으로 개명해 만주국 열하성 경

무청 경위보가 되어 일제에 협력하다가 일제의 패망을 맞았다. 오성륜
은 그간 일제 패망 후 팔로군에게 체포되어 처형된 것으로 알려져 왔으
나 최근의 중국 문헌인《연변 역사 사건 당사인물록 신민주주의 시기》
는 일제 패망 직후 만주국 열하성의 승덕시(承德市)에서 한교동맹(韓
僑同盟)을 결성해 위원장을 맡았으며 조선독립동맹의 책임자를 겸했
다고 전하고 있다. 이는 그가 한편으로는 만주국의 경찰로 복무하면서
다른 한편으로는 한인 독립운동의 비밀조직에 관여했을지도 모른다는
상황을 말해 주는 것이다. 승덕시에 진주한 팔로군이 그를 체포했으나

평양 만수대에 있는 김일성 동상.
북한에서는 김일성이 조국광복회를
만들었다고 주장하고 있다.

곧바로 처형하지 않은 상황도 이와 무관하지 않을지 모른다. 그 자세한 내막은 앞으로의 연구과제이지만 오성륜은 팔로군이 열하성에서 패퇴한 후 승덕시에서 북쪽으로 300킬로미터 정도 떨어진 현재의 내몽골 자치주로 이주해 그곳에서 1947년 병사하게 된다.

　오성륜의 이러한 말년 행적은 그의 공적을 김일성의 것으로 대체토록 하는 데 도움을 주었을 것이다. 일제에 투항했던 전과가 있는 인물을 위해 진실을 주장할 사람들이 그리 많지는 않을 것이기 때문이다. 더구나 김일성이 절대권력을 가진 북한에서는 말할 것도 없고, 공산주의에 대해서는 언급 자체가 금기시되었던 한국의 상황도 어떤 의미에서는 침묵을 강요당해 왔던 셈이다. 그러나 이제는 권력이 아니라 진실을 발언해야 할 때이며, 그것이야말로 남과 북을 막론하고 진정한 역사의 발전이라 할 것이다.

6·2 5 때 인민군은 왜 서울에서 3일을 지체했을까

애치슨 라인과 서울 3일 체류의 수수께끼

6·25가 일어난 지 보름이 조금 안 된 1950년 7월 8일 북한의 수상 김일성은 방송연설에서 이렇게 말했다.

"만약에 미 제국주의자들의 직접적 무력간섭이 없었더라면, 미 제국주의자들이 우리 조국에서 일으킨 동족상잔의 내란은 벌써 중지되었을 것이며, 우리 조국의 통일은 이미 완성되었을 것이며, 남반부 인민들은 이미 이승만 역도들의 반동적 경찰통치로부터 완전히 해방되었을 것입니다."

이 연설에서 김일성은 '미 제국주의자들의 직접적 무력간섭이 없었더라면', '미 제국주의자들이 우리 조국에서 일으킨 동족상잔의 내란은'이라는 상호모순된 표현을 사용하고 있다. 미국의 무력간섭이 없었다면 미국이 일으킨 동족상잔의 내란은 종결되었을 것이란 앞뒤가 맞지 않는 가정의 상황설정을 하면서 미국을 비판하는 것이다. 이는 김일성이 그만큼 예상치 못한 미국의 참전에 당황하고 있었다는 증거에 다름아니다.

김일성의 남침 요청을 승인한 소련이나 이를 부추긴 중국, 그리고 남침 당사자인 김일성 그 누구도 미국의 참전을 예상하지 못한 것으로 보인다. 1950년 당시 미국은 대만과 한반도에 전쟁이 벌어진다 해도 개입할 의사가 없는 것처럼 보였다. 1950년 1월 5일 미국의 트루먼 대통령은 "대만이 중공으로부터 공격을 받아도 미국은 개입하지 않겠다"는 성명을 발표해 대만을 경악에 빠뜨렸다. 일주일 후인 1월 12일 미국의 국무장관 애치슨은 이른바 '애치슨 라인'을 발표해 연이은 충격을 주었다. 애치슨은 미국의 방위선을 알류산열도—일본열도—오키나와—필리핀을 이은 선이라고 설명했다. 이에 따르면 미국의 방위선에 한반도와 대만이 제외되는 것이다. 미국 대통령과 국무장관의 이런 발언들은 소련과 중국, 그리고 북한에게 만약 선제공격해도 미국이 개입하지 않을 것이란 판단을 하기에 충분했을 것이다.

　그러나 김일성은 트루먼과 애치슨의 발언이 있은 다음달인 1950년 2월부터 매카시 상원의원이 '빨갱이'라는 원색적인 표현을 써 가면서 미 국무성이 '공산주의자들에 의해 조종되고 있다'고 공격을 개시한 사실을 간과한 것이다. 그리고 그해 4월 초 미국 내의 유명한 반공인사인 존 포스터 덜레스가 국무성 고문에 임명된 사실도 간과한 것이다. 이런 현상들은 트루먼과 애치슨의 공언과는 달리 한반도에 전쟁이 발생했을 무렵 미국이 즉각 개입할 수도 있음을 보여 주는 것이었다.

　미국의 이런 상반된 태도들은 미국이 북한의 남침을 유도했다는 이른바 '미국의 남침유도설'의 재료로 사용되기도 한다. 그러나 미국의 남침유도설의 사실 여부에 상관없이 한국전쟁 개전 초기 북한의 태도에는 풀리지 않는 수수께끼가 존재한다.

　개전 초 '왜 서울에서 3일을 지체했는가?' 하는 점이다. 북한 인민군은 1950년 6월 25일 개전 직후 파죽지세로 남진을 거듭해 이틀 후인 27일에는 일부 서울 지역에 출몰하다가 다음날인 28일에는 한강 이북의 대부분을 점령해 버렸다. 한국군은 26일에서 27일까지 수도권 방어를 위해 의정부지구 및 창동(倉洞)지구 전투사령부를 급편성해 남침을 저지하려 했고, 백선엽(白善燁) 대령이 이끄는 제1사단은 극심한 화력의 열세에도 불구하고 인민군의 남진을 이틀 이상 저지했으나 대세는 역부족이어서 서울은 끝내 인민군에게 점령당하고 말았다.

그런데 이때부터 수수께끼 같은 상황이 발생했다. 서울을 점령한 인민군이 사흘 동안이나 남진을 중지한 채 시간을 허송한 것이었다. 한국전쟁 당시 한국군 총참모장이었던 정일권(丁一權)은 자신의 회고록 《6·25 비록, 전쟁과 휴전》에서 "아직까지도 북괴군의 '서울 3일'은 수수께끼로 남아 있다"고 밝힌 바 있다. 정일권은 그 이유를 남한 각지에서 '붉은 반란'이 일어나기를 기다렸다는 주장이 있다는 추측 등을 전하면서 이렇게 말한다.

"어떻든 그 3일은 생사 기로에 선 우리를 구원해 준 귀중한 시간이었다. 북괴군이 남침 3일 만에 서울을 점령한 여세를 그대로 밀어부쳤다면 우리로서는 최악의 상황을 맞았을지도 모른다. 미 지상군의 참전도 실기(失機)했을 것이고 인천상륙작전도 없었을 것이기 때문이다. 참

인천상륙작전을 지휘하는 맥아더. 인천상륙작전은 북한의 의표를 찌른 전격적인 작전이었다.

으로 아슬아슬한 고비에서 3일이라는 귀중한 시간을 얻고 있었다."

약관 33세의 나이에 육군총참모장이 되어 한국군을 이끌고 6·25를 치렀던 정일권의 회고는 북한인민군의 '서울 3일'이 지닌 수수께끼의 의미를 충분히 설명해 주고 있다.

미 지상군 선발부대인 미 제24사단 21연대 1대대, 일명 스미드 대대가 부산에 도착한 것은 인민군이 수수께끼의 3일을 보낸 후 한강 저지선을 돌파하기 위해 공세를 개시한 7월 1일이었다. 인민군이 서울에서 3일을 허비하지 않고 계속 남진했다면 한반도 남부 어디까지 전진했을지 알 수 없는 상황이었다. 그 전에 한강 방어선이 뚫렸을 경우 국군의 예비병력은 극히 부족한 상황이었다. 대전으로 후퇴한 육군본부의 직속부대조차도 백선엽 대령의 제1사단과 동생 백인엽(白仁燁) 대령의 제17연대가 고작인 상황이었다. 예비병력이 부족한 방어선은 한 곳만 뚫려도 전체 전황이 위태롭게 마련이었다. 당시 한국군은 인민군이 공격해 올 경우 한강 방어선을 이틀 이상 지켜 낼 수 없다는 판단을 내리고 있었다. 이 경우 국군의 방어선은 평택—안성—장호원 선으로 후퇴해야 했다. 그러나 인민군이 의외로 서울에서 3일을 머무는 바람에 한숨을 돌리며 한강방어선을 정비할 수 있었던 것이다.

북한 인민군은 왜 서울에서 3일을 머물렀을까?

전면 봉기를 부추기는 김일성의 연설

첫 번째 이유로는 정일권이 '붉은 반란' 운운한 대로 남로당원들이 궐기하기를 기다렸다는 설이 있다. 당시 부수상 박헌영은 인민군이 남침을 개시하면 '남로당원 20만 명이 호응하여 궐기한다'고 호언하고 있었다. 이 호언은 해방 이후 남로당이 벌여 온 대구 10·1 봉기나 제주 4·3 봉기 등으로 미루어 볼 때 충분히 실현 가능한 것이었다. 북한은

통일과 분단, 망국과 만주를 생각하며

전방에서 인민군이 국방군과 전투하는 와중에 배후의 남로당원이 봉기하면 이승만 정권은 쉽사리 무너지리라고 판단했다는 것이다.

북한은 남침 다음날인 1950년 6월 26일 최고인민회의 상임위원회 정령(政令)으로 군사위원회를 구성했는데, 이는 전시(戰時)에 일체의 권력을 행사하는 비상기구였다. 군사위원회 위원장은 수상 김일성이었고 그외에 부수상 겸 외무상 박헌영, 부수상 홍명희, 부수상 김책, 민족보위상 최용건, 내무상 박일우, 국가계획위원장 정준택 등 7인이 위원이었다.

바로 그날 밤 군사위원회 위원장 김일성은 평양방송을 통해 남북한 주민들의 총궐기를 촉구하는 연설을 했다. 김일성은 남한측이 6월 25일 새벽 38선 이북 지역을 전면 공격해 왔기 때문에 인민군이 이에 맞서 반격한 것이라며 남한 주민들의 총궐기를 촉구한 것이다.

"남반부 남녀 빨치산들에게 : 유격운동을 한층 맹렬히, 더욱 용감히 전개하며… 해방구를 확대 또는 창설하며 적의 후방에서 적들을 공격, 소탕하고 적의 작전 계획을 파탄시키며 적의 참모부를 습격하고 철도, 도로, 교량과 전신전화선 등을 절단, 파괴하며 각종 수단을 다하여 적의 전선과 후방 연락을 차단하고 도처에서 반역자들을 처단하며 인민위원회를 복구하고 인민 군대에 적극 협조해야 한다.

남반부 노동자에게 : 도처에서 태공(怠工)하며 총파업과 폭동을 일으키고 공장, 직장, 광산, 철도 등을 수호할 것.

남반부 농민들에게 : 적에게 식량을 주지 말고 올해 수확물을 지키며 빨치산 운동에 전면적으로 참가하며 인민군대에 각종 협조와 원호를 아끼지 말 것…".

김일성의 이 연설은 당시 북한 지도층의 현실인식을 잘 보여 주고 있다. 즉 자신들이 남침하면 남한 주민들이 대거 동조 봉기할 것으로 판단했던 것이다. 그러나 삽시간에 서울이 점령되었음에도 불구하고 한반도 남부에서 동조 봉기는 일어나지 않았다. 다음날인 6월 27일에 당 중앙위원회는 전체 당 조직과 당원들에게 '구국투쟁'에 나설 것을 호소하는 편지를 발표했다. 그럼에도 남한 주민들의 궐기가 뒤따르지 않자 드디어 국내파 공산주의 세력을 실질적으로 이끌고 있던 부수상 박헌영이 6월 28일 직접 방송 연설에 나서 다시 한 번 남한 주민들의 봉기를 촉구하였다. 박헌영은 방송연설에서 인민군은 남조선 인민을 구하러 온 것이라고 주장하며 이렇게 주장했다.

"이러한 엄숙한 시기에 모든 남반부 인민들은 왜 총궐기를 하지 않습니까? 무엇을 주저하고 있습니까? 모든 사람이 한 사람 같이 일어서서 이 전 인민적·구국적 정의의 전쟁에 적극적으로 참가하지 않으면 안 됩니다."

박헌영은 "적의 후방에 있어서는 첫째도 폭동, 둘째도 폭동, 셋째도 폭동입니다. 전력을 다해서 대중적·정치적 폭동을 일으키시오"라고 남한 주민들을 선동했다. 박헌영이 방송연설한 6월 28일은 인민군이 이미 서울을 점령해 승기를 잡은 상태였다. 그러나 남한 주민 그 누구도 인민군의 남침과 서울 점령을 환영하며 봉기하지 않았다. 인민군이 남침하면 곧바로 남한 주민들이 동조 봉기할 것으로 오판한 점이 인민군을 3일 동안 서울에 묶어 놓았다는 추측의 하나이다.

두 번째 이유로는 북한 지도부가 서울 점령을 곧 승전 자체로 착각했다는 분석이 있다. 6월 28일 서울을 점령한 인민군은 조속히 남진하는 대신 서울에 머물며 전승축하회와 이른바 반동 숙청 등에 열중하며 시간을 허비했는데, 이는 서울 점령을 곧 승전 그 자체로 인식한 가운데 나온 행위라는 것이다. 6월 28일 박헌영의 방송연설에도 "수도 해방은 이번 전쟁의 승패를 사실상 결정하는 것입니다"라는 대목이 나온다. 박헌영은 나아가 "이승만 역도들의 완전 멸망과 남반부 전체의 해방은 단순히 시간문제에 지나지 않습니다"라고 무력통일을 단순한 '시간문

통일과 분단: 망국과 만주를 생각하며

6·25 당시 인민군이 주최한 여성집회.
북한은 서울을 점령한 후 곧장 남진하지 않고 이런 집회들을 열며 3일을 소비했다.

제'로 인식하고 있었다. 당시 북한군 수뇌의 한 사람이었던 전 북한 인민군 작전국장 유성철 중장은 《증언 김일성을 말한다》에서 이렇게 회고했다.

"6월 28일 아침, 전차 사단을 선두로 제4사단이 드디어 서울에 입성했다는 보고를 받고 나는 '이제 전쟁은 끝났다'고 생각했다. 그러나 이러한 감격은 잠시뿐, 우리는 선제 타격 작전의 치명적 약점을 발견하고 당혹했다. … 우리의 남침계획은 3일 이내에 서울을 점령하는 것으로 끝나는 것으로 되어 있었다. 이러한 작전 개념은 우리가 남조선 전역을 장악할 의도가 없어서가 아니었다. 단지 우리는 남조선의 수도를 점령하면 남조선 전체가 우리 손으로 떨어질 것으로 착각했다. 지금 돌이켜보면 이러한 판단의 잘못은 이해하기 어렵지만, 적의 수도를 점령함으로써 전쟁에 승리한 예는 세계의 전사에도 수없이 많이 있다."

인민군 수뇌가 서울 점령을 곧 승전으로 생각하고 승리에 도취되어 서울에 머물러 있는 동안 국군은 전열을 정비했으며, 미국과 UN은 지상군 파병계획을 결정했고 제1진인 스미드 대대가 부산에 도착했던 것이다. 인민군의 전력을 과소평가했던 스미드 대대는 수원 근처의 죽미령에서 인민군 제105기갑사단과 제107전차연대에게 전멸하고 말지만 이 충격적 패배에 자존심이 상한 미국은 딘 소장이 이끄는 미 제24사단 주력과 워커 중장이 이끄는 미8군을 투입한 데 이어 그해 9월 15일 미 극동군사령관이자 UN군 사령관인 맥아더의 지휘로 인천상륙작전을 전개함으로써 전세는 역전되는 것이다.

남로당원이 봉기하지 않은 이유

그런데 수수께끼의 '서울 3일'과 관련해 생각해 봐야 할 것이 '왜 남로당원들은 봉기하지 않았을까?' 하는 점이다. 해방 직후 공산주의 세력이 성했던 곳은 북한이 아니라 남한이었다. 문학적 표현을 빌리면 북한은 겉은 빨갛지만 속은 하얀 사과였고, 남한은 겉은 파랗지만 속은 빨간 수박과 같은 상황이었던 것이다.

1945년 12월 모스크바에서 열린 미·영·소 3국 외상회의에서 향후 5년간 한반도를 미·영·중·소 4개국이 신탁통치한다는 이른바 모스크바3상회의 결정이 전해졌을 때 당초 반탁이었던 좌익세력은 소련의 명령을 받아 찬탁으로 바꾸었다. 조선공산당은 1946년 1월 3일 '민족통일자주독립촉성 시민대회'라는 찬탁대회를 열었다. 서울시 인민위원회 정〔町 : 지금의 동(洞)〕연합회와 반파쇼공동위원회가 주최한 이 대회에 참여한 농민조합·노동조합 등 각 단체와 일반 시민들의 수는 무려 30만여 명이었다. 물론 좌익이 당초 반탁을 표방했으므로 반탁대회로 알고 운집한 시민의 수효가 포함되어 있다고 해도 통신과 교통

수단이 미비했던 당시에 30만을 모을 수 있는 좌익의 조직력은 대단한 것이었다.

　그러나 좌익세력의 이런 조직력은 조선공산당의 박헌영이 1946년 7월 강경투쟁으로 노선을 전환한 '신전술' 이후 결정적으로 약화된다. 1946년의 '9월 총파업' 과 이른바 '10·1 인민항쟁', 그리고 단독정부 수립에 반대하는 1948년의 이른바 '2·7 구국투쟁', '5·10선거 반대 투쟁', '제주도 4·3투쟁', '군 여순반란' 등을 계기로 많은 조직원들이 체포되거나 무력투쟁에 두려움을 느낀 대중들이 투쟁 대열에서 대거 이탈했던 것이다.

　그럼에도 불구하고 6·25 당시 남한 주민들이 전혀 동조하지 않은 것에는 새로운 설명의 틀이 필요할 것이다. 남한 주민들이 움직이지 않은 유력한 이유 중의 하나는 6·25 전에 남한이 단행한 '토지개혁' 에 있을지도 모른다. 지금까지 남한의 토지개혁은 북한에 비해 불철저하다는 비판적 연구가 주를 이루어 왔고 실제로 북한의 토지개혁에 비해 불철저한 것은 사실이었다.

　소군정은 북조선임시인민위원회를 통해 1946년 3월 5일 〈북조선토지개혁법〉을 제정·공포하고 그달 말 토지분배사업을 완료했는데, 그 초점은 '무상몰수, 무상분배' 에 있었다. 이는 훗날 북한이 모든 토지를 국유화함으로써 '분배' 의 의미는 상실되고 말았지만 실시 당시에는 북한 정권이 농민들의 지지를 획득하는 결정적 근거가 되었다.

　남한의 미군정은 1945년 10월 5일 미군정법령 제9호로 지주와 전호(佃戶), 즉 소작인이 5대 5로 분배하는 것이 관행이던 '5·5제' 소작료를 지주 1, 소작인이 3을 갖는 '3·1제' 로 바꾸었다. 이는 지주와 소작인 모두가 불만을 가질 수 있는 내용이었으나 자본주의 체제를 지향하는 미국으로서는 '무상몰수, 무상분배' 라는 사회주의식 토지개혁을 할 수는 없었던 것이다. 그후 1947년 초 남조선과도입법의원에서 〈남

조선토지개혁법 초안〉을 만들었는데, 이 법안은 몰수대상 토지를 무상
몰수 토지와 유상몰수 토지로 구분해 일본인 소유 농토는 무상으로 몰
수하고 그외에는 유상몰수 한다는 원칙을 정했다. 이 법은 비록 시행되
지는 못했지만 당시 미군정과 입법의원들의 토지개혁에 관한 자세를

미군의 네이팜탄을 맞고 신음하는 노인.
북한의 남침으로 시작된 6 · 25는 남북한 민중 모두에게 견디기 힘든 고통을 주었다.

엿볼 수 있다. 1948년 8월 대한민국 정부가 수립된 후 정부는 헌법 제 86조의 "농토는 농민에게 분배하며 그 분배의 방법, 소유의 한도, 소유권의 내용과 한계는 법률로서 정한다"는 규정에 따라 49년 4월 우여곡절 끝에 〈농지개혁법안〉이 국회에서 통과되었다.

이 역시 '유상몰수, 유상분배' 형식을 취하고 있는데 이에 따르면 '각 시 · 읍 · 면의 지목별 표준농지의 평년작 주생산량의 15할'이 몰수 농지의 가격이었고, 농토를 분배받은 농민은 이 금액을 현물이나 현금으로 5년간 나누어 내는 것이 핵심사항이었다. 물론 이는 북한의 토지개혁에 비하면 미흡한 것이었으나 이 법에 따라 분배된 농토는 약 47만 정보였으며, 지급받은 농가 호수는 약 155만 호에 이르렀다. 이는 전체 소작면적 147만 정보에 비하면 부족한 것이었으나 어쨌든 이를 통해 평생 송곳 하나 꽂을 자신의 농토가 없던 많은 소작인들은 비로소 자신의 토지를 갖게 되었던 것이다. 이들 155만의 수배(受配) 농가는 그야말로 극빈층으로서 남로당의 핵심 지지세력이었는데 이들이 토지를 지급받게 됨으로써 '지주—전호제'라는 봉건적 토지소유제가 부분적으로 해체된 것이다. 또한 이는 지주의 토지지배에 따른 봉건적 신분관계의 이완을 뜻하는 것이어서 이 양자 사이의 계급갈등을 완화시켰다.

결국 1946년 중엽부터 시작된 조선공산당의 잇단 급진적 투쟁으로 핵심당원들이 제거된 데다가 토지개혁으로 조선공산당의 강력한 지지기반인 소작농들의 불만이 상당수 완화됨으로써 6 · 25 당시 남한 주민들이 인민군에 동조해 봉기하지 않았던 것이다.

이는 현재 개혁이 화두인 우리 사회에 많은 시사점을 준다. 부도덕할 뿐만 아니라 아무 것도 양보할 줄 모르는 우리 사회의 지배층에게 6 · 25 전의 토지개혁은 타산지석의 교훈을 준다. 미 군정이 토지개혁을 추진하지 않은 상태에서 6 · 25를 맞이했더라면 굶주린 농민들은 당시 북한 지도부의 예상처럼 인민군을 환영하며 봉기했을 가능성이 높다. 전방에서는 인민군, 후방에서는 농민들이 동시에 공세를 취했다면 베트남에서 그랬듯이 세계 최강 미국이라도 버티기 어려웠을 것이다. 만약 미군정이 토지개혁을 수행하려 노력한 것 자체가 남침을 계산한 것이었다면 '북진통일'을 줄기차게 외쳤던 당시 이승만 정부나 실제 남침을 감행한 김일성보다 몇 수 위의 정세판단 능력을 가졌다고 하지 않을 수 없을 것이다. 다시는 소수 권력가의 오판으로 다수 민중의 고통 당하는 불행한 역사가 반복되어서는 안 될 것이다.

망국과 분단, 통일과 만주를 생각하며

더 많은 역사 연구와 매니아를 위하여

1부 고대

기독교는 신라시대에 전래되었는가
김양선, 《한국기독교사 연구》, 기독교문사, 1971
마르코 폴로, 《동방견문록》
《한국 기독교 박물관》, 숭실대학교
한국 기독교 역사연구회, 《한국 기독교의 연구》, 기독교문사, 1989

선덕왕의 모란꽃은 정말 향기가 없었을까
조용진, 《동양화 읽는 법》, 집문당, 1989
허균, 《전통 미술의 소재와 상징》, 교보문고, 1992
《삼국사기》; 《삼국유사》

고구려는 왜 평양으로 천도했는가
국사편찬위원회, 《한국사 5, 삼국의 정체와 사회 I - 고구려》, 1996
서영대, 〈고구려 평양천도의 동기〉, 《한국문화》 2, 1981
《삼국사기》; 《위서》 〈동이전〉

백제는 삼천궁녀 때문에 멸망했는가
《구당서》; 《삼국사기》; 《신당서》

일본은 왜 백제구원군을 보냈을까
이도학, 《새로 쓰는 백제사》, 푸른역사, 1997

山尾幸久, 〈7세기 중엽의 동아시아〉

《구당서(舊唐書)》;《신당서(新唐書)》;《삼국사기(三國史記)》;
《일본서기(日本書紀)》;《일본역사관(日本歷史館)》, 소학관(小學館),
1993, 동경(東京)

필사본《화랑세기》는 후대인 박창화의 위작인가

김대문저·이종욱역, 《화랑세기》, 소나무, 1999

김학성, 〈필사본《화랑세기》와 향가의 새로운 이해〉, 《성곡논총》27, 1996

정순태, 〈화랑세기 필사본의 정체〉, 《월간조선》1999년 4월호

기자조선은 과연 실제로 있었는가

윤무병, 《한국청동기문화연구》, 예경문화사, 1987

윤내현, 《한국고대사신론》, 일지사, 1986

천관우, 《고조선사·삼한사연구》, 일조각, 1989

유 엠 부찐 저·이항재 외 역, 《고조선》, 소나무, 1990

《고려사》;《동국통감》;《사기》;《삼국사기》;《삼국지》;《한서》;
《해동역사》

광개토대왕비문의 왜군 침입기사는 사실인가, 조작인가

이진희(李進熙), 《광개토대왕비의 연구(廣開土王陵碑硏究)》, 동경,
길천홍문관(吉川弘文館), 1972

《한국사 시민강좌》제3집, 1988

무전행남(武田幸男), 《고구려사와 동아시아-'광개토왕비' 연구

서설》, 암파서점(岩波書店), 1988

왕건군(王健群), 《호태왕비연구(好太王碑研究)》,
길림인민출판사(吉林人民出版社), 1984

정상수웅(井上秀雄) 외, 《고대 한일관계사의 이해 - 왜(倭)》, 이론과 실천,
1994

2부 고 려

궁예는 과연 폭군이었는가

《고려사》; 《삼국사기》; 《삼국유사》; 《조선금석총람》

고려 숙종은 왜 승군을 만들었을까

이승한(李昇漢), 〈고려 숙종대 항마군 조직의 정치적 배경〉, 《역사학보》
제137집
《고려도경(高麗圖經)》; 《고려사(高麗史)》

윤관의 9성은 한반도에 있었는가, 만주에 있었는가

《고려사》; 《세종실록》; 《동국여지승람(東國輿地勝覽)》;
《북로기략(北路紀略)》; 《북여요선(北輿要選)》;
《북새기략(北塞記略)》; 《기년아람(紀年兒覽)》;
《북관기사(北關記事)》; 《관북읍지(關北邑誌)》;
《동국지리지(東國地理志)》

천민 출신 이의민은 어떻게 최고통치자가 될 수 있었을까
《고려사》
국사편찬위원회,《한국사 18, 고려무신정권》

김부식은 사대주의자이고 일연은 주체주의자인가
이우성 · 강만길 편,《한국의 역사인식(상)》, 창작과비평사, 1976
이재호(李載浩), 〈삼국사기 번역에 오역이 너무 많다〉,《월간조선》
1998년 12월
조동걸 · 한영우 · 박찬승 엮음,《한국의 역사가와 역사학(상)》,
창작과비평사, 1994
《삼국사기》;《삼국유사》

지눌의 돈오점수와 성철의 돈오돈수는 무슨 차이가 있을까
김호성(金浩星), 〈돈오돈수적 점수설의 문제점〉,
《김지견박사화갑기념사우록》, 1991
《논쟁으로 보는 한국철학》, 예문서원, 1995
박성배(朴性焙), 〈성철 스님의 돈오돈수설 비판에 대하여〉,《보조사상》
제4집, 1990
퇴옹(退翁) 성철(性徹),《선문정로(禪門正路)》, 불일출판사, 1981

고려의 왕비가 된 원나라 공주들
김성준, 〈麗史 元公主 出身 王妃의 정치적 위치에 대하여〉,《김활란
기념 한국 여성 문화 논총》, 1958

《고려사》;《元史》

3부 조선

우리 역사에서 왕조교체는 왜 선양을 명분으로 삼았는가

이도학, 《새로 쓰는 백제사》, 푸른역사, 1997

바디 · 비른봄 외, 최장집 · 정해구 편역, 《국가 형성론의 역사》, 열음사, 1987

《고려사》;《고종실록》;《삼국사기》

조선의 무당은 왜 의사 역할까지 했는가

김태곤, 《한국무속연구》, 집문당, 1981

최길성, 《한국무속의 연구》, 아세아문화사, 1980

《한국의 무당》, 열화당, 1981

《광해군일기》;《명종실록》;《세종실록》

보우는 과연 요승인가

이기영, 《한국의 불교》, 세종대왕기념사업회, 1974

《명종실록》;《선종판사계명록》

조선의 왕족들은 어떻게 교육받았을까

《연려실기술》;《조선왕조실록》

우리 역사의 수수께끼 2

이율곡은 과연 임진왜란을 예견하고 십만양병설을 주장했을까

《선조실록》 ; 《선조수정실록》 ; 《율곡행장》 ; 《율곡연보》

이병도, 《한국사대관》

이재호(李載浩), 〈선조수정실록 기사의 의점(疑點)에 대한 변석(辨析)
– 특히 이율곡의 '십만양병론'과 유서애의 '양병불가론'에 대하여〉

향리는 조선후기 모든 부패의 근원인가

이훈상, 《조선 후기의 향리》, 일조각, 1990

조선총독부 편, 《이조시대의 재정(李朝時代の財政)》

마생무귀(麻生武龜), 《사창미제도(社倉米制度)》, 조선총독부 중추원,
1933

헐버트저 · 신복룡역, 《대한제국사서설》, 탐구당, 1974

《만기요람(萬機要覽)》 ; 《목민심서(牧民心書)》 ; 《관성록(管城錄)》

탈춤은 민중예술인가

이두현, 《한국가면극》, 문화재관리국, 1969

이훈상, 《조선후기의 향리》, 일조각, 1990

조동일, 《탈춤의 역사와 원리》, 홍성사, 1979

《고성부총쇄록(固城府叢鎖錄)》 ;

《신증동국여지승람(新增東國輿地勝覽)》

《조선총독부관방문서과(官房文書課)》(구자춘필사본), 一梧文庫

《朝鮮民俗誌》, 三六書院, 1954

조선후기에 양반의 수는 급격히 증가했는가
《여유당전서(與猶堂全書)》;《석동유고(石洞遺稿)》
송준호,《조선사회사연구》, 일조각, 1987
《정조병오소회등록(正祖丙午所懷謄錄)》
사방박(四方博),《조선사회경제사연구》, 1976

족보는 조선후기에 대부분 위조되었는가
백승종,《한국사회사연구》, 일조각, 1996
송준호,《조선사회사연구》, 일조각, 1987
송찬식,《조선후기 사회경제사 연구》, 일조각, 1997
《규장각한국본도서해제》, 규장각, 1984
《조선왕조실록》

대원군은 과연 민비일파의 음모에 의해 물러났는가
J.B. palais저 · 이훈상 역,《전통시대의 정치와 정책》, 신원, 1993
《고종실록》;《승정원일기》고종 편 ;《일성록》;《일본외교문서》

4부 근 · 현 대

강화도조약은 개화를 목적으로 체결되었는가
J.B. Palais 저 · 이훈상 역,《전통시대의 정치와 정책》, 신원, 1991
《고종실록》;《일본외교문서》;《일성록》고종 편 ;《헌재집)》

우리 역사의 수수께끼 2

1894년 농민봉기는 반봉건 투쟁인가
이희근, 《동학교단과 갑오농민봉기》, 단국대 역사학위논문, 1997

이준 열사는 과연 헤이그에서 할복자살했는가
송병기 외, 《한국의 인간상》 6, 신구문화사, 1967
〈대한매일신문〉(1907) ; 〈황성신문〉(1907) ; 〈경향신문〉(1907)
《매천야록》 ; 《대한계년사》 ; 《속음청사》 ; 《한국통사》 ; 《위암문고》 ;
국사편찬위원회편, 《이준열사 사인 조사자료》

김일성은 과연 조국광복회를 조직했는가
김산 · 님 웨일즈, 《아리랑》, 동녘, 1984
김승학, 《한국독립사》, 1983
이덕일, 《동북항일군연구》, 숭실대 박사학위 논문, 1997
역사연구소과학원, 《조선통사》, 1958
《조선전사》, 과학백과사전종합출판사

6 · 25 때 인민군은 왜 서울에서 3일을 지체했을까
김남식, 《남로당 연구》, 돌베개
유성철, 《증언 김일성을 말한다》, 한국일보사
정일권(丁一權), 《6 · 25 비록, 전쟁과 휴전》
I.F, 스토운, 《비사 한국전쟁》, 신학문사

우리 역사의 수수께끼 1
이덕일·이희근 지음 인문서 최대 베스트셀러! 잘못된 역사, 가려진 진실에 대한 성역 없는 추적. 출판인회의선정 이달의 책

우리 역사의 수수께끼 2
이덕일·이희근 지음 발간 즉시 폭발적인 화제. 미스터리에 싸인 역사 사실에 대한 최초의 본격적인 분석!

신라의 역사 1, 2
이종욱 지음 '민족' 과 '실증' 이라는 색안경을 벗겨낸 새로운 신라사. 반토막난 신라사를 복원한 이종욱 교수의 역작.

송시열과 그들의 나라
이덕일 지음 한국사의 최대 금기, 송시열 신화의 진실을 밝힌 최대 논쟁작!

고려 500년, 의문과 진실
김창현·김철웅·이정란 지음 고려인의 눈으로 바라본 가장 생생한 고려사, 그 30가지 진실! 간행물윤리위원회 선정도서

화랑세기로 본 신라인 이야기
이종욱 지음 이것이 진정한 신라다! 신라를 신라답게 살려낸 최초의 이야기. 중앙일보 선정 좋은 책.

한국고대사, 그 의문과 진실
이도학 지음 고조선에서 발해까지, 베일에 싸인 한국 고대사의 새로운 해석! 간행물윤리위원회 선정도서

풍납토성, 500년 백제를 깨우다
김태식 지음 백제사 최고의 미스터리, 풍납토성 지하에 숨겨진 한국 고대사의 진실을 발견한다!

화랑세기, 또 하나의 신라
김태식 지음 고려의 그늘을 걷어내고 신라의 눈, 화랑세기로 생생하게 담아낸 천년 전 신라인의 모습!

우리말의 수수께끼
박영준 외 지음 역사 속에서 찾아보는 사라진 언어들과 우리말의 다양한 모습들, 우리말 탄생의 비밀!

문명의 충돌
새뮤얼 헌팅턴 지음/이희재 옮김 오만한 서구 문명의 몰락은 이미 시작되었다! 21세기 혁명적 패러다임, '문명충돌론' 의 완결편! 문화관광부 추천도서

부유한 노예
로버트 라이시 지음/오성호 옮김 고속 성장경제, 그 풍요의 환상 속에 감추어진 냉혹한 현실. 발전하는 기술의 노예들에게 보내는 경종의 메시지. 시사저널선정 올해의 책

문화가 중요하다
새뮤얼 헌팅턴·로렌스 해리슨 지음/이종인 옮김 문화적 가치가 국가의 미래를 결정한다! 21세기 문화논쟁을 주도한 화제의 책. 간행물윤리위원회 선정도서

불멸의 지도자 등소평
등용 지음/임계순 옮김 오류의 역사 문화대혁명에 대한 드라마틱한 기록. 가장 정확한 등소평 전기, 가장 정통한 중국 현대사! 교보문고 계층별 권장도서

매트 리들리의 붉은 여왕
매트 리들리 지음/김윤택 옮김 〈게놈〉, 〈이타적 유전자〉의 저자 매트 리들리가 밝히는 성(性)의 선택과 인간의 본성에 대한 신선한 충격! 조선일보선정 이달의 책

신의 거울
그레이엄 핸콕 지음/김정환 옮김 500만 독자를 사로잡은 핸콕과 함께 1만2천년 전 초고대문명의 네트워크를 찾아 떠나는 시간여행!

악령이 출몰하는 세상
칼 세이건 지음/이상헌 옮김 과학적 무지와 비판적 사고 결핍에 대한 칼 세이건의 냉철한 고발과 경고! 출판인회의선정 이달의 책

예술경영
김주호·용호성 지음 예술경영의 정의와 기초 이론에서부터 예술상품의 마케팅, 예술단체의 재원조성까지 예술경영의 모든 것! 국내 최초의 예술경영 이론서.

게놈: 23장에 담긴 인간의 자서전
매트 리들리 지음/하영미 외 옮김 〈뉴욕타임스〉선정 최고의 책! 하나의 세포가 완전한 인간이 되기까지, 흥미진진한 인간 게놈 여행. 중앙일보선정 좋은 책

21세기를 지배하는 키워드
이인식 지음 21세기 과학 발달에 의한 인류 문명의 변화를 명쾌하게 짚어낸 미래 전망서! 간행물윤리위원회 선정도서